suhrkamp taschenbuch
wissenschaft 2266

Hegels entscheidender Schritt in der Freiheitstheorie besteht in der Einsicht, daß Freiheit kein Zustand, sondern ein Prozeß ist: der Prozeß der Befreiung. Das Reich der Freiheit gibt es nicht, Freiheit gibt es nur in ihrem Werden. Hegel begründet diese These durch eine kritische Theorie der Gesellschaft, die deren inneren Widerspruch entfaltet: Er zeigt, daß es Freiheit nur in der sozialen Teilnahme gibt, sich aber in der sozialen Welt zugleich eine »zweite Natur« bildet, die die Freiheit erstickt. In der Entfaltung dieser These wird in Christoph Menkes brillanten Studien Hegel nicht als Vollender, sondern als ein Entdecker von Problemen gelesen, die die Philosophie bis heute umtreiben.

Christoph Menke ist Professor für Philosophie an der Goethe-Universität Frankfurt am Main. Im Suhrkamp Verlag sind zuletzt erschienen: *Die Kraft der Kunst* (stw 2044) und *Kritik der Rechte* (stw 2241).

Christoph Menke
Autonomie und Befreiung

Studien zu Hegel

Suhrkamp

FAGI
FORSCHUNGSKOLLEG
ANALYTIC GERMAN IDEALISM

Klimaneutral
Druckprodukt
ClimatePartner.com/14438-2110-1001

2. Auflage 2022

Erste Auflage 2018
suhrkamp taschenbuch wissenschaft 2266

Umschlag nach Entwürfen
von Willy Fleckhaus und Rolf Staudt
Druck und Bindung: C. H. Beck, Nördlingen
Printed in Germany
ISBN 978-3-518-29866-4

www.suhrkamp.de

Inhalt

Analytischer Deutscher Idealismus. Vorwort zur Buchreihe von *James Conant und Andrea Kern* 7

Autonomie und Befreiung

Vorwort 15

I. Dialektik der Befreiung

1. Autonomie und Befreiung 19
2. Freiheit und Gesellschaft. Die Dialektik der Bildung . . . 51
3. Geist und Leben. Von der Phänomenologie zur Genealogie 82

II. Kritik und Affirmation

4. Zweite Natur. Der schwerste Punkt 119
5. Setzen von Sein. Vom Zeichen zum Werk 149
6. Ja und Nein. Die Negativität der Dialektik 179

Nachweise 213
Namenregister 214

James Conant und Andrea Kern

Analytischer Deutscher Idealismus
Vorwort zur Buchreihe

Die Philosophie des Deutschen Idealismus – und damit meinen wir die Philosophie von Kant bis Hegel – scheint vielen durch die analytische Philosophie überholt. Nicht selten wird sie als Gegenprojekt zu dieser Tradition der Philosophie verstanden. Mit der Buchreihe »Analytischer Deutscher Idealismus« wollen wir sichtbar machen, daß die Philosophie des Deutschen Idealismus keinen Gegensatz zur analytischen Philosophie darstellt, sondern umgekehrt ihr Maßstab und Fluchtpunkt ist.

Die Reihe antwortet auf eine intellektuelle und gesellschaftliche Herausforderung, die durch die Renaissance des Naturalismus in den Wissenschaften erneut ins Zentrum der Aufmerksamkeit gerückt ist. Sie liegt in der für uns grundlegenden Frage, wie wir es verstehen können, daß wir geistbegabte Tiere sind, die einerseits das, was sie tun, aus Freiheit tun, deren Leben aber andererseits durch Gesetzmäßigkeiten bestimmt ist, die sie nicht selbst hervorgebracht haben. Es ist offenkundig, daß man diese Frage nicht beantworten kann, indem man ihre eine Seite – die Freiheit des Menschen – leugnet. Eine Naturalisierung des Geistes, die leugnet, daß all das, was das menschliche Leben ausmacht – Denken, Sprechen, Handeln, soziale Institutionen, religiöser Glaube, politische Ordnungen, Kunstwerke etc. –, Gegenstände sind, die, um mit Kant zu sprechen, dem Reich der Freiheit angehören, löst das Problem nicht, sondern kapituliert vor ihm. Doch auch wenn jeder sieht, daß diese Leugnung, die der Szientismus unablässig predigt, nicht das Resultat einer Erkenntnis sein kann, sondern vielmehr Ausdruck einer intellektuellen Hilflosigkeit ist, führt uns diese Reaktion ebenso vor Augen, daß die Frage nach der Einheit von Geist und Natur eine echte Frage ist, bei deren Beantwortung unser Selbstverständnis als geistige Wesen auf dem Spiel steht.

Die beschriebene Situation ist indes nicht neu. Blicken wir ins 18. Jahrhundert zurück, erkennen wir eine ähnliche intellektuelle Lage. Auch damals war es der Fortschritt der modernen Naturwissenschaften, der unser Selbstverständnis als geistbegabte Tiere herausgefordert hat. Der Deutsche Idealismus antwortet auf diese Herausforderung, indem er die Philosophie explizit durch die Frage nach der Einheit von Geist und Natur definiert. Im Angesicht der modernen Naturwissenschaft ringt die Philosophie von Kant bis Hegel darum, die zwei Seiten des Menschen zusammenzubringen: daß er ein Tier ist und doch ein geistiges Wesen, daß er Natur ist und doch Gesetzen unterliegt, die von anderer Art sind als die Gesetze der Natur: Gesetzen der Freiheit. Die Philosophie des Deutschen Idealismus ist von dem Bewußtsein durchdrungen, daß das Begreifen dieses Verhältnisses – des Verhältnisses von Geist und Natur, wie Hegel es zu Anfang seiner *Enzyklopädie der philosophischen Wissenschaften* formuliert – die bestimmende Aufgabe der Philosophie ist. Wenn wir daher mit der Buchreihe »Analytischer Deutscher Idealismus« die Philosophie des Deutschen Idealismus stärken wollen, dann weil wir meinen, daß der Deutsche Idealismus für die intellektuelle Herausforderung, der wir uns gegenübersehen, die maßgebliche Orientierung ist. Der Deutsche Idealismus liegt nicht hinter uns, sondern vor uns. Damit meinen wir, daß die Art und Weise, wie der Deutsche Idealismus seine grundlegenden Begriffe und Ideen, allen voran die Begriffe der Freiheit, der Vernunft und der Selbstbestimmung, entwickelt und artikuliert, dem gegenwärtigen philosophischen Bewußtsein vielfach unbekannt und verstellt ist. Das liegt teilweise daran, wie die Philosophie in Westdeutschland nach 1945 mit diesem philosophischen Erbe umgegangen ist. Sie hat ihre durch den Nationalsozialismus verursachte Verstümmelung viel zu wenig als solche erfaßt und zu heilen gesucht. Damit hat sie sich in eine Lage gebracht, in der sie aus sich heraus nicht mehr die Mittel schöpfen konnte, um die Begriffe und Ideen, in denen sie zu Recht ihre Bedeutung sah, so zu artikulieren, daß sie als Maßstab der systematischen Arbeit erscheinen konnten. Für einen großen Teil der Jüngeren wurde dieser Maßstab statt dessen die analytische Philosophie angloamerikanischer Prägung.

So wichtig diese Erneuerung der Philosophie war, so entstand dadurch doch der falsche Eindruck, die analytische Philosophie und die Philosophie des Deutschen Idealismus seien Gegensätze, nämlich Orientierungen und Vorgehensweisen, die nicht nur nichts miteinander zu tun haben, sondern einander ausschließen. Die Bücher dieser Reihe möchten darum auch sichtbar machen, daß der Deutsche Idealismus von Kant bis Hegel nicht nur kein

Gegensatz zur analytischen Philosophie ist, sondern eine Form, und zwar eine maßgebliche Form, der analytischen Philosophie. Der Deutsche Idealismus, als analytische Philosophie, ist eine Reflexion auf elementare Formen des Denkens und damit auf die Quelle unserer grundlegenden Begriffe, die diese Begriffe zugleich als notwendig ausweist. Philosophie ist, so sagt es Hegel, der Versuch, das Denken aus sich selbst zu begreifen. Sie ist ein Begreifen des Denkens, das von keinen »Voraussetzungen und Versicherungen« abhängt, wie er sagt, eine radikal voraussetzungslose Untersuchung der Voraussetzungen des Denkens. Darin liegt der gemeinsame Zug der Philosophie des Deutschen Idealismus: daß die Begriffe, die sie durcharbeitet, von nirgendwo her – von keiner Wissenschaft und keinem Common Sense – übernommen werden, sondern diese Begriffe nur so weit verwendet werden, wie sie als notwendig für das Denken erkannt werden. Diese Einsicht, daß die Philosophie ihre Begriffe nur aus dem Denken selbst nehmen kann, macht den radikalen Anspruch des Deutschen Idealismus aus. Und so ist die Idee der analytischen Philosophie, die Idee der Philosophie als logischer Analyse der grundlegenden Formen des Denkens und der Aussage, nirgends so streng durchgeführt worden wie im Deutschen Idealismus.

Unter dem Label »Analytischer Deutscher Idealismus« versammelt die Buchreihe Texte und Bücher, die auf exemplarische Weise Philosophie als analytische Aufklärung verstehen, im Geist und mit den Begriffen des Deutschen Idealismus. Die analytische Philosophie kommt erst da zu sich selbst, wo sie sich nicht von der idealistischen Philosophie abwendet, sondern auf diese ausgerichtet ist: in ihren Grundbegriffen und in der Radikalität ihrer Methode. Das mag manchen als provokante These anmuten, doch es gibt viele Beispiele, die ihr entsprechen. Gottlob Freges *Begriffsschrift*, die vielen als Gründungsdokument der analytischen Philosophie gilt, ist kein Gegenprojekt zum Deutschen Idealismus, sondern eine Weiterführung der kritischen Philosophie Kants. Und wenn wir uns zwei andere große Werke der analytischen Philosophie vergegenwärtigen, Wilfrid Sellars' *Empiricism and the Philosophy of Mind* (dt.: *Der Empirismus und die Philosophie des Geistes*) und Peter Strawsons *The Bounds of Sense* (dt.: *Die Grenzen des Sinns*), sehen wir, daß sich die herausragenden Repräsentanten der analytischen Philosophie niemals vom Deutschen Idealismus abgewendet, sondern stets dessen Nähe gesucht haben. Das offizielle Selbstverständnis der analytischen Philosophie, in dem sie sich dem Empirismus verschreibt und sich damit dem Deutschen Idealismus entgegensetzt, ist ein Selbstmißverständnis. Der Empirismus, der sich für aufgeklärt hält, weil er die empirischen Wissenschaften zum Maß der Erkenntnis erklärt, ist in Wahrheit der Widersacher der analytischen Philosophie, nämlich der radikalen, der grundlegenden Analyse der Formen unseres Denkens und Verstehens. Soweit der Empirismus die analytische Philosophie dominiert, verdeckt er deren eigentliche Orientierung, die dieselbe ist wie die des Deutschen Idealismus.

Christoph Menkes *Autonomie und Befreiung* ist der fünfte Band dieser Buchreihe, die 2015 durch *Wiedererinnerter Idealismus* von Robert B. Brandom eröffnet wurde. Beide Bände eint dabei auf interessante Weise, wie sie die Philosophie Hegels zur Geltung bringen. Beide sehen den besonderen Beitrag, den die Philosophie Hegels für unser heutiges Verständnis bereitstellt, darin, wie Hegel die Frage nach der Freiheit und der darin gründenden Normativität des menschlichen Daseins stellt: Er stellt sie als eine Frage nach etwas – einem Vermögen, einem Status –, dem es wesentlich ist, daß es geworden ist, und für dessen Verständnis die Art seines Werdens daher zentral ist.

Christoph Menke ist Professor für Philosophie an der Goethe-Universität in Frankfurt am Main. In dem vorliegenden Band zeigt er, was wir nach Hegel unter Freiheit zu verstehen haben, wenn wir Freiheit, wie Hegel dies tut, von ihrem Werden her verstehen. Freiheit erweist sich in dieser Betrachtung als ein gesellschaftlich gebildetes Vermögen der zweiten Natur des Menschen, das aus einem dialektischen Prozeß der Befreiung hervorgeht. Indem Menke mit Hegel die Freiheitsproblematik aus der Perspektive ihres Werdens in den Blick nimmt, schärft er unser Bewußtsein für die Spannungen, die zum Verständnis der menschlichen Freiheit gehören und die er als unaufhebbar deutet.

Die Buchreihe wird von einem internationalen Forschungszentrum getragen, dem *Forschungskolleg Analytic German Idealism* (FAGI), das 2012 an der Universität Leipzig gegründet wurde und dessen Arbeit durch ein international besetztes Gremium unterstützt wird (siehe ⟨http://www.sozphil.uni-leipzig.de/cm/fagi/⟩). Ziel des FAGI ist es auch, die Stimme des Analytischen Deutschen

Idealismus in die außerakademische Öffentlichkeit hineinzutragen und ihr Gewicht in den Debatten über unser Selbstverständnis zu stärken.

Autonomie und Befreiung

Vorwort

In den Kapiteln dieses Bandes möchte ich ausloten, wie weit man mit Hegel kommen kann, um eine grundlegende philosophische Frage zu beantworten. Diese Frage lautet, wie das Werden der Freiheit zu verstehen ist. Darin meint das Werden der Freiheit nicht ihre Vorgeschichte, die sie hinter sich lassen kann, um ihr eigenes Reich – das »Reich der Freiheit« – zu errichten. Das Werden der Freiheit, auf das sich die Frage richtet, bildet ihr Sein. Die Freiheit besteht nur in ihrem Werden. Das Werden der Freiheit ist das Sichhervorbringen der Freiheit: die Befreiung als Selbstbefreiung. Die Frage richtet sich also auf das Verständnis der Freiheit *als Befreiung*.

Die Frage nach der Befreiung an Hegels Philosophie zu stellen bedeutet nicht, daß dies die Grundfrage ist, die diese Philosophie im ganzen antreibt und begreifbar macht. Ich will in diesem Buch jedoch zeigen, daß die Häufigkeit, mit der Hegel in seiner Philosophie des Geistes von der Befreiung spricht, für sein Verständnis dessen, was der Geist, seine Tätigkeit und seine Freiheit sind, signifikant ist. Dabei geht es nicht darum, bei Hegel eine Antwort auf die Frage nach der Befreiung zu finden. Es geht um die richtige Formulierung des *Problems* der Befreiung; es geht darum, von Hegel zu lernen, wie die Frage nach der Befreiung auf die richtige Weise gestellt werden muß.

Dem nähere ich mich in zwei Schritten. Der erste Teil des Buches exponiert die *Dialektik der Befreiung*. Sie hat ihren Grund darin, daß der Selbstbefreiung des Geistes durch die Weise, in der sie sich allein vollziehen kann, von vornherein die Bildung neuer Unfreiheit eingeschrieben ist. Die Befreiung ist durch eine interne, unauflösliche Gegenwendigkeit bestimmt; sie schlägt durch sich selbst in Herrschaft um. Das Feld, in dem sich diese Gegenwendigkeit entfaltet, nennt Hegel »Gesellschaft«. Die Gesellschaft ist zugleich das Medium der Befreiung und das der Unfreiheit. Denn die Gesellschaft bildet eine zweite Natur, in der der Geist sich nur so verwirklichen kann, daß er sich dabei verliert. Der Geist selbst macht seine Wirklichkeit »zu etwas Geistverlassenem« (Hegel).

Der zweite Teil erkundet unter dem Titel *Kritik und Affirmation*, welche Lehre aus der Erfahrung ihrer Dialektik für den Begriff der Befreiung zu ziehen ist. Diese Lehre ist eine doppelte. Einerseits muß die Befreiung eine Haltung der Kritik sein: die Kritik der Gesellschaft als zweiter Natur (die aber, weil die zweite Natur in der Befreiung gründet, nur eine Selbstkritik der Befreiung sein kann). Zugleich jedoch muß die Befreiung eine Haltung der Affirmation sein. Sie muß den Selbstverlust des Geistes in der zweiten Natur zu bejahen lernen: nicht als das Andere gegenüber der Freiheit, sondern als das Andere gegenüber der Freiheit *in* der Freiheit, durch die die Befreiung allein gelingen kann. Darin führt die Befreiung, die sich nur durch die Gesellschaft vollziehen kann, über die Gesellschaft hinaus. In der Bejahung der zweiten Natur befreit sich der Geist »absolut« oder »unendlich« (Hegel).

Die Abhandlungen rücken in beiden Teilen den Begriff der zweiten Natur ins Zentrum. Damit verfolgen sie Hegels Denken der Befreiung bis zu dem Punkt, an dem jeweils ein materialistisches Motiv hervortritt: eine materialistische Theorie der Gesellschaft, die die Gesellschaft als Einheit von Freiheit und Herrschaft analysiert (Teil I), und eine materialistische Theorie des Gelingens, die das Gelingen als Bejahung der Auswendigkeit des Geistes versteht (Teil II).

*

Bis auf einen sind die hier versammelten Texte während meiner Zeit am Frankfurter Exzellenzcluster »Die Herausbildung normativer Ordnungen« entstanden. Darin haben sich intensive Forschungs- und Diskussionszusammenhänge entwickelt, für deren Ermöglichung ich den Sprechern, Mitgliedern und Mitarbeitern des Clusters danke. Mein herzlicher Dank gilt vor allem den langjährigen Teilnehmern des Forschungsprojekts »Gesetz und Freiheit«: Thomas Khurana, Dirk Quadflieg, Francesca Raimondi, Juliane Rebentisch, Dirk Setton und Tatjana Sheplyakova. Danken möchte ich überdies den Sprechern des Forschungskollegs »Analytic German Idealism«, James Conant und Andrea Kern, für die Aufnahme des Bandes in dessen Reihe; der Leiterin des Wissenschaftslektorats des Suhrkamp Verlags, Eva Gilmer, für ihren umsichtigen Rat und die genaue Bearbeitung des Textes; sowie Simon Gurisch, Marcus Döller und André Möller für ihre Hilfe bei der Endredaktion des Textes.

Frankfurt am Main, im Mai 2018

I.
Dialektik der Befreiung

I.
Autonomie und Befreiung

Mit der Einführung des Begriffs der Autonomie beginnt – zeitgleich mit der politischen Revolution – die moderne Philosophie. Die Grundidee des Autonomiebegriffs besteht darin, die Verbindlichkeit von Gesetzen[1] mit der Freiheit des Subjekts zusammen zu denken, das den Gesetzen unterworfen ist. Jerome Schneewind[2] hat gezeigt, wie tief der Bruch ist, den dies nicht nur mit der Tradition des klassischen, sondern auch, ja vor allem mit der des neuzeitlichen Naturrechts bedeutet. Während die neuzeitliche Philosophie Gesetz und Freiheit im Gegensatz sieht – das Gesetz ist auferlegt, die Freiheit gesetzlos –, will das Autonomiekonzept Gesetz und Freiheit wechselseitig durcheinander bestimmen. Autonomietheoretisch zu denken heißt, das Gesetz so zu verstehen (und wenn nötig zu verändern), daß man in der Unterwerfung unter es »nur sich selbst gehorcht und so frei bleibt wie zuvor«,[3] und umgekehrt die Freiheit so zu verstehen (und wenn nötig umzubilden), daß man, statt in der »Sklaverei« der »Begierde« zu verbleiben, zum »Herren seiner selbst« wird in »Gehorsam dem Gesetz gegenüber, das man sich selbst gegeben hat«.[4] Frei zu sein heißt, dem Gesetz zu folgen. Umgekehrt ist etwas nur dann ein Gesetz (im normativen, nicht allein kausalen Sinn: ein Grund des Handelns), wenn es zu befolgen heißt, frei zu sein. In der Erläuterung des Verhältnisses von Freiheit und Gesetz durch den Begriff der Autonomie fallen freies Wollen und verpflichtendes Sollen in eins.

1 Ich verwende den Begriff des Gesetzes, trotz der problematischen juridischen Assoziationen, im folgenden als Substitut für Normen, Maßstäbe, Regeln, Ideale, selbst Werte – also für alle normativen Ansprüche, die für Subjekte Verbindlichkeit haben, so daß man unter Bezug auf sie das Verhalten dieser Subjekte als falsch oder richtig, schlecht oder gut beurteilen kann. Ein Gesetz in dieser weiten Bestimmung ist irgendein Grund für ein (retrospektives oder prospektives) normatives Urteil.

2 Jerome B. Schneewind, *The Invention of Autonomy*, Cambridge: Cambridge University Press 1998.

3 Jean-Jacques Rousseau, *Vom Gesellschaftsvertrag*, in: *Politische Schriften*, Bd. I, Paderborn: Schöningh 1977, I.6, S. 73.

4 Ebd., I.8, S. 79.

Nimmt man Rousseaus Rede von der Selbstgesetzgebung wörtlich, so führt dies in einen Widerspruch, der als »Paradox der Autonomie« beschrieben worden ist.[5] Wenn Freiheit in Gehorsam gegenüber dem selbstgegebenen Gesetz bestehen soll – wie ist dann der Akt der Gesetzgebung, der Einsetzung des Gesetzes zu verstehen? Ist dies ein Akt des Gehorsams gegenüber einem bereits bestehenden, nicht selbstgegebenen Gesetz, also unfrei, oder ein Akt freier Willkür, also gesetzlos? Beides genügt offensichtlich nicht dem Anspruch der Autonomie, Gesetz und Freiheit zu verbinden. Beides sind Formen der Heteronomie: die äußere Heteronomie auferlegter Gesetze oder die innere Heteronomie bloß willkürlicher Entscheidungen. Ist Autonomie gemäß der Rousseauschen Formel »Gehorsam dem Gesetz gegenüber, das man sich selbst gegeben hat«, dann setzt sie einen Akt der Gesetzgebung voraus, der selbst nicht autonom ist. Übersetzt man sie als »Selbstgesetzgebung«, so ist die Idee der Autonomie paradox, ihr Grund Heteronomie.

Hegels Theorie der Sittlichkeit kann als der Versuch gelesen werden, dieses Paradox aufzulösen. Das soll dadurch geschehen, daß das Subjekt der Autonomie als Teilnehmer sozialer Praktiken verstanden wird: Freiheit und Gesetz sind darin wechselseitig miteinander verbunden, daß sie Momente derjenigen Grundrelation sind, die als Teilnahme des Subjekts an sozialen Praktiken zu beschreiben ist. Der Zusammenhang von Freiheit und Gesetz muß aus dem Zusammenhang von Subjekt und sozialer Praxis verstanden werden. »Theorie der Sittlichkeit« heißt: Subjekt und Praxis als zwei durch einander bestimmte Elemente eines »lebendigen« Zusammenhangs (den Hegel »Geist« nennt) zu begreifen, in dem sich die Freiheit des Subjekts und die Gesetze der Praxis zugleich verwirklichen.

Hegels Theorie der Sittlichkeit so zu verstehen, daß es ihr um eine Erläuterung der Idee der Autonomie geht, die das Paradox ihrer wörtlichen Auffassung als Selbstgesetzgebung aufzulösen vermag, ist die geteilte Grundannahme einer breiten Strömung in der gegenwärtigen angelsächsischen Hegeldeutung. Robert Pippin, auf dessen Synthese dieser Deutungsrichtung ich mich im Folgenden

5 Terry Pinkard, »Das Paradox der Autonomie. Kants Problem und Hegels Lösung«, in: Thomas Khurana/Christoph Menke (Hg.), *Paradoxien der Autonomie* (Freiheit und Gesetz I), Berlin: August Verlag 2011, S. 25-59. Siehe auch die instruktive »Einleitung« von Thomas Khurana, ebd., S. 7-23.

vor allem beziehe, hat für sie das Etikett »linkshegelianisch« reklamiert.[6] Linkshegelianisch ist die Auffassung, daß es Hegels Theorie der Sittlichkeit um eine Erläuterung der Idee der Autonomie geht – eine Erläuterung, die ihr Paradox aufzulösen vermag. Der Linkshegelianismus liest Hegel daher in einer entschieden modernen Perspektive: als eine Antwort auf das zentrale Problem der Moderne, wie Freiheit und Gesetz zusammengedacht werden können. Die These der linkshegelianischen Deutung besagt, daß dies nur gelingen kann, wenn die Autonomie als die Form sozialer Teilnahme gedacht wird. Das zu tun aber heißt zugleich, die soziale Teilnahme als wesentlich prozessual und temporal und damit *geschichtlich* zu denken. Der Gedanke der Geschichtlichkeit, so die linkshegelianische These, ist die Lösung des Paradoxes der Autonomie. Nur indem die moderne Philosophie den Schritt zum Denken der Geschichte macht, kann sie ihr systematisches Grundproblem lösen.

Ich werde zunächst zeigen, an welchen bereits bei Kant entwikkelten Gedanken zum Autonomiebegriff Hegel in dieser Perspektive anknüpft (a), und sodann die linkshegelianische Deutung von Hegels Sittlichkeitstheorie rekonstruieren (b). Danach werde ich in thesenhafter Form umreißen, wo die Grenze dieser Deutung liegt – weshalb wir also, noch einmal oder immer noch, über den Linkshegelianismus hinausgehen müssen (c). Die linkshegelianisch gedeutete Sittlichkeitstheorie zeigt überzeugend auf, daß Autonomie in der Form sozialer Teilnahme besteht. Der Schritt über den Linkshegelianismus hinaus besteht darin zu verstehen, weshalb die Teilnahme des Subjekts an sozialen Praktiken so verfaßt ist, daß in ihr die Autonomie niemals gegenwärtig ist, sondern im Werden bleibt. Die soziale Teilnahme des Subjekts ist das Medium *und* das Andere der Autonomie. Deshalb bleibt die Autonomie angewiesen

6 Robert B. Pippin, *Hegel's Practical Philosophy. Rational Agency as Ethical Life*, Cambridge: Cambridge University Press 2008, S. 58. Zum systematischen Unterschied von Links- und Rechtshegelianismus siehe Jürgen Habermas, *Der philosophische Diskurs der Moderne*, Frankfurt/M.: Suhrkamp 1985, S. 65-70; Henning Ottmann, *Individuum und Gemeinschaft bei Hegel*, Bd. I: *Hegel im Spiegel der Interpretationen*, Berlin, New York: de Gruyter 1977. Zur historischen Charakterisierung vgl. Karl Löwith, »Einleitung«, in: ders. (Hg.), *Die Hegelsche Linke*, Stuttgart-Bad Cannstatt: Frommann-Holzboog 1988, S. 7-38. – Der Unterschied des gegenwärtigen zum historischen Linkshegelianismus liegt darin: Die historischen Linkshegelianer wollten die Philosophie in (revolutionäre) Praxis überführen. Das gilt für die gegenwärtigen Linkshegelianer nicht.

auf eine Tat der Befreiung, die selbst keine autonome Handlung sein kann. Dieser Schritt über den Linkshegelianismus hinaus zu einem (»materialistischen« oder »genealogischen«) Verständnis des Werdens der Autonomie ist der gemeinsame Schritt von Marx, Nietzsche und Freud. Ihr Schritt über den Linkshegelianismus hinaus kann aber auch als eine Rückkehr zu Hegel verstanden werden. Denn Hegels eigene Theorie der »Endlichkeit« des Geistes als »zweiter Natur« enthält bereits den entscheidenden Hinweis auf die Grenze der Autonomie.

a. Sich selbst ein Gesetz sein

Rousseaus Autonomieformel – »Gehorsam dem Gesetz gegenüber, das man sich selbst gegeben hat« – wiederholt Kant fast wörtlich, wenn er beschreibt, was »alle bisherigen Bemühungen, die jemals unternommen worden, um das Prinzip der Sittlichkeit ausfindig zu machen«, verkannt haben:

> Man sahe den Menschen durch seine Pflicht an Gesetze gebunden, man ließ sich aber nicht einfallen, daß er nur *seiner eigenen* und dennoch *allgemeinen Gesetzgebung* unterworfen sei, und daß er nur verbunden sei, seinem eigenen, dem Naturzwecke nach aber allgemein gesetzgebenden, Willen gemäß zu handeln.[7]

Die sprachliche Verschiebung, die Kant hier gegenüber Rousseau vornimmt – Kant redet nicht von *Selbst*gesetzgebung, sondern von der »*eigenen* Gesetzgebung« –, ist unscheinbar und kann doch als Anzeichen einer grundsätzlichen Neufassung des Autonomiebegriffs gedeutet werden. Sie *scheint* nur die Art und Weise der Gesetzgebung zu betreffen, sie bedeutet aber in Wahrheit einen Bruch mit der – juridischen oder *legislatorischen* – Auffassung, daß das Gesetz für das Selbst überhaupt so da und verbindlich ist, daß es gegeben, also (ein-)gesetzt worden ist.

Diesem Bruch liegt die Einsicht zugrunde, daß sich das Paradox der Autonomie nicht schon allein dadurch auflösen läßt, daß man den Akt der Selbstgesetzgebung an den Anspruch vernünftiger Be-

7 Immanuel Kant, *Grundlegung zur Metaphysik der Sitten*, in: *Werke*, hg. von Wilhelm Weischedel, Darmstadt: Wissenschaftliche Buchgesellschaft 1956, Bd. IV, S. 65 (AB 73).

gründung bindet. Das erlaubt zwar zu sagen: Autonomes Handeln ist Handeln nach einem Gesetz, das das Subjekt sich *aus einem guten Grund* gegeben hat. Die Paradoxie, in die sich Rousseaus Idee der Selbstgesetzgebung verstrickte, ist dadurch jedoch nicht vermieden. Denn zwar gilt für die vernünftige oder begründete Selbstgesetzgebung, daß sie weder bloß aus gesetzloser Freiheit noch aus blindem Gehorsam erfolgt. Sie erfolgt vielmehr aus der freien Einsicht in die Verbindlichkeit des Grundes. Aber sobald man danach fragt, woher dieser Grund der Selbstgesetzgebung wiederum *seine* Verbindlichkeit gewinnt, gerät man entweder in einen unendlichen Regreß, oder dieser Regreß wird durch einen letzten Grund gestoppt, aber dann bricht in dessen Bestimmung das Paradox der Autonomie wieder auf. Denn der letzte Grund kann nur entweder vom Subjekt grundlos eingesetzt oder dem Subjekt grundlos vorgegeben sein. Das ist aber wieder dieselbe äußerliche Entgegensetzung von Freiheit und Gesetz, die der Autonomiegedanke auflösen wollte. Der Schritt, die Selbstgesetzgebung an Gründe zu binden, reicht nicht aus, um das Paradox der Autonomie aufzulösen. Die Revision des Autonomiebegriffs muß tiefer ansetzen: bei der Idee der Selbstgesetzgebung.

Das bedeutet, daß die beiden Elemente der Autonomie, das Selbst und das Gesetz, anders verknüpft werden müssen als so, daß das Selbst die Instanz ist, die sich das Gesetz *gibt*. Nach Christine Korsgaards entscheidender Beobachtung macht Kant bereits selbst diesen Schritt über die Rousseausche Figur der Selbstgesetzgebung hinaus.[8] Kant ergänzt nicht nur die Idee der Selbstgesetzgebung durch den Anspruch, daß sie aus einem guten Grund erfolgen muß; er stellt vielmehr die Definition von Autonomie als Selbstgesetzgebung als solche in Frage.

Diese Infragestellung will selbstverständlich nicht bestreiten, daß Subjekte die Freiheit besitzen, sich aus Gründen diese oder jene Regel zu geben, und daß sich für die Gründe, die sie dabei an-

8 Siehe dazu (und zum Folgenden) den Begriff der praktischen Identität in Christine Korsgaard, *The Sources of Normativity*, New York: Cambridge University Press 1996, S. 100-102, und die systematische Ausführung in Christine Korsgaard, *Self-Constitution. Agency, Identity, and Integrity*, Oxford: Oxford University Press 2009. Zu Kant siehe Christine Korsgaard, »Self-Constitution in the Ethics of Plato and Kant«, in: dies., *The Constitution of Agency. Essays on Practical Reason and Moral Psychology*, Oxford: Oxford University Press 2008, S. 100-128, hier S. 109 f.

führen, wiederum die Frage stellen läßt, wie überzeugend sie sind. Die Infragestellung des Paradigmas der Selbstgesetzgebung besteht vielmehr darin, auf eine Voraussetzung hinzuweisen, die in diesem Bild der Freiheit als begründeter Wahl zwischen diesem oder jenem Gesetz zugleich gemacht und verborgen ist. Denn um überhaupt die Wahl zwischen verschiedenen Gesetzen haben zu können, muß das Subjekt bereits irgendwelche Gesetze haben. Das heißt: Es muß seine Triebe, Neigungen, Impulse usf. in die Form des Gesetzes gebracht haben. Antriebe in die Form des Gesetzes zu bringen heißt, ihre bloß kausale Wirksamkeit durch die normative Kraft eines Grundes zu ersetzen. Gesetze bewirken ihre Befolgung, so daß sie sie begründen; ein Gesetz ist nicht ein Befehl, auf den man reagiert, sondern eine Regel, der man folgt. Vor der Freiheit der Wahl zwischen diesem oder jenem Gesetz steht also die Freiheit, sich selbst, seinen eigenen Antrieben, die Form des Gesetzes zu geben. Vor der Freiheit der Wahl steht die Freiheit der Selbstformierung – die Freiheit der Selbsttransformierung in ein Wesen, das nicht mehr kausal angetrieben wird, sondern sich durch »Maximen« oder »Imperative« selbst Gründe zum Handeln gibt und darin frei ist. Das ist der erste Schritt heraus aus dem Paradigma der Selbstgesetzgebung. Indem Kant auf die Freiheit der Selbstformung hinweist, die jeder möglichen Wahl, auch der eines Gesetzes, vorausgeht, gewinnt der Begriff der Selbstgesetzgebung einen ganz anderen Sinn: Auf der grundlegenden Ebene heißt »Selbstgesetzgebung« nicht, sich dieses oder jenes Gesetz zu geben, sondern seinen Antrieben die *Form* des Gesetzes zu geben.

Das Gesetz, dem die Freiheit der Selbstformung folgt, ist das Gesetz des Gesetzes. Dieses Gesetz, sich Gesetze zu geben, kann offensichtlich nicht durch einen Akt der Selbstgesetzgebung hervorgebracht worden sein. Gleichwohl gehorcht das sich selbst formierende Subjekt nur sich selbst und ist darin frei; die Selbstformierung ist der Akt der Autonomie. Kants Erläuterung, weshalb das so ist, und das heißt, wie der Begriff der Autonomie im Akt der Selbstformierung verstanden werden muß, ist der zweite Schritt heraus aus dem Paradigma der Selbstgesetzgebung.

Im (legislatorischen) Paradigma der Selbstgesetzgebung werden Gesetz und Subjekt so zusammengedacht, daß das Gesetz, dem wir gehorchen, eines ist, das wir uns selbst, also frei *gegeben* haben; die Freiheit im Gesetzesgehorsam wird auf die Freiheit der

Gesetzgebung zurückgeführt. Kant erläutert die freiheitsverbürgende Verknüpfung von Selbst und Gesetz auf andere Weise. Das Gesetz, in dessen Gehorsam ich frei bin, ist nicht das Gesetz, das ich mir selbst gegeben habe, sondern das ich mir selbst *bin*. Das ist der antike Sinn von »Autonomie«:[9] Das autonome Gesetz ist das eigene Gesetz. »Autos« heißt hier nicht »selbst«, sondern »eigen«, nicht selbst machen, sondern zu eigen machen (oder gar als eigenes haben); das autonome Gesetz ist dasjenige Gesetz, durch das das Selbst ist, was es ist. Autonom zu sein heißt nicht, daß das Selbst ein Gesetz macht, sondern daß es dem Gesetz folgt, das es, das Subjekt, *aus*macht. Das Gesetz, in dessen Befolgung das Selbst frei bleibt (vielmehr: frei wird), ist das Gesetz, das das Selbst konstituiert.[10] Diese Kantische Einsicht bringt Hegel gegen die utilitaristische Gleichsetzung von Wollen und Wählen so auf den Punkt, daß sich die Freiheit des Willens nicht darin verwirklicht, dieses oder jenes, auch nicht: dieses oder jenes Gesetz zu wählen oder vorzuziehen, sondern das Gesetz des Wollens zu wollen: »[D]er abstrakte

9 Für diesen Gedanken beruft sich Korsgaard (*The Sources of Normativity*, S. 100) auf eine Stelle aus der vormodernen Geschichte des Autonomiegedankens. Im 2. Kapitel des Römerbriefs schreibt Paulus (in Luthers Übersetzung) zur Begründung, weshalb diejenigen »[w]elche ohne Gesetz gesündigt haben [also: die Heiden], [...] auch ohne Gesetz verloren werden«: »Denn so die Heiden, die das Gesetz nicht haben, doch von Natur tun des Gesetzes Werk, *sind dieselben*, dieweil sie das Gesetz nicht haben [d. h.: es ihnen nicht durch die Offenbarung Gottes gegeben worden ist], *sich selbst ein Gesetz*, als die da beweisen, des Gesetzes Werk sei geschrieben in ihren Herzen« (*Römer* 2,12-15; meine Hervorh., C.M.). Eine andere Stelle ist die *Antigone* (in: Sophokles, *Tragödien*, übers. von Wolfgang Schadewaldt, Zürich: Artemis & Winkler 2002). Dort nennt der Chor Antigone »autonom«, nicht weil sie sich selbst ein Gesetz gegeben hätte (sie sagt ja vielmehr von den »wankenlosen Satzungen der Götter«, denen sie folgt, daß »niemand weiß, woher sie gekommen«; v. 458), sondern weil sie dem bestehenden Gesetz als ihrem eigenen folgt – es sich zu eigen gemacht oder sich ihm übereignet hat: »[...] nach eigenem Gesetz / Gehst lebend du / Als einzige unter den Sterblichen / Hinab in das Reich der Toten« (v. 821 ff.). Dazu Christoph Menke, *Tragödie im Sittlichen. Gerechtigkeit und Freiheit nach Hegel*, Frankfurt/M.: Suhrkamp 1996, S. 83-93.

10 Vgl. Sebastian Rödl, »Selbstgesetzgebung«, in: Khurana/Menke (Hg.), *Paradoxien der Autonomie*, S. 91-111; ders., *Self-Consciousness*, Cambridge, Mass., London: Harvard University Press 2007, S. 117 f. Siehe die Rekonstruktion des Schrittes »von der Selbstgesetzgebung zur Selbstkonstitution«, in: Thomas Khurana, *Das Leben der Freiheit. Form und Wirklichkeit der Autonomie*, Berlin: Suhrkamp 2017, S. 327-341.

Begriff der Idee des Willens ist überhaupt *der freie Wille, der den freien Willen will.*«[11]

Nach Hegel und Korsgaard ist Kants Reformulierung des Autonomiegedankens also erst dann richtig verstanden, wenn man sie nicht als eine Ergänzung der Rousseauschen Idee der Selbstgesetzgebung durch die der Begründung versteht; dann wiederholt sich vielmehr das Paradox, daß die autonome Selbstbestimmung auf einen Punkt entweder gesetzloser Freiheit oder vorgegebener Verpflichtung und damit Heteronomie in einer ihrer beiden Gestalten zurückführt. Kant dagegen versteht Autonomie nicht als Selbstgesetzgebung, sondern als Selbstverwirklichung: das Gesetz befolgen, das einen ausmacht. Kant versteht die Selbstgesetzgebung nicht legislatorisch, sondern expressivistisch.[12] Autonomes Urteilen oder Handeln besteht nicht darin, *selbst* ein Gesetz hervorzubringen, sondern das *eigene* Gesetz zum Ausdruck zu bringen: zu werden, der man ist.

b. Kritik der Moralität

Kants expressivistische Neufassung des Autonomiebegriffs ist die Grundlage von Hegels Theorie der Sittlichkeit. Der Kantische Gedanke, an den Hegel anknüpft, besagt, daß für das Subjekt allein ein Gesetz verbindlich sein kann, das das Subjekt bereits hat oder das es ausmacht; das autonome Gesetz ist nicht gesetzt. Zugleich lautet Hegels Einwand gegen Kant, daß sich dieser Gedanke nicht begreifen und entfalten läßt, wenn das Subjekt als »moralisches« verstanden wird. Als »moralisches«[13] bezeichnet Hegel ein Subjekt,

11 Georg Wilhelm Friedrich Hegel, *Grundlinien der Philosophie des Rechts* (nachfolgend zitiert als *Rph*), Theorie-Werkausgabe, hg. von Eva Moldenhauer/Karl Markus Michel, Frankfurt/M.: Suhrkamp 1969-70, Bd. 7, § 27.

12 Terry Pinkard hat deshalb im Anschluß an Charles Taylor (*Hegel*, Frankfurt/M.: Suhrkamp 1978, S. 28-40; ders., *Quellen des Selbst. Die Entstehung der neuzeitlichen Identität*, Frankfurt/M.: Suhrkamp 1994, S. 639-679) von einem »expressivistischen« Konzept der Handlung bei Kant gesprochen: Terry Pinkard, »Liberal Rights and Liberal Individualism without Liberalism: Agency and Recognition«, in: Espen Hammer (Hg.), *German Idealism. Contemporary Perspectives*, Oxford: Routledge 2007, S. 206-224, hier S. 210.

13 Wie später bei Nietzsche und Heidegger (vgl. Christoph Menke, »Werte, Wertungen und das Politische«, in: *Zeitschrift für Kulturphilosophie*, Bd. 3 [2009],

das seine eigenen, es als Subjekt konstituierenden Gesetze als formal bestimmte Rationalitätskriterien begreift, die es auf vorgegebene Bestimmungen reflexiv prüfend anwendet. Dabei versteht sich das »moralische« Subjekt als eine Instanz, die einer irrtumsfreien Anwendung dieser formal definierten Kriterien prinzipiell fähig und dadurch zu einem abschließenden Urteil berechtigt ist. Hegels Einwand gegen dieses »moralisch« genannte Selbstverständnis des Subjekts lautet, daß dieses so, als Anwender formal definierter Rationalitätskriterien, gerade nicht zu einem Urteil oder einer Entscheidung zu kommen vermag. Kants moralischer Subjektbegriff kann also nicht verständlich machen, wie eine autonome Antwort auf die praktische Frage – »die Frage: *was ist Pflicht?*« (*Rph*, § 134), die Frage: Was tun? – möglich ist. Jede Bestimmung kann hier nur ein »von außen her« aufgenommener Stoff sein (§ 135), ist also heteronom. Daher, so Hegels Konsequenz, muß man mit Kants »moralischem« Subjektbegriff brechen, um Kants expressivistischer Neubestimmung des Autonomiebegriffs gerecht zu werden. Das geschieht im Schritt von der Moralität zur Sittlichkeit.

Diesen Schritt werde ich im Folgenden skizzenartig als einen Doppelschritt rekonstruieren: Der erste Schritt führt zu Hegels gesellschaftlicher, der zweite zu seiner geschichtlichen Bestimmung der Autonomie. Durch die soziale Bestimmung der Autonomie will Hegel Kants expressivistische Überwindung des Rousseauschen Paradoxes der Selbstgesetzgebung vollenden, indem er das subjektivitätskonstitutive Sich-zu-eigen-Machen – genauer: Sich-zu-eigengemacht-Haben – von Gesetzen als soziale Teilhabe erläutert. Die soziale Teilnahme des Subjekts kann aber nur dann als Medium der Autonomie verstanden werden, wenn sie als wesentlich geschichtliche verstanden wird. Mit der Geschichtlichkeit kehrt jedoch das Paradox in die Autonomie zurück.

Praktische Teilnahme

Der Grundzug von Hegels sittlichkeitstheoretischer Neubestimmung besteht darin, das autonome Subjekt als Teil oder »Mitglied« einer »Welt« zu verstehen. Diese »Welt« bestimmt Hegel als das

Heft 1, S. 151-156) bezeichnet auch bei Hegel »Moralität« mithin nicht bloß einen Bereich, sondern eine spezifische *Konzeption* von Normativität, die strukturell an eine bestimmte Konzeption von Subjektivität gebunden ist.

eine Moment des »lebendigen Guten«. Das Gute »lebt«, wenn es in Handlungen »wirklich ist« (*Rph*, § 141 N, S. 290). Die Welt, als deren Mitglied Hegel das autonome Subjekt begreift, ist also eine Welt handelnder Verwirklichungen des Guten. Die sittliche Welt besteht aus Handlungszusammenhängen, die dadurch definiert, strukturiert und voneinander abgegrenzt sind, daß sie jeweils bestimmte Güter verwirklichen. Solche Handlungszusammenhänge, die durch den Bezug auf ein sich in ihnen verwirklichendes Gut bestimmt sind, können »Praktiken« genannt werden.[14] Hegels sittlichkeitstheoretische Grundthese lautet: Nur in einer Welt des sich verwirklichenden Guten oder in einer Welt von Praktiken kann es autonome Subjekte geben.

Praktiken sind die Grundeinheit im Praktischen: Alles Praktische – Zwecke, Mittel, Gründe, Normen, Handlungen, Subjekte, Erfolge und Gelingen – gibt es nur in Praktiken.[15] Die praktische Grundrelation ist daher die des Teilseins in oder des Teilnehmens an einer Praxis. Ein Zweck, ein Mittel, ein Grund, eine Handlung, ein Subjekt, ein Erfolg oder etwas Gutes zu sein heißt, eine Rolle oder einen »Status« in einer Praxis zu haben.[16] In dieser Relation des Teilseins und Teilnehmens gründet die Möglichkeit praktischer Urteile: Etwas ist *Gegenstand* eines Urteils, sofern es ein Teil in einer Praxis ist. Und jemand ist *Autor* eines Urteils, sofern er ein Teilnehmer an einer Praxis ist. Praktische Urteile erfolgen mit Bezug auf die Gesetze, die »konstitutiven Regeln«,[17] die eine Praxis ausma-

14 Vgl. Alasdair MacIntyre, *Der Verlust der Tugend. Zur moralischen Krise der Gegenwart*, Frankfurt/M., New York: Campus 1987, S. 251-262, und die Rekonstruktion bei Rahel Jaeggi, *Kritik von Lebensformen*, Berlin: Suhrkamp 2014, S. 95-104. Zum Folgenden siehe Terry Pinkard, »Tugend, Moral und Sittlichkeit. Von Maximen zu Praktiken«, in: *Deutsche Zeitschrift für Philosophie*, Bd. 49 (2001), Heft 1, S. 65-87; ders., »Innen, Außen und Lebensformen: Hegel und Wittgenstein«, in: Michael Quante/Christoph Halbig (Hg.), *Hegels Erbe*, Frankfurt/M.: Suhrkamp 2004, S. 254-294.

15 Das gilt auch für Maximen: Die als subjektiver Akt konzipierte Aufnahme von Triebfedern in Maximen (Immanuel Kant, *Die Religion innerhalb der Grenzen der bloßen Vernunft*, in: *Werke*, Bd. IV, S. 670 [BA 12]), also die oben (S. 24) erwähnte Selbstformierung zum Subjekt von Gesetzen, ist in Wahrheit der Eintritt des Individuums in eine soziale Praxis.

16 So Pippins Grundthese; siehe *Hegel's Practical Philosophy*, S. 97-102.

17 Im Sinn von John Rawls, »Two Concepts of Rules«, in: ders., *Collected Papers*, Cambridge, Mass.: Harvard University Press 1999, S. 20-46. Vgl. Michael

chen; durch die also das jeweilige Gute spezifiziert wird, das eine Praxis definiert und strukturiert. Etwas, das Teil einer Praxis ist, zu beurteilen heißt daher, es an dem Gesetz zu messen, das, weil es die Praxis konstituiert, auch dieses Etwas erst zu einem Teil dieser Praxis macht; etwas zu beurteilen heißt, zu fragen, ob es das, was es (als Teil dieser Praxis) ist, gut oder schlecht, auf vollkommene oder mangelhafte Weise ist: ob es also sein »Wesen« – das nichts anderes als sein Teilsein in der sozialen Praxis ist – angemessen »verwirklicht«. Und jemand, der als Teilnehmer einer Praxis ein solches Urteil fällt, bezieht sich dabei auf eben das Gesetz, das ihn, ebenso wie das Beurteilte, als Teilnehmer an dieser Praxis ausmacht: Indem er etwas nach dessen eigenem Gesetz beurteilt, folgt er seinem eigenen Gesetz; beide sind dasselbe.

Deshalb schließt das eine Moment des »lebendigen Guten«, die »Welt« als Ensemble von Praktiken, das andere Moment bereits ein: das Subjekt als Teilnehmer an Praktiken. Das »lebendige Gute« ist das »zur vorhandenen Welt und zur Natur des Selbstbewußtseins« gewordene Gesetz (*Rph*, § 142). Es ist »objektiv« oder »äußerlich« da in den sozialen Praktiken, und »subjektiv« oder »innerlich« im Selbstbewußtsein ihrer Teilnehmer. Nur wenn das Subjekt als Moment in der lebendigen »Einheit des Inneren und Äußeren« (§ 141 N, S. 290), die die praktische Grundrelation der Teilnahme stiftet, begriffen wird, hat das Subjekt ein eigenes Gesetz, das ihm Gründe zum Urteilen bereitstellt. Nur als Moment in der lebendigen »Einheit des Inneren und Äußeren« *ist* es daher ein Subjekt: eine Instanz des Handelns aus Gründen. Hegels Einwand gegen Kants »moralischen« Subjektbegriff besagt: »Niemand, der als ein sich rein rational selbst bestimmender Handelnder begriffen wird, kann als jemand angesehen werden, der irgendeine Art von wirksamem, praktischem Grund hat.« Und: »Nur als Teilnehmer kann ich als jemand angesehen werden, der überhaupt praktische Gründe hat.«[18] Der Zusammenhang von Freiheit und Gesetz, der den Begriff der Autonomie ausmacht, findet seine Begründung in der praktischen Relation der Teilnahme an einer Praxis.

Damit bringt die sittlichkeitstheoretische Erläuterung des Sich-zu-eigen-Machens eines Gesetzes als soziale Teilhabe das Problem

Thompson, *Leben und Handeln. Grundstrukturen der Praxis und des praktischen Denkens*, Berlin: Suhrkamp 2011, Teil III: »Praktische Allgemeinheit«.

18 Pippin, *Hegel's Practical Philosophy*, S. 263 und S. 247.

zum Verschwinden, das Kant nach Hegel nicht zu lösen vermochte: das Problem einer zugleich inhaltlichen *und* autonomen Bestimmung des Guten. Eine Handlungsbestimmung ist autonom, wenn sie allein in dem eigenen Gesetz des Subjekts begründet ist. Das eigene Gesetz des Subjekts ist jedoch, so Hegels grundlegender Schritt, das Gesetz der Praxis, an der es teilnimmt: Als Teilnehmer einer Praxis wird das Subjekt durch eben die Gesetze konstituiert, die die Praxis konstituieren. Diese Gesetze sind erstens je *bestimmte* Gesetze, die zusammen das Gute artikulieren, das die jeweilige Praxis definiert. Eine Praxis »überhaupt« gibt es ebenso wenig wie das Gute »als solches«; es gibt nur Praktiken und Güter. Die praxiskonstituierenden Gesetze sind zweitens immer schon *verwirklichte*, angewandte oder befolgte Gesetze. Im Gegensatz zu regulativen Regeln, die als Forderungen der Wirklichkeit gegenüberstehen, gibt es konstitutive Regeln nur in der Wirklichkeit, die sie hervorbringen. Die Normativität, die sie begründen, ist eine immanente: nicht der Gegensatz zwischen Norm und Realität, sondern zwischen zwei Realitäten – zwischen einer guten und einer schlechten Verwirklichung des Gesetzes, das die jeweilige Praxis ausmacht. Nur dem eigenen Gesetz zu folgen oder autonom zu handeln heißt daher, das zu verwirklichen, was in der sozialen Praxis, an der das Subjekt teilnimmt, schon wirklich ist. Man weiß, wie man handeln soll, wenn man weiß, wie schon gehandelt wird. Das eigene Gesetz des teilnehmenden Subjekts, die innere, also zweite »Natur« seines »Selbstbewußtseins«, ist das Gesetz der »vorhandenen Welt« – der Praktiken, an denen es teilnimmt.

Subjektive Aneignung

Aber bringt Hegel so mit dem bei Kant ungelösten Problem der inhaltlichen Bestimmung des Guten nicht zugleich auch deren Autonomie zum Verschwinden? Denn »Autonomie« heißt nicht bloß, daß der Wille einem eigenen Gesetz, sondern daß der *vernünftige* Wille *seinem* Gesetz folgt. »Autonomie« als Selbstverwirklichung heißt nicht, daß das Subjekt in seinem Wollen irgendeine Identität als Teilnehmer an dieser oder jener Praxis, sondern seine Identität als vernünftiges Subjekt zum Ausdruck bringt.

Das ist richtig und zugleich eine falsche Alternative: Das Subjekt bringt seine Identität als vernünftiges Subjekt nur *in* der (Art und Weise seiner) Teilnahme an dieser oder jener Praxis zum Ausdruck; also nicht, indem es seine Identität als Teilnehmer dieser oder jener Praxis dann auch noch, von außen, mit Rationalitätsansprüchen konfrontiert. Vielmehr ist die Teilnahme an einer Praxis selbst schon, intern, von dem Anspruch auf Vernunft bestimmt; die praktische Vernunft ist der praktischen Teilnahme immanent. Denn an einer Praxis teilzunehmen heißt, sich selbst durch Urteile zu regieren, die allein durch eigene Gesetze begründet sind. Die eigenen Gesetze, die die »Natur des Selbstbewußtseins« des an einer praktischen »Welt« teilnehmenden Subjekts ausmachen, sind daher für dieses Subjekt Gründe seines Urteilens. Daß etwas ein Grund ist – diese Einsicht der »Moralität« genannten Konzeption des Praktischen gilt auch für die der Sittlichkeit[19] –, heißt aber, daß es von einem Subjekt als Grund eingesehen werden kann. Die Feststellung, daß etwas ein Grund ist, verweist auf den Akt der Anerkennung von etwas *als* Grund *durch* ein Subjekt. Der Begriff des Grundes enthält daher schon den Begriff eines Subjekts, das zur Anerkennung eines Grundes ebenso verpflichtet wie zu der Entscheidung berechtigt ist, ob etwas ein anerkennungswürdiger Grund ist: »Das *Recht des subjektiven Willens* ist, daß das, was er als gültig anerkennen soll, von ihm *als gut eingesehen* werde.« (*Rph*, § 132) Und: »Das Recht, nichts anzuerkennen, was Ich nicht als vernünftig einsehe, ist das höchste Recht des Subjekts.« (§ 132 A, S. 245) Nur darf dieses Recht nicht »moralisch« verstanden werden, also »formell«: als das Recht auf Prüfung nach formal definierten Rationalitätskriterien. Das Recht des Subjekts, »daß Ich eine Verpflichtung aus *guten Gründen* einsehe und die *Überzeugung* von derselben habe« (§ 132 A, S. 246), verwirklicht sich vielmehr nur in der Teilnahme an Praktiken. Die (Kantische) Alternative – daß das Subjekt in seinem Wollen nicht irgendeine Identität als Teilnehmer dieser oder jener Praxis, sondern seine Identität als vernünftiges Subjekt zum Ausdruck bringt – ist falsch: Teilnehmer an einer Praxis zu sein *heißt* schon, seine Identität als vernünftiges Subjekt zu verwirklichen. Denn Teilnehmer an einer Praxis zu sein bedeutet

19 Zur Aufhebung, also Bewahrung des moralischen Rechts des Subjekts in der Sittlichkeit siehe Frederick Neuhouser, *Foundations of Hegel's Social Theory. Actualizing Freedom*, Cambridge, Mass.: Harvard University Press 2000, Kap. 7; Andrew Norris, »Willing and Deciding. Hegel on Irony, Evil, and the Sovereign Exception«, in: *Diacritics*, Bd. 37 (2007), Nr. 2-3, S. 135-156.

nichts anderes, als deren Gesetze als Gründe anzuerkennen. Das ist die »sittliche« Verwirklichung des »moralisch« reklamierten Rechts des Subjekts: Das Recht des Subjekts, »daß Ich eine Verpflichtung aus *guten Gründen* einsehe« oder sie eben nicht als eine Verpflichtung anerkenne, verwirklicht sich *schon* und *nur* in der Teilnahme an einer Praxis.

Deshalb beschreibt Hegel die Teilnahme des Subjekts an einer Praxis zugleich als Aneignung dieser Praxis durch das Subjekt:

> Das *Recht der Individuen* für ihre *subjektive Bestimmung zur Freiheit* hat darin, daß sie der sittlichen Wirklichkeit angehören, seine Erfüllung, indem [...] sie im Sittlichen *ihr eigenes* Wesen [...] *wirklich* besitzen. (*Rph*, § 153)

Die konstitutiven Gesetze der Praktiken »sind [...] dem Subjekte nicht ein *Fremdes*, sondern es gibt das *Zeugnis des Geistes* von ihnen als von *seinem eigenen Wesen.*« (*Rph*, § 147)[20] Das Subjekt bezeugt die Gesetze einer Praxis als seine eigenen. Daß sie seine eigenen sind, ist also keine Tatsache, die sich feststellen ließe, und es ist auch nicht das Produkt einer Tathandlung, die das Subjekt grundlos-frei ausführt. Die konstitutiven Gesetze einer Praxis sind die eigenen des Subjekts vielmehr nur, indem sie die eigenen des Subjekts *werden* – indem sie vom Subjekt angeeignet werden. Oder: Das Subjekt hat nur diejenigen Gesetze zum eigenen »Wesen« oder zur eigenen »Natur«, die es sich durch Teilnahme an Praktiken angeeignet hat.

Dabei bedeutet die Aneignung der Güter und Gesetze einer Praxis durch ein Subjekt nichts anderes als die Anerkennung dieser Güter und Gesetze als Gründe; erst dann ist auch autonomes Handeln, ein Handeln allein aus eigenem Gesetz, möglich. In der Aneignung einer sozialen Praxis reproduziert das Subjekt sie als einen Zusammenhang von Gesetzen, die es als Gründe anerkennen kann. Darauf zielt Hegels Begriff des »Geistes«: In der Theorie der Sittlichkeit bezeichnet »Geist« diejenige Gestalt einer Praxis, die sie annimmt, wenn sie durch die autonome Handlung eines Subjekts als ein vernünftiger Zusammenhang von normativen Begriffen

20 Das ist die soziale Bestimmung der Freiheit oder die Bestimmung der sozialen Freiheit als Bei-sich-selbst-sein-im-Anderen; vgl. *Rph*, § 7. Siehe dazu Axel Honneth, *Leiden an Unbestimmtheit. Eine Reaktualisierung der Hegelschen* Rechtsphilosophie, Stuttgart: Reclam 2001, Kap. 1; ders., *Das Recht der Freiheit. Grundriß einer demokratischen Sittlichkeit*, Berlin: Suhrkamp 2011, S. 81-118.

reproduziert wird. Ohne die subjektive Aneignung einer sozialen Praxis, durch die ihre Gesetze als Gründe anerkannt werden, gibt es mithin keinen Geist. Geist ist »die durch die Subjektivität *als unendliche Form konkrete* Substanz« (*Rph*, § 144).

Weil das Subjekt eigene Gesetze nur durch seine Teilnahme an sozialen Praktiken hat, in der es sich deren Gesetze aneignet, indem es sie als Gründe anerkennt, und weil dies die Bedingung für Autonomie, für das Urteilen und Handeln nur nach eigenem Gesetz ist, hängt die Autonomie des Subjekts davon ab, daß die »vorhandene Welt« eine Welt von Praktiken ist, deren Gesetze als Gründe angeeignet werden *können*. Praktiken, für die das gilt und in deren Aneignung sich daher die Autonomie des Subjekts verwirklicht, können selbst »autonom« genannt werden:[21] Die Autonomie von Praktiken besteht darin, daß der Handlungszusammenhang, den sie bilden, durch nichts anderes bestimmt ist als durch solche Gesetze, die sich als Gründe anerkennen lassen. Nach der Kantischen Vorstellung sollte die Autonomie des Subjekts das Kriterium dafür liefern. Hegels Sittlichkeitstheorie zeigt dagegen, daß die Autonomie des Subjekts und die Autonomie der Praktiken zwei Momente in ein und demselben Prozeß der aneignenden Teilnahme an Praktiken sind. Das Subjekt kann nur autonom sein, nach eigenen Gesetzen urteilen und handeln, wenn es an Praktiken teilnimmt, die sich darin, im Prozeß aneignender Teilnahme, als autonome Handlungszusammenhänge aus Gründen darstellen lassen. Die Autonomie der Praktiken, ihre Reproduzierbarkeit als vernünftige Zusammenhänge, ist die Bedingung für die Autonomie der Subjekte; die Autonomie der Subjekte, ihre aneignend-reflexive Reproduktion, ist die Bedingung für die Autonomie der Praktiken. Diese Doppel-Autonomie von Subjekt *und* Praxis ist »Geist«.[22]

21 So Pippin, *Hegel's Practical Philosophy*, S. 103.

22 Deshalb ist die Struktur des Geistes selbst ein normativer Maßstab ebenso für soziale Verhältnisse wie für Subjektivierungsformen. So ist die bürgerliche Gesellschaft für sich betrachtet keine Gestalt des Geistes; sie ist der »Verlust« der »Einheit« des Geistes und damit eine bloß »äußerliche Ordnung« (*Rph*, § 157). Nur wenn sich zeigen ließe, daß dieser gesellschaftliche »Verlust der Sittlichkeit« (§ 181) selbst einer sittlichen Notwendigkeit unterliegt und die Sittlichkeit daher *durch sich selbst* »als ein Immanentes« in die bürgerliche Gesellschaft *zurückkehrt* (§ 249), könnten die Handlungsvollzüge in der bürgerlichen Gesellschaft eine Dimension autonomer Praxis, eines vernünftigen Zusammenhangs von Gründen, gewinnen und dadurch zumindest indirekt mit der Autonomie des Subjekts

Linkshegelianismus, oder: Die Geschichtlichkeit des Geistes

Robert Pippin hat Hegels sittlichkeitstheoretische Erläuterung des Zusammenhangs von Praxis und Subjekt den »eindeutig neoaristotelischen« Gedanken genannt, durch den Hegel das Kantische Autonomiekonzept grundlegend transformiert.[23] Neoaristotelisch ist das Verständnis des Geistes als »zweiter Natur«. Mit Bezug auf die geistigen Fähigkeiten des Subjekts besagt dies, daß sie Fähigkeiten zur Teilnahme an sozialen Praktiken sind, die durch die Teilnahme an sozialen Praktiken erworben werden. Die geistigen Fähigkeiten des Menschen sind ein »kulturelles Produkt«; daher sind sie seine *zweite* Natur, die zugleich aber, daher »zweite *Natur*«, sein »Wesen« ausmachen: die eigene »Natur in ihrer Gewordenheit«.[24] Ebenso wichtig ist aber, daß die sittlichkeitstheoretische Erläuterung des Zusammenhangs von subjektiven Fähigkeiten und sozialer Praxis als Prozeß der Aneignung, in dem beide, das Subjekt wie die Praxis, zugleich ihre Autonomie gewinnen und damit die Struktur hervorbringen, die Hegel »Geist« nennt, auch das (neo)aristotelische Verständnis entscheidend transformiert. Diese Transformation nennt Pippin »linkshegelianisch«. Sie besteht darin, den Geist, also die Autonomie von Praxis und Subjekt, als »eine Art historisch-sozialer Errungenschaft [oder Leistung: *achievement*]«[25] zu verstehen. Der

versöhnt werden. Marx' These (in »Zur Kritik der Hegelschen Rechtsphilosophie. Kritik des Hegelschen Staatsrechts«, in: Karl Marx/Friedrich Engels, *Werke*, Bd. 1, Berlin: Dietz 1977, S. 201-336) besagt, daß Hegel dieser Nachweis nicht gelungen ist. Die Handlungszusammenhänge der bürgerlichen Gesellschaft *können* nicht als Praktiken angeeignet werden; in ihnen ist daher Autonomie unmöglich. Die revolutionäre Forderung, die bürgerliche Gesellschaft abzuschaffen, erfolgt im Namen des »Geistes«.

23 Pippin, *Hegel's Practical Philosophy*, S. 58.

24 John McDowell, »Zwei Arten des Naturalismus«, in: ders., *Wert und Wirklichkeit. Aufsätze zur Moralphilosophie*, Frankfurt/M.: Suhrkamp 2009, S. 30-73, hier S. 54 (im Original: »*one's nature as one has become*«).

25 Pippin, *Hegel's Practical Philosophy*, S. 58. Nach Pippins Verständnis widerspricht dies nicht nur dem traditionellen Aristotelismus, der die Bildung des Geistes als »the natural realization of a slumbering potential« versteht (S. 62), sondern auch noch dem *neo*aristotelischen Begriff der zweiten Natur. Das weist McDowell zurück. Zu dieser Debatte siehe den Exkurs »Kritik des Neoaristotelismus« in Kap. 4, S. 123-127. – In Pippins linkshegelianischer Deutung ist die Geschichtlichkeit des Geistes deshalb die zentrale Einsicht von Hegels Theorie

Geist ist nicht das Telos der Natur, seine Ausbildung keine natürliche Entwicklung, sondern ein »Produkt« seiner Selbsthervorbringung. Gegen die Ansicht, der Mensch sei »*von Natur* frei«, wendet Hegel ein:

> Der freie Geist ist eben dieses (§ 21), nicht als der bloße Begriff oder *an sich* zu sein, sondern diesen Formalismus seiner selbst und damit die unmittelbare natürliche Existenz aufzuheben und sich die Existenz nur als die seinige, als freie Existenz zu geben. (*Rph*, § 57 A, S. 123)

Hegel linkshegelianisch zu deuten heißt, den ersten Schritt mit dem aristotelischen Begriff der zweiten Natur mitzugehen, aber nicht den zweiten. Der Geist ist zweite Natur, weil er gebildet werden muß (der Geist ist *zweite* Natur) und als gebildeter das Wesen des Menschen, als Subjekt, ausmacht (er ist zweite *Natur*). Der Geist ist aber nicht zweite Natur in dem Sinn, daß seine Bildung selbst natürlich ist. Die Bildung des Geistes ist als seine Selbsthervorbringung vielmehr *geschichtlich*.

»Hervorbringung des Geistes« heißt: Hervorbringung seiner »freien Existenz«, der autonomen Gestalt des Subjekts wie der sozialen Praktiken. Beide gibt es nur als gleichzeitige Momente im Prozeß aneignender Teilnahme. In diesem Prozeß *werden* Subjekt und Praxis erst autonom, genauer: werden sie erst als autonome *hervorgebracht*. Weil nun der Prozeß aneignender Teilnahme in der Anerkennung der Gesetze sozialer Praktiken als Gründe besteht, kann er nicht ein natürlicher Prozeß sein – das heißt ein Prozeß, dessen Schritte und Ergebnis an seinem Beginn, durch Natur, vorgezeichnet sind: Es kann keine natürliche Bestimmung dessen ge-

der Sittlichkeit, weil sie allein es Hegel erlaubt, zwei Gedanken zusammenzudenken: die Bestimmung des Subjekts als Teilnehmer sozialer Praktiken und die Autonomie als die freie, unendliche Form der Subjektivität. Die Einheit dieser beiden Gedanken besteht in der Prozessualität der freien Aneignung des Sozialen, das darin selbst erst seine vernünftige Gestalt als eine Ordnung der Gründe gewinnt. Zugleich aber haben die beiden Momente, die der Gedanke der Geschichtlichkeit vereinigt, nach Hegels Verständnis selbst einen geschichtlichen (oder geschichtsphilosophischen) Ort und Gehalt: Der aristotelische Gedanke der sozialen Teilnahme und die rousseauistisch-kantianische Idee der Autonomie sind die Grundgedanken von Antike und Moderne. Der Hegelsche Gedanke der Geschichtlichkeit des Geistes, der Gesetz und Freiheit vereint, vereint daher zugleich Aristoteles und Kant, Antike und Moderne. In Hegels Gedanken der Geschichtlichkeit liegt daher zugleich die Geschichtlichkeit seines Denkens.

ben, was ein Grund und damit ein Akt seiner Anerkennung ist. Was ein Grund und ein Akt seiner Anerkennung ist (oder als solches *zählt*), ist eine geistige Bestimmung: Der Begriff des Geistes kann nur durch den Geist selbst bestimmt werden. Das Werden des Geistes und das Werden des Begriffs des Geistes fallen in eins. Es gibt keinen Begriff des Geistes, der dem Werden des Geistes vorherginge. Was der Geist ist, was als ein Grund und dessen Anerkennung zählt, wird vielmehr erst und immer wieder im Werden des Geistes selbst bestimmt. Das Werden des Geistes ist seine Selbsthervorbringung, weil es der Prozeß seiner Selbstbestimmung ist: der Bestimmung dessen, was »Geist« heißt.

Der grundlegende Schritt von Hegels sittlichkeitstheoretischer Reformulierung des Autonomiebegriffs besteht darin, das Subjekt als wesentlich *soziales* zu verstehen: Die Autonomie des Subjekts gibt es nur im Prozeß der Teilhabe an sozialen Praktiken, der sich als Aneignung dieser Praxis als eines vernünftigen Zusammenhangs von Gründen vollzieht; es gibt die Autonomie des Subjekts nur als Moment des »Geistes«, im Zusammenhang mit der Autonomie der Praxis. Das enthält als zweiten Schritt, den Geist als wesentlich *geschichtlichen* zu verstehen. Denn dieser Zusammenhang ist kein (»natürliches«) Sein, sondern ein Werden, aber kein Werden als Entwicklung eines (»natürlich«) vorgegebenen Ziels, sondern als Selbsthervorbringung des Geistes. Darin besteht die geschichtliche Verfaßtheit des Geistes. Daß der Geist geschichtlich ist, heißt: Es gibt ihn nur, indem er sich selbst hervorbringt.

c. Freiheit und zweite Natur

Die Einsicht in die Geschichtlichkeit des Geistes besagt, daß Geistsein Geistwerden bedeutet. Die Autonomie von Praxis und Subjekt, die den Geist ausmacht, ist kein gegebener, auch nicht ein dereinst einmal erreichter Zustand, sondern die Autonomie des Geistes besteht nur in dem Prozeß, in dem sie entsteht. Autonomie heißt Autonomisierung: Befreiung zur Autonomie. Wie ist dieser Prozeß zu verstehen?

Der Versuch, die Befreiung zur Autonomie zu denken, sieht sich sogleich in einen Zirkel verstrickt: Auf der einen Seite soll der Prozeß der Befreiung zur Autonomie erst hinführen und kann deshalb kein autonomer Akt sein; auf der anderen Seite kann der Prozeß der Befreiung zur Autonomie nur hinführen, wenn er nicht von außen vorgegeben, sondern die eigene, also bereits autonome Tat des Sichbefreienden ist. Die Autonomie muß zwei unvereinbare Rollen zugleich spielen: die des Ergebnisses und die der Voraussetzung des Prozesses der Befreiung.

Ein naheliegender Ausweg aus diesem Zirkel der Befreiung besteht in dem Versuch, die unvereinbare Doppelrolle der Autonomie durch die Unterscheidung in zwei verschiedene Hinsichten aufzulösen. Die Autonomie ist dann nur in einer Hinsicht vorausgesetzt und wird in einer anderen Hinsicht als Ergebnis hervorgebracht. Nach diesem Muster läßt sich etwa die Befreiung zur Autonomie im Bildungsprozeß des Individuums deuten: Der Bildungsprozeß hat die Autonomie des Einen – des Schülers – zum Ergebnis und die Autonomie des Anderen – des Lehrers – zur Voraussetzung; ohne die Autonomie des Lehrers voraussetzen zu können, kann es keinen Bildungsprozeß des Schülers geben, in dem er seine Autonomie erwirbt. Nach dem Muster der Unterscheidung in Hinsichten lassen sich auch geschichtliche Lernprozesse deuten. Nur sind hier die Hinsichten nicht nach Personen, wie zwischen Lehrer (Autonomie als Voraussetzung) und Schüler (Autonomie als Ergebnis), sondern nach Bereichen und Graden unterschieden. Geschichtliches Lernen besteht dann darin, die Autonomie, die eine Kultur oder Gesellschaft in einem Bereich bereits ausgebildet hat, in einem anderen Bereich zur Geltung zu bringen.[26] Oder: Geschichtliches Lernen besteht darin, die Autonomie, die eine Kultur oder Gesellschaft bis zu einem bestimmten Grad bereits praktiziert, so weit zu radikalisieren, daß sie die Form dieser Kultur oder Gesellschaft sprengt.[27]

Der Vorschlag zur Auflösung des Zirkels der Befreiung lautet, die Befreiung zur Autonomie als Übertragung oder Ausdehnung

26 Nach diesem Modell läßt sich Hegels Deutung der bürgerlichen Revolution verstehen, in der die Autonomie, die gesellschaftlich »buchstäblich erarbeitet« worden ist (Jürgen Habermas, »Hegels Kritik der Französischen Revolution«, in: ders., *Theorie und Praxis*, Frankfurt/M.: Suhrkamp 1978, S. 128-147, hier S. 134), politisch geltend gemacht wird. Dazu unten, Kap. 2, S. 69.

27 Nach diesem Modell läßt sich Hegels Deutung der Auflösung der griechischen Sittlichkeit verstehen, in der die unbefragten Voraussetzungen ethisch-politischer Einstellungen unter Reflexionsdruck geraten.

der Autonomie – von der einen Person zur anderen, von dem einen Bereich zum anderen, von dieser Überzeugung zu jener Voraussetzung – zu verstehen. Dann läßt sich an der Behauptung festhalten, daß, ebenso wie die Autonomie nur darin besteht, daß sie entsteht, die Autonomie dadurch entsteht, daß sie besteht: Die Autonomie kann nur so hervorgebracht werden, daß sie bereits in ihrer Hervorbringung wirksam ist. Autonomie wird demnach durch Autonomie gewonnen; Autonomie ist der Grund der Autonomie.

Diese Auflösung des Zirkels der Befreiung bildet den Kern der linkshegelianischen Deutung der Geschichtlichkeit des Geistes. »Linkshegelianismus« heißt, die Geschichte als einen Lernprozeß zu verstehen, der unter Voraussetzung von Autonomie mehr Autonomie zum Ergebnis hat.[28] Der Schritt über den Linkshegelianismus hinaus besteht in der These, daß die Bildung der autonomen Gestalt des Geistes nicht die autonome Tat des Geistes ist. Der Schritt über den Linkshegelianismus hinaus besteht in einem anderen Begriff der Geschichte: Die Geschichte, in dem der Geist seine autonome Gestalt gewinnt, ist (und bleibt) seine Vorgeschichte; das Werden des Geistes zur Autonomie ist nicht geistig.

Dieser Schritt über den Linkshegelianismus hinaus ist bei Hegel selbst vorbereitet. Hegel ist kein Linkshegelianer. Hegel beschreibt das Werden der Autonomie als »Befreiung von der Natur«, und er begreift die Natur, von der der Geist sich befreit, als »zweite Natur«. Damit kehrt aber die durch die Sittlichkeitstheorie für überwunden gehaltene Paradoxie in die Bestimmung der Autonomie zurück.

Befreiung von der Natur

Hegels Formeln für den Prozeß, in dem der Geist seine Autonomie gewinnt, lauten »Zurückkommen aus der Natur«, »Aufhebung der Äußerlichkeit«, »Sichfreimachen des Geistes«, »Befreiung«.[29] Hegel

28 Dem entspricht der Begriff der Geschichte in Robert B. Brandom, *Reason in Philosophy. Animating Ideas*, Cambridge, Mass., London: Harvard University Press 2009, Kap. 3.

29 Georg Wilhelm Friedrich Hegel, *Enzyklopädie der philosophischen Wissenschaften* (nachfolgend zitiert als *Enz*), Theorie-Werkausgabe, Bde. 8-10 (= *Enz* I-III), hier *Enz* III, § 381; § 381 Z, S. 21; § 382 Z, S. 27. Diese Bestimmung ist indifferent gegenüber der Unterscheidung in die verschiedenen Formen des Geistes. Sie gilt

beschreibt ihn auch als Prozeß der »Bildung«. Bildung ist die »harte Arbeit« der »Befreiung«, in der »die *Natureinfalt*, d.i. teils die passive Selbstlosigkeit, teils die Roheit des Wissens und Willens, d.i. die *Unmittelbarkeit* und *Einzelheit*, in die der Geist versenkt ist, weggearbeitet werde« (*Rph*, §187 A, S.344). Das Werden des Geistes ist seine Befreiung aus der Natur. Dabei bezeichnet »Natur« die Ordnung der »*Äußerlichkeit*« (*Enz* II, §247): »Natürlich« ist eine Verknüpfung von Elementen, die vom Subjekt nicht als geistige Gestalt angeeignet werden kann, weil sie keine vernünftige Verknüpfung, aus Gründen, ist.

In dieser Äußerlichkeit haben die Begriffsbestimmungen den Schein eines *gleichgültigen Bestehens* und der *Vereinzelung* gegeneinander; der Begriff ist deswegen als Innerliches. Die Natur zeigt daher in ihrem Dasein keine Freiheit, sondern *Notwendigkeit* und *Zufälligkeit*. (*Enz* II, §248)

Das Werden des Geistes, der Gewinn seiner Autonomie besteht darin, diese äußerliche, damit unfreie Weise der Verknüpfung der Natur durch solche Weisen der Verknüpfung zu ersetzen, die das Subjekt als vernünftige, also aus Gründen, anzuerkennen und sich damit anzueignen vermag. Der Geist bildet sich, indem er sich von der Natur unterscheidet: indem er die Unmittelbarkeit und Äußerlichkeit der Natur überwindet.

In dieser Selbstunterscheidung des Geistes von der Natur hat die Differenz von Geist und Natur keine »ontologische« Bedeutung – sie ist nicht die Differenz von Bereichen des Seins –, sondern eine »normative und geschichtliche«.[30] Der Inhalt der Unterscheidung von Geist und Natur ist der zweier Verknüpfungs- oder Anknüpfungsweisen (von »zwei Weisen [...], mit einem komplexen Verhalten umzugehen«[31]). Vor allem aber besteht der *Sinn* dieser Unterscheidung darin, das richtige Selbstverständnis des Geistes zum Ausdruck zu bringen. Der Geist versteht sich erst dann richtig, wenn er sich so versteht, daß er von den Verknüpfungsweisen der Natur unterschieden ist: daß geistige Vollzüge anders *verfaßt* sind als natürliche. Und nur wenn der Geist sich so versteht, daß

daher insbesondere für die beiden Gestalten des endlichen Geistes, den subjektiven und den objektiven. Dazu unten Kap. 5.

30 Pippin, *Hegel's Practical Philosophy*, S. 61.

31 Robert B. Brandom, »Freiheit und Bestimmtsein durch Normen«, in: Khurana/Menke (Hg.), *Paradoxien der Autonomie*, S. 61-89, hier S. 72.

seine Vollzüge von denen der Natur unterschieden sind, *gibt es* geistige Vollzüge:

> Die ganze Entwicklung des Begriffs des Geistes stellt nur das Sichfreimachen des Geistes von allen seinem Begriffe nicht entsprechenden Formen seines Daseins dar; eine Befreiung, welche dadurch zustande kommt, daß diese Formen zu einer dem Begriffe des Geistes vollkommen angemessenen Wirklichkeit umgebildet werden. (*Enz* III, § 382 Z, S. 27)

Die Befreiung des Geistes aus der Natur besteht in dieser Selbsthervorbringung: in der Etablierung seiner gegenüber der Natur andersartigen, von ihren Gesetzmäßigkeiten freien Verfassung.

Hegels Gedanke des Werdens des Geistes als Befreiung des Geistes von der Natur unterscheidet sich von demjenigen Verständnis dieser Formel, das Kants Theorie der Moralität zugrunde liegt. Nach diesem moralischen Verständnis geht es in der Befreiung von der Natur darum, daß das Subjekt die Bestimmungsmacht bricht, die seine natürlichen Antriebe – Instinkte, Bedürfnisse, Empfindungen – über seinen Willen haben. Die Befreiung des Geistes von der Natur ist moralisch verstanden die Befreiung des Subjekts von der Determination durch solche Bestimmungen, die ihn von Natur aus determinieren: Befreiung heißt hier, von einem bedürfnisdeterminierten »Wünschling« (Harry Frankfurts *wanton*) zu einem Subjekt mit eigenem Willen zu werden. Hegel dagegen versteht die Befreiung des Geistes nicht als den Bruch mit der äußeren Determinationsmacht natürlicher Bestimmungen, sondern als Überwindung der eigenen *natürlichen Verfassung* des Geistes.

Um sie zu beschreiben, greift Hegel den aristotelischen Begriff der »zweiten Natur« auf und gibt ihm zugleich eine grundsätzlich neue Wendung. »Natürliches Bestimmtsein« des Subjekts heißt, daß sein Wille von natürlich *vor*gegebenen Bestimmungen determiniert ist. »Natürliche Verfassung« des Geistes dagegen heißt, daß er *in sich selbst* naturhaft ist. Die Unfreiheit, von der der Geist sich im Werden seiner autonomen Gestalt befreit, besteht nicht darin, daß er von außen durch Natur bestimmt ist, sondern *wie* oder *als* Natur erscheint: Unfrei ist der in Natur *verkehrte* Geist. Damit wird der Begriff der »zweiten Natur«, im Unterschied zur aristotelischen Tradition, zu einem kritischen Begriff; in dieser kritischen Verwendung liegt er Marx' Analyse des Fetischcharakters der Ware, Lukács' Theorie der Verdinglichung und Benjamins Rede vom

»Mythischen« zugrunde.[32] Darin beschreibt der Begriff der zweiten Natur die Unfreiheit des Geistes nicht als seine Determination durch die Natur, sondern als die »Wiederholung der Natur« im Geist.[33] Deshalb heißt auch Befreiung des Geistes von der Natur hier nicht, den Willen von kausal determinierenden Faktoren unabhängig zu machen, sondern den Schein von Notwendigkeit und Unvermeidlichkeit zu durchstoßen, mit dem Elemente und Verknüpfungen sozialer Praktiken den Subjekten gegenübertreten. Darin besteht die Tat der Befreiung, durch die der Geist seine Autonomie gewinnt.

Das bedeutet, daß dem ersten Schritt über Kants moralischen Subjektbegriff hinaus ein zweiter Schritt folgen muß, der seinem Begriff der Natur gilt: Mit der moralischen Bestimmung der Autonomie muß zugleich der moralische Begriff der Natur revidiert werden. Der erste Schritt über den moralischen Subjektbegriff hinaus bestand darin, die Idee der Autonomie sozial und geschichtlich zu verstehen. Der zweite Schritt besteht nun darin, die Natur, von deren Macht sich der Geist im Werden seiner Autonomie befreit, als die durch Verkehrung hervorgebrachte »zweite Natur« geistiger, sozialer Praktiken selbst zu verstehen. Darauf folgt im dritten Schritt, daß der Akt der Befreiung jenseits – genauer: diesseits – der Autonomie gedacht werden muß.

Die Macht der zweiten Natur

Die Einführung des kritischen Begriffs der zweiten Natur ist der entscheidende Zug, der in Hegels Philosophie den Schritt über den Linkshegelianismus hinaus vorbereitet. Mit dem Begriff der zweiten Natur beschreibt Hegel, wovon der Geist sich befreien muß, um seine autonome Gestalt zu gewinnen: Der Geist wird autonom, indem er seine naturhafte Verfassung durchbricht. Zugleich ist die zweite Natur durch den Geist hervorgebracht. Sie ist eine Form des Geistes *und* das Andere gegenüber dem Geist. Das macht die An-

32 Zu dieser Tradition siehe Theodor W. Adorno, »Die Idee der Naturgeschichte«, in: *Gesammelte Schriften*, hg. von Rolf Tiedemann, Bd. 1, Frankfurt/M.: Suhrkamp 1973, S. 345-365.

33 Max Horkheimer/Theodor W. Adorno, *Dialektik der Aufklärung. Philosophische Fragmente*, in: Adorno, *Gesammelte Schriften*, Bd. 3, Frankfurt/M.: Suhrkamp 1981, S. 38.

tinomie der zweiten Natur als »gesetzter Unmittelbarkeit« (*Enz* III, § 410 A, S. 184) aus.[34]

Die eine Seite dieser Antinomie besteht darin, daß die zweite Natur eine defiziente Gestalt des Geistes ist. In seiner Theorie der Gewohnheit formuliert Hegel das so:

> Obgleich [...] der Mensch durch die Gewohnheit einerseits frei wird [denn durch die Gewohnheit »wohnt« sich der Geist im Menschen »ein«], so macht ihn dieselbe doch andererseits zu ihrem *Sklaven* und ist eine zwar nicht *unmittelbare*, *erste*, von der Einzelheit der Empfindungen beherrschte, vielmehr von der Seele *gesetzte, zweite Natur*, – aber doch immer eine *Natur*, ein die Gestalt eines *Unmittelbaren* annehmendes *Gesetztes*, eine selber noch mit der Form des *Seins* behaftete *Idealität* des Seienden, folglich etwas dem freien Geiste Nichtentsprechendes, etwas bloß *Anthropologisches*. (*Enz* III, § 410 Z, S. 189)

Der Geist als zweite Natur ist immer noch Natur – nicht bloße Natur, aber bloß *wie* Natur. Denn die Verknüpfungsweise in und durch Gewohnheiten ist eine unmittelbare und eben dadurch äußerliche. In Gewohnheiten sind Situationen und Handlungen, also Wahrnehmungen und Urteile nicht vernünftig, sondern »mechanisch« verknüpft: nicht durch Gründe, sondern durch naturhafte Wirkungszusammenhänge. Und Gewohnheiten sind mit den Subjekten, deren zweite Natur sie bilden – Hegels Beispiele für Gewohnheiten sind so grundlegende Vollzüge wie Aufrechtstehen, Sehen (als Wahrnehmen) und Denken (*Enz* III, § 410 A, S. 186) –, nicht vernünftig, »nicht durch *Gründe*« verbunden (*Rph*, § 147 N, S. 296). Von den Vollzügen, die zu ihrer zweiten Natur gehören, können die Subjekte »keine *Rechenschaft* geben«, haben sie »kein *Gewissen*, keine *Überzeugung*«. »[So] *bin* ich«, sagt das Subjekt in der zweiten Natur, die »Wahl, Billigung [ist] identisch mit mir gesetzt« (ebd.).

Subjekte haben im Geist als zweiter Natur eine imaginäre Identität: Sie verwechseln Werden mit Sein, repräsentieren Geschichte als Natur. Wenn der Geist zu Gewohnheit und zweiter Natur geworden ist, ist zwar der »Gegensatz des natürlichen und subjektiven Willens gebrochen« – denn nun ist das Geistige dem Subjekt zu seiner (zweiten) Natur geworden –, »damit das vernünftige Denken freien Weg hat«. Genau dann aber, »[wenn] dies voll-

34 Dazu ausführlicher unten, Kap. 4, S. 140-144.

bracht ist, verschwindet die Tätigkeit und Lebendigkeit, und die Interesselosigkeit, die alsdann eintritt, ist geistiger oder physischer Tod«. »Der Mensch stirbt auch aus Gewohnheit.« (*Rph*, § 151 N, S. 302) Die durch den Geist gesetzte zweite Natur ist der Tod des Geistes durch den Geist im Geist – »eine Schädelstätte vermoderter Innerlichkeiten«.[35] Im Gegensatz zum neoaristotelischen Verständnis ist Hegels Begriff der zweiten Natur ein Begriff der Kritik. Der Geist als zweite Natur ist durch seine Unkontrollierbarkeit und Undurchschaubarkeit definiert. Das zeigt sich in basalen Kategorienfehlern: Kulturelle Identitäten erscheinen als »Naturbestimmtheit«, kulturelle Prozesse als »Naturgeschichte« (§ 150 A, S. 299). Zweite Natur bedeutet Unfreiheit.

Das ist die eine Seite in Hegels kritischem – also post(neo)aristotelischem – Begriff der zweiten Natur. Die andere Seite, die zu seiner Antinomie führt, besteht darin, die Mangelhaftigkeit zugleich als notwendige und damit unaufhebbare zu denken. Der Geist kann seine unfreie Existenz als zweite Natur oder Gewohnheit niemals ganz zurücklassen. Der Geist ist »etwas beständig Naturverfallenes«, weil er »*niemals aufhört*, naturverfallener Geist zu sein«.[36]

Diese These findet sich an den beiden Orten von Hegels Philosophie, an denen er seine Theorie der zweiten Natur entwickelt: in der Theorie des subjektiven und der des objektiven Geistes. Der Geist ist naturverfallen, sofern er »endlich« ist. Genauer: Die Notwendigkeit seiner mangelhaften Gestalt, als zweiter Natur, gilt für den Geist, sofern er »etwas bloß *Anthropologisches*« ist (siehe oben; *Enz* III, § 410 Z): Naturverfallen ist der Geist als menschlicher.

In der Theorie des objektiven Geistes erläutert Hegel dies durch die spezifische Verfassung der Vernunft in der Sittlichkeit. Die Naturverfallenheit des menschlichen Geistes zeigt sich daran, daß »der sittliche Mensch [...] sich unbewußt« bleibt (*Rph*, § 144 Z,

35 Georg Lukács, *Die Theorie des Romans*, Darmstadt, Neuwied: Luchterhand 1971, S. 55.

36 Michael Wolff, *Das Körper-Seele-Problem. Kommentar zu Hegel, Enzyklopädie (1830), § 389*, Frankfurt/M.: Klostermann 1992, S. 69. Vgl. *Enz* III, § 389 A, S. 44: »In der Tat ist in der Idee des Lebens schon *an sich* das Außersichsein der Natur aufgehoben, und der Begriff, die Substanz des Lebens ist als Subjektivität, jedoch nur so, daß die Existenz oder Objektivität noch zugleich an jenes Außersichsein verfallen ist.«

S. 294). Im Sittlichen gilt: »[D]as Bewußte geht vom Bewußtlosen, die Vermittlung von der Unmittelbarkeit aus, *und geht ebenso dahin zurück, wovon es ausging.*«[37] Es ist der Struktur sittlicher Begründungen eingeschrieben, daß ihre Gesetze ein reflexiv uneinholbares Moment bloßer Gegebenheit behalten. »So *sind* sie – so *leben* sie« (*Rph*, § 147 N, S. 296), ist die Auskunft, die in der Sittlichkeit über den Status des letzten Grundes gegeben wird. »Naturhaft« ist das sittliche Sein an dieser letzten Stelle der Begründung nach Hegel damit, weil es ein Gegebensein der Gesetze sozialer Praktiken bezeichnet, das nicht als Grund anerkannt werden kann: Es *blockiert* die Artikulation der sittlichen Praxis als eines vernünftigen Zusammenhangs der Gründe. Sittliche Praktiken behalten ein unauflösbares Moment zweiter Natur, weil sie in der aneignenden Teilnahme der Subjekte keine vollständig autonome Gestalt gewinnen können.

In Hegels Sittlichkeitstheorie bleibt unklar, weshalb das so sein *muß*. Deshalb hat die linkshegelianische Deutung in Hegels These von der Sittlichkeit als »zweiter Natur« einen Konservativismus gesehen, der sich mit Hilfe von Hegels eigenem Begriff des Geistes kritisieren und überwinden läßt. Der Begriff der zweiten Natur wird dann so verstanden, daß er die »unvermeidliche Spannung zwischen Faktizität und Normativität« ausdrücken soll, »die unsere Subjektivität und Intersubjektivität kennzeichnet«, weil alle explizite, reflexive Artikulation begrenzt ist: Sie kann sich immer nur auf bestimmte, einzelne Gehalte sozialer Praktiken richten und muß andere im Status eines präreflexiven »Hintergrundwissens« belassen. Für dieses aber soll gelten: »Die Berufung auf das ›So handle ich eben‹ kann nicht so aufgefaßt werden, als ziehe sie dem Denken eine Art natürliche Grenze oder als markiere sie die Grenzen des Sinns.«[38] Der linkshegelianische Einwand gegen Hegels sittlichkeitstheoretischen Begriff der zweiten Natur besagt, daß die naturhafte Erscheinung des Geistes immer nur relativ auftritt und daher transitorisch ist: Sie ist die Erscheinungsweise des hier und jetzt nicht reflexiv Artikulierten, aber prinzipiell reflexiv Artikulierbaren. Das Unbewußte sittlicher Praktiken, das sie nach Hegels Beschreibung zur zweiten Natur macht, depotenziert die

37 Georg Wilhelm Friedrich Hegel, *Phänomenologie des Geistes* (nachfolgend zitiert als *PhG*), Theorie-Werkausgabe, Bd. 3, S. 339; meine Hervorh., C.M.

38 Pinkard, »Innen, Außen und Lebensformen«, S. 279, S. 269 u. S. 270.

linkshegelianische Deutung zum Noch-nicht-Bewußten der sittlichen Reflexion.

Dieser linkshegelianischen Neutralisierung des Begriffs der zweiten Natur widerspricht die Begründung, die Hegel dort für die These von der Unauflösbarkeit ihrer Äußerlichkeit gibt, wo er auf den Begriff des Menschen reflektiert. In Hegels Theorie des subjektiven Geistes ist seine Theorie der zweiten Natur, als Gewohnheit, Teil der Anthropologie. Hegels These lautet hier, daß der Grund dafür, daß der menschliche Geist naturverfallen ist, also notwendig die mangelhafte Gestalt der zweiten Natur annimmt, die körperliche Existenz des Menschen ist. Weil *alle* menschlichen Vollzüge körperlich sind, bedarf im Menschen selbst

> das ganz freie, in dem reinen Elemente seiner selbst tätige *Denken* [...] ebenfalls der Gewohnheit [...]. Erst durch diese Gewohnheit *existiere* Ich als denkendes für mich. Selbst diese Unmittelbarkeit des denkenden Beisichseins enthält Leiblichkeit (Ungewohntheit und lange Fortsetzung des Denkens macht Kopfweh). (*Enz.* III, § 410 A)

Hegels anthropologische Behauptung ist also: Der Geist existiert nicht zufällig und daher überwindbar, sondern notwendig und unaufhebbar in der mangelhaften Form der zweiten Natur, weil (oder solange) er in einem Wesen existiert, das einen Körper hat. Denn hier steht er in einem unauflöslichen (und kontrollierbaren) Verhältnis zu denjenigen Kräften auf der »Stufe seiner Dunkelheit« (*Enz* III, § 404 A, S. 124), die die innere Natur des Menschen bilden. Der Geist ist die *zweite* Natur nicht – nur – gegenüber der ersten, sondern vor allem und entscheidend gegenüber der inneren Natur, die ihm vorausgeht, die ihn in Frage stellt und gegen die er sich behaupten muß. Deshalb reproduziert sich im Subjekt auch stets wieder die Urszene seiner Subjektivierung und in ihr die Erscheinung des Geistes als zweiter Natur.[39]

Das hiermit skizzierte genealogische Argument von Hegels Anthropologie (der Geist ist wesentlich die Gegenmacht gegen die innere Natur) und das zuvor genannte vernunfttheoretische Argument von Hegels Sittlichkeitstheorie (der Geist hat eine wesentlich unbewußte Dimension) sind zwei Versuche, die Antinomie oder

39 Vgl. Judith Butler, *Psyche der Macht. Das Subjekt der Unterwerfung*, Frankfurt/M.: Suhrkamp 2001, v. a. Einleitung und Kap. 1. Das definiert die genealogische Betrachtungsweise des Geistes. Dazu unten, Kap. 3.

Dialektik der zweiten Natur als einer zugleich mangelhaften *und* notwendigen Form des Geistes zu entfalten. Die Form der zweiten Natur ist darin *mangelhaft*, daß sie geistige Elemente naturhaft-äußerlich miteinander verknüpft; die Verknüpfungsformen zweiter Natur können nicht als autonome Vollzüge, allein aus Gründen, angeeignet werden. Wenn die Teilnahme des Subjekts an sozialen Praktiken die Form der zweiten Natur, der »Gewohnheit« hat, können weder das Subjekt noch die Praxis eine autonome Gestalt gewinnen. Zugleich ist die Form der zweiten Natur *notwendig*, weil sie durch die autonomen Vollzüge des Geistes selbst reproduziert wird. Dafür geben Hegels Argumente – das sittlichkeitstheoretische und das anthropologische – zwei verschiedene Begründungen: Sein sittlichkeitstheoretisches Argument besagt, daß jeder Versuch der reflexiv-artikulierenden Hervorbringung der autonomen Gestalt sozialer Praktiken als eines Zusammenhangs von Gründen auf sie zugleich als bloße Gewohnheit, als Produkt der »Naturgeschichte« und damit »Naturbestimmtheit«, Bezug nehmen muß – weil sonst ihre Begründungen an kein Ende kommen. Und Hegels anthropologisches Argument besagt, daß jeder Versuch, das Subjekt zu einer Instanz autonomen Handelns, allein aus eigenem Gesetz, zu bilden, zugleich diesem Gesetz die äußere Macht der Gewohnheit gegenüber den Kräften der inneren Natur geben muß (weil sonst diese Kräfte das Subjekt verrückt machen[40]).

Durch die Einführung des Begriffs der zweiten Natur bereitet Hegel mithin das Feld zur Untersuchung zweier Faktoren, die für das Schicksal der Autonomie von viel größerer Bedeutung sind als die Bestimmungsmacht kausaler Determinanten, die der freien Selbstbestimmung von außen gegenübergestellt wird: die gesellschaftlichen Mechanismen von Herrschaft und Zwang und die psychische Dynamik im Verhältnis von geistigen Fähigkeiten und dunklen Kräften. Deren Untersuchung ist das Programm eines

40 Hegels These lautet, daß der Geist »als *Natürliches* und *Seiendes* [...] der Verrücktheit, der sich in ihm festhaltenden Endlichkeit, fähig« ist (*Enz* III, § 408 A, S. 161). Eine Seele, die »dieser Krankheit nicht fähig ist« (ebd.), kann nicht frei werden. Vgl. Catherine Malabou, *The Future of Hegel. Plasticity, Temporality and Dialectic*, London, New York: Routledge 2005, Teil I; Slavoj Žižek, »Discipline Between Two Freedoms: Madness and Habit in German Idealism«, in: Markus Gabriel/Slavoj Žižek, *Mythology, Madness, and Laughter. Subjectivity in German Idealism*, London, New York: Continuum 2009, S. 95-121.

doppelten Materialismus: einer Theorie der Gesellschaft und einer Analyse der Psyche.

Diesseits der Autonomie

Was folgt aus der Naturverfallenheit des Geistes für das Verständnis seiner Autonomie? Vergegenwärtigen wir uns zuerst noch einmal die Entfaltung des Autonomiebegriffs in drei Schritten von Rousseau über Kant zu Hegel:

(i) Die Grundidee des Autonomiebegriffs besteht darin, Gesetzlichkeit und Freiheit so miteinander zu verknüpfen, daß sie jeweils durch einander definiert werden. Dabei soll die Freiheit des Subjekts in der Befolgung des Gesetzes dadurch gewährleistet werden, daß das Subjekt sich dieses Gesetz zuvor gegeben hat. Das ist Rousseaus (»legislatorischer«) Begriff der Autonomie als Selbstgesetzgebung. Er führt in die Paradoxie, daß das gesetzgebende Subjekt nur als entweder äußerlich bestimmt oder willkürlich entscheidend vorgestellt werden kann, es also entweder einem vorgegebenen oder aber keinem Gesetz folgt.

(ii) Den Ausweg aus dieser Konsequenz bietet Kants expressivistisches Verständnis der Freiheit als Verwirklichung desjenigen Gesetzes, das dem Subjekt zu eigen ist – das seine Identität ausmacht. Darin sind Gesetz und Freiheit intern verknüpft. Weil Kant aber das Gesetz, das das Subjekt konstituiert, als die abstrakte, weil formal definierbare Regel seiner gesetzgebenden und -prüfenden Vernunft versteht, wiederholt sich hier das Paradox der Autonomie in der Alternative, daß die Urteile des Subjekts nur frei sein können, wenn sie inhaltsleer sind, daß sie aber äußerlich aufgenommen sein müssen, wenn sie bestimmt sein sollen.

(iii) Hegels Sittlichkeitstheorie löst dieses Paradox auf, indem sie das Sich-zu-eigen-Machen eines Gesetzes als Teilnahme des Subjekts an einer sozialen Praxis erläutert. Damit hat das eigene Gesetz, das das Subjekt konstituiert, immer schon einen bestimmten Gehalt. Zugleich aber ist dieser Gehalt dem Subjekt nicht äußerlich vorgegeben. Denn das Gesetz der sozialen Praxis *wird* zum eigenen Gesetz des Subjekts, das es urteilend und handelnd verwirklicht, nur durch einen Akt der Aneignung, der es als einen Grund artikuliert und damit Praxis und Subjekt in ein und demselben Zug ihre autonome Gestalt gibt. Die Autonomie des Geistes, von Praxis *und*

Subjekt, ist kein Zustand – dann wäre sie vorgegeben und nicht autonom –, sondern das Resultat des geschichtlichen Prozesses der Autonomisierung.

An dieser Stelle führt Hegel den kritischen Begriff der zweiten Natur ein. Diese Einführung verändert grundlegend, wie der Prozeß der Autonomisierung, des Werdens der Autonomie, zu verstehen ist. Der kritische Begriff der zweiten Natur schreibt das Andere der Autonomie ins *Innere* der Autonomie ein. Die Heteronomie steht der Autonomie nicht äußerlich gegenüber und kann daher in ihr überwunden werden; sie reproduziert sich vielmehr in dem und durch das Medium der Verwirklichung der Autonomie. Denn weil es die Autonomie nur in der Teilnahme des Subjekts an der sozialen Praxis geben kann, diese Praxis aber wesentlich gegenwendig ist und sich daher selbst als naturhaft-mechanische hervorbringt, ist das Soziale als die Verwirklichung der Autonomie zugleich ihre Verstellung, ja ihre Blockade.[41]

Wenn sich aber die Heteronomie in der Verwirklichung der Autonomie, also *durch* die Autonomie selbst, notwendig reproduziert, muß nicht nur die Autonomie immer wieder und immer weiter neu hervorgebracht werden; dann ist das Sein der Autonomie ihr Werden, ihre Zeit ohne Ende (das heißt nicht: ohne Ziel; der Prozeß der Autonomie ist nicht die leere Wiederholung, die nichts Neues kennt). Sondern vor allem muß das Werden der Autonomie, also die Geschichte, als permanenter Kampf gegen die Selbstverkehrung der Autonomie in Heteronomie verstanden werden. Das bedeutet nicht weniger, als daß das Werden der Autonomie nicht selbst als die Autonomie im Werden verstanden werden kann. Denn die Befreiung, die sich gegen die Macht der zweiten Natur richtet, ist kein Akt der Autonomie.

Die sittlichkeitstheoretische Definition der Autonomie lautet: Ein Akt ist autonom, in dem ein Subjekt eine soziale Form realisiert, die es sich angeeignet hat: die es anerkennt. Eine soziale Form anzuerkennen besteht darin, daß sie zur zweiten Natur des Subjekts geworden ist. Die soziale Form muß lebbar (oder eine Le-

41 Dazu ausführlich unten, Kap. 2. In dieser These, die Hegels Theorie der zweiten Natur entfaltet, liegt der Einwand gegen die Theorie der »sozialen Freiheit« – gegen die Annahme, die Freiheit *sei* sozial, die Freiheit könne sozial definiert werden –, die Axel Honneth systematisch entwickelt hat; siehe *Das Recht der Freiheit*, v. a. S. 81-118.

bensform[42]) sein; sie muß dem Subjekt Gründe bereitstellen. Ein autonomer Akt ist also ein Akt, in dem das Subjekt seine Lebensform als Grund aktualisiert und darin zugleich artikuliert. Daß dies nur in Auseinandersetzung mit anderen Artikulationsweisen und, grundlegender noch, im Kampf um das gleiche Recht zu Artikulation und Aneignung (und damit zur Autonomie) geschehen kann, folgt unmittelbar aus der sozialen Definition der Autonomie.[43]

Der Kampf um Befreiung hingegen hat eine ganz andere Struktur als der Kampf um Anerkennung, der sich innerhalb der sozialen Praxis abspielt. Die Befreiung richtet sich gegen die Macht der selbstproduzierten und -reproduzierten naturhaften Mechanismen des Sozialen. Die Befreiung muß daher den sozialen Raum, *in* dem es mehr oder weniger autonome Akte der Artikulation, mehr oder weniger gelingende Akte der Aneignung allein geben kann, erst hervorbringen. Das Nein der Befreiung gilt nicht einer schlechten – dummen, ungerechten, ungleichen etc. – Artikulation der Praxis, sondern der Macht der *Nicht*artikulation, dem Entzug des Sozialen vor der Alternative von Anerkennung oder Nichtanerkennung, von Aneignung oder Verwerfung. Es geht in dem Kampf um Befreiung nicht darum, »mehr und mehr durch Gründe geführt und Gründen gegenüber kollektiv verantwortlich« zu sein.[44] Sondern es geht darum, überhaupt erst den Raum der Gründe – die Form der sozialen Praxis (die Hegel auch als Geist bezeichnet): die Praxis als Form – hervorzubringen.

Die Befreiung ist daher ein Akt der ontologischen Transformation. Die Befreiung erkämpft nicht eine Position – den gleichen Status – innerhalb des Sozialen; sie erkämpft *das* Soziale: gegen das Soziale als naturhafter Mechanismus, für das Soziale als Medium des Geistes.[45]

42 Rahel Jaeggi beschreibt die Anforderung der Lebbarkeit weiter so, daß sich eine Lebensform als »Problemlösungsinstanz« erweisen muß; siehe *Kritik von Lebensformen*, Kap. 4.

43 Diese These entfaltet Axel Honneth in seiner groß angelegten Rekonstruktion der geschichtlichen »Wirklichkeit der Freiheit« in: *Das Recht der Freiheit*, Teil C (S. 219-624). Siehe auch ders., *Die Idee des Sozialismus*, Berlin: Suhrkamp 2015, Kap. III und IV.

44 Pippin, *Hegel's Practical Philosophy*, S. 60.

45 In Hegels genauerer Beschreibung: Die Befreiung führt von der naturhaft-mechanischen Selbstverkehrung des (»endlichen«) Geistes zu seiner Selbstverwirk-

Weil die Befreiung die ontologische Transformation ist, die das Sein des Sozialen erst hervorbringt, in dessen Aneignung das Subjekt allein Gründe haben kann, ist auch die Kraft der Befreiung nicht die normative Kraft der Gründe. Der Akt der Befreiung ermöglicht, das heißt eröffnet die Orientierung an Gründen, aber er artikuliert selbst keinen guten Grund. In dem Nein der Befreiung wirkt nicht die normative Kraft des guten oder besseren Grundes, sondern die Kraft der Negativität, mit der sich der Geist aus der und gegen die Natur hervorbringt; die Befreiung etabliert keine normative Differenz, sondern die Differenz des Normativen. Befreiung heißt: Wirken der Kraft der Negativität als Grund der Gründe.[46]

lichung (als »unendlicher« oder »absoluter« Geist). Dazu ausführlicher unten, Kap. 5.

46 Zu diesem nichtnormativen Begriff der Negativität siehe unten, Kap. 6. – Weil die Macht der zweiten Natur eine doppelte (oder doppelt beschreibbar) ist, hat auch der Kampf um die Befreiung zwei verschiedene, jedoch miteinander verbundene Gestalten. In der ersten, der subjektiven Dimension steht die Macht der zweiten Natur gegen die Kräfte der inneren Natur. In der zweiten, der objektiven Dimension sichert die Macht der zweiten Natur die bestehende soziale Ordnung. In der subjektiven Dimension besteht die Befreiung von der Macht der zweiten Natur daher in der Wiederbelebung, Fortsetzung und Vertiefung der Auseinandersetzung zwischen Geist und innerer Natur. In der zweiten Dimension bedeutet die Befreiung von der Macht der zweiten Natur hingegen die Infragestellung von sozialer Herrschaft. In der ersten Dimension ist die Befreiung daher ästhetisch, in der zweiten politisch. Ästhetisierung und Politisierung sind die beiden Grundformen der Befreiung.

2.
Freiheit und Gesellschaft
Die Dialektik der Bildung

Freiheit, so definiert Adorno, ist »die bestimmte Negation der jeweils konkreten Gestalt von Unfreiheit«.[1] Freiheit *heißt* Befreiung, Freiheit gibt es nur im oder als Prozeß der Befreiung. Hegel formuliert diese prozessuale Bestimmung der Freiheit, indem er den Geist als den »Hervorbringer seiner Freiheit« begreift:

> In seiner Unmittelbarkeit ist der Geist aber nur an sich, dem Begriffe oder der Möglichkeit nach, noch nicht der Wirklichkeit nach frei; die wirkliche Freiheit ist also nicht etwas unmittelbar im Geiste Seiendes, sondern etwas durch seine Tätigkeit Hervorzubringendes. So als den Hervorbringer seiner Freiheit haben wir in der Wissenschaft den Geist zu betrachten. Die ganze Entwicklung des Begriffs des Geistes stellt nur das Sichfreimachen des Geistes von allen seinem Begriffe nicht entsprechenden Formen seines Daseins dar; eine Befreiung, welche dadurch zustande kommt, daß diese Formen zu einer dem Begriffe des Geistes vollkommen angemessenen Wirklichkeit umgebildet werden.[2]

Die Freiheit muß nach Hegel als Befreiung verstanden werden, weil ihr Sein der Prozeß ihres Werdens – ihres Werdens durch sich selbst, ihres Sichhervorbringens aus der oder gegen die Unfreiheit ist. »Diese Befreiung des Geistes, in der er zu sich selbst zu kommen und seine Wahrheit zu verwirklichen geht, und das Geschäft derselben ist das höchste und absolute *Recht.*« (*Enz* III, § 550)

In Hegels Denken folgt das prozessuale Verständnis der Freiheit als Befreiung aus ihrer grundlegenden Bestimmung, nach der frei zu sein heißt, »in seiner Beschränkung, in diesem Anderen bei sich selbst [zu sein]«: »[D]ie Freiheit ist, ein Bestimmtes zu wollen, aber in dieser Bestimmtheit bei sich zu sein und wieder in das All-

1 Theodor W. Adorno, *Zur Lehre von der Geschichte und von der Freiheit*, hg. von Rolf Tiedemann, Frankfurt/M.: Suhrkamp 2001, S. 338.

2 Georg Wilhelm Friedrich Hegel, *Enzyklopädie der philosophischen Wissenschaften* (nachfolgend zitiert als *Enz*), Theorie-Werkausgabe, hg. von Eva Moldenhauer/Karl Markus Michel, Frankfurt/M.: Suhrkamp 1969-70, Bde. 8-10 (= *Enz* I-III), hier *Enz* III, § 382 Z, S. 27.

gemeine zurückzukehren.«[3] Dieses Sein – das Bei-sich-selbst-Sein-im-Anderen – bezeichnet eine Tätigkeit. Der freie Wille ist »nicht ein Fertiges und Allgemeines vor seinem Bestimmen und vor dem Aufheben und der Idealität dieses Bestimmens, sondern er ist erst Wille als diese sich in sich vermittelnde Tätigkeit und Rückkehr in sich«. (*Rph*, § 7 A, S. 56) Der freie Wille, so sagt Hegel hier wie später Nietzsche, ist nicht ein »vorausgesetztes *Subjekt*« (ebd.); er besteht nur in dem Prozeß, in dem er sich selbst hervorbringt. Das bedeutet zum einen, daß die Freiheit kein Attribut innerer Zustände oder Akte ist, sondern daß diese nur dann frei sein können, wenn sie »Dasein« gewinnen und damit »als sich Gegenüberstehendes« existieren (§ 23); das geschieht etwa individuell durch die »Reinigung der Triebe« oder kollektiv durch die Etablierung von freien Institutionen. Wenn die Freiheit des Willens aber nur darin besteht, sich zu verwirklichen, dann *entsteht* sie auch erst dadurch, daß sie sich verwirklicht. Der Prozeß, der das Sein der Freiheit definiert, bringt keinen abgeschlossenen Zustand vollkommen verwirklichter Freiheit hervor. Das Werden der Freiheit ist unendlich. Es gibt die Freiheit niemals, oder es gibt die Freiheit nur als ihre Selbsthervorbringung, weil sie sich immer wieder aus Unfreiheit hervorbringen muß. Freiheit als Befreiung zu verstehen heißt, Freiheit deshalb nicht als Sein, sondern im Werden, deshalb nicht als Zustand, sondern als Prozeß zu denken, weil Freiheit allein in der unendlichen Wiederholung der Negation von Unfreiheit besteht. Daß Freiheit Befreiung ist, definiert ihre Kraft der Negativität.

Hegels Bestimmung der Freiheit als Befreiung entspricht seine Kritik an dem Verständnis der Freiheit als Autonomie. Der Anspruch des Begriffs der Autonomie ist es, eine »positive« Bestimmung der Freiheit zu geben. Kant schreibt:

Die *Freiheit* der Willkür ist jene Unabhängigkeit ihrer *Bestimmung* durch sinnliche Antriebe[4]; dies ist der negative Begriff derselben. Der positive

3 Georg Wilhelm Friedrich Hegel, *Grundlinien der Philosophie des Rechts* (nachfolgend zitiert als *Rph*), Theorie-Werkausgabe, Bd. 7, § 7 Z, S. 57.

4 Das hat Kant im Satz davor so erläutert: »Die menschliche Willkür ist [...] eine solche, welche durch Antriebe zwar *affiziert*, aber nicht *bestimmt* wird, und ist also für sich (ohne erworbene Fertigkeit der Vernunft) nicht rein, kann aber doch zu Handlungen aus reinem Willen bestimmt werden.« (Immanuel Kant, *Metaphysik*

ist: das Vermögen der reinen Vernunft, für sich selbst praktisch zu sein. Dieses ist aber nicht anders möglich, als durch die Unterwerfung der Maxime einer jeden Handlung unter die Bedingung der Tauglichkeit der erstern zum allgemeinen Gesetze.[5]

Die negative Bestimmung der Freiheit als »Unabhängigkeit [...] durch sinnliche Antriebe« ist – so Kant – in der Freiheit als Selbstgesetzgebung positiv realisiert. Damit bedarf die Freiheit der Selbstgesetzgebung oder als Autonomie auch keines Akts der Negation mehr. Die Freiheit der Selbstgesetzgebung hat die Befreiung und damit die Geschichte hinter sich: Das autonome Subjekt *ist* schon, es *hat* sich schon befreit. Freiheit dagegen mit Hegel (und Adorno) als oder durch Befreiung zu definieren heißt, daß sie *wird*: daß sie immer nur – also nie – geworden sein wird. Die Zeit der Freiheit ist die der Nachträglichkeit.

Hegels Kritik der Autonomie hat die Form der Diagnose einer Paradoxie: des »Paradoxes der Autonomie«.[6] Ich werde zunächst nachzeichnen, worin dieses Paradox besteht und weshalb es dazu nötigt, Freiheit als Prozeß der Befreiung zu denken. Dabei steht Hegels These im Zentrum, daß die Seinsweise des Gesetzes das »Sein« ist: Gesetze gibt es nur so, daß sie sind, aber so sind sie – und die Subjekte, die sie erfüllen – nicht frei. Damit scheint aber der Anspruch des Autonomiebegriffs, Gesetz und Freiheit zusammenzudenken, unerfüllbar zu werden (a). Der Ausweg aus dieser Sackgasse besteht nach Hegel darin, das Sein des Gesetzes sozial, als zweite Natur, zu verstehen. Ich werde im zweiten Schritt skizzieren, wie dieser Ausweg zu verstehen ist (b). Dabei zeigt sich, daß sich auf dem Weg in die Gesellschaftlichkeit des Subjekts zunächst das Problem, das auf diesem Weg gelöst werden sollte, nur noch einmal wiederholt: Das Paradox der Autonomie kehrt als Paradox der sozialen Befreiung – der Befreiung durch die und in der Gesellschaft – wieder. Die Freiheit sozial zu verstehen löst das Problem nicht; denn wie Hegel weiß, gibt es keine Gesellschaft ohne die Disziplinierung des Subjekts, also ohne Unfreiheit. Die Befreiung

der Sitten, in: *Werke*, hg. von Wilhelm Weischedel, Darmstadt: Wissenschaftliche Buchgesellschaft 1956, Bd. IV, S. 318 [AB 5]).

5 Ebd., S. 318 (AB 6 f.).

6 Zu dieser Diagnose siehe die Texte in Thomas Khurana/Christoph Menke (Hg.), *Paradoxien der Autonomie* (Freiheit und Gesetz I), Berlin: August Verlag 2011. Zu Hegels Kritik der Autonomie siehe oben, Kap. 1, S. 26-30.

des Subjekts kann daher nur durch eine wiederholende Aneignung – genauer und weiter: durch die radikale Transformation – seiner disziplinären Formierung erfolgen.

a. Gesetz und Freiheit

In seinen Schriften bis zur *Phänomenologie des Geistes* kritisiert Hegel die Idee der Selbstgesetzgebung im Anschluß an Schiller vor allem als ein Modell, das heißt: eine Ideologie, der Verinnerlichung von Herrschaft. Schiller hatte gegen Kants Autonomiebegriff eingewandt, daß er »die kraftvolleste Äußerung moralischer Freiheit nur in eine rühmlichere Art von Knechtschaft verwandelt« – eine neue Art der Knechtschaft, die nur insofern »rühmlicher« genannt werden kann, als sie derjenigen alten Gestalt der Herrschaft von außen vorzuziehen ist, der der »moralische Weichling« aufgrund seiner »oft sehr unreine[n] Neigungen« unterworfen werden muß (weil er sich nicht selbst zu führen vermag oder bereit ist).[7] Schillers Einwand gegen Kant besagt mithin, daß es diesem nicht gelungen sei, das Programm einzulösen, mit dem Rousseau die Idee der Selbstgesetzgebung auf den Weg gebracht hatte. Dieses Programm bestand darin, verständlich zu machen, wie »jeder einzelne [...] nur sich selbst gehorcht *und so frei bleibt wie zuvor*«.[8] Die Selbstgesetzgebung sollte die Lösung für das Rätsel sein, wie Gesetzesgehorsam und Freiheit zu vereinbaren sind. Denn: »Gehorsam dem Gesetz gegenüber, das man sich selber gegeben hat, ist Freiheit.«[9] An Kants Autonomiebegriff, so Schillers Einwand, zeigt sich jedoch, daß mit der freien Selbstgesetzgebung der Gehorsam der Gesetzesunterwerfung nicht überwunden ist: Auch dem selbstgegebenen Gesetz gegenüber bleibt man ein Knecht.

Hegel reformuliert diesen Schillerschen Einwand so:

> [Z]wischen dem tungusischen Schamanen mit dem Kirche und Staat regierenden europäischen Prälaten, oder dem Mogulitzen, mit dem Purita-

7 Friedrich Schiller, »Anmut und Würde«, in: *Sämtliche Werke*, hg. von Gerhard Fricke/Herbert G. Göpfert, München: Hanser 1980, Bd. V, S. 433-488, hier 466.

8 Jean-Jacques Rousseau, *Vom Gesellschaftsvertrag*, in: *Politische Schriften*, Bd. I, Paderborn: Schöningh 1977, I.6, S. 73 (meine Hervorh., C.M.).

9 Ebd., I.8, S. 79.

ner, und zwischen dem seinem Pflichtgebot Gehorchenden[10] ist nicht der Unterschied, daß jene sich zu Knechten machten, dieser frei wäre; sondern daß jener den Herrn außer sich, dieser aber den Herrn in sich trägt zugleich aber sein eigener Knecht ist. (*FS II*, S. 152)

Selbstgesetzgebung, so die kritische Diagnose, bedeutet erst Selbstspaltung und dann Selbstunterdrückung. Denn mit der Einsetzung des Gesetzes geht notwendig die Voraussetzung eines ihm gegenüber-, ja entgegenstehenden Gesetzlosen einher, gegen den oder das das Gesetz nur mit Gewalt, durch Unterwerfung oder Verknechtung, durchgesetzt werden kann; das gilt nicht minder, wenn Herr und Knecht derselbe Mensch sind.[11] Das autonome Gesetz teilt mit dem heteronomen, als eingesetztes entgegengesetzt und daher unterdrückend zu sein.

Das Sein des Gesetzes

Während Schiller der Selbstspaltung durch Selbstunterdrückung die Einheit der »schönen Seele« entgegensetzt, »wo Sinnlichkeit und Vernunft, Pflicht und Neigung harmoniren«,[12] nennt Hegel »dasjenige, was über diese Trennung erhaben ist, ein *Seyn*, eine Modifikation des Lebens« (*FS II*, S. 154). Indem die Idee der Selbstgesetzgebung den traditionellen, heteronomen Gesetzesbegriff übernimmt – den Begriff eines Gesetzes im Gegensatz zum Gesetzlosen –, schreibt sie auch dessen Trennung von der Wirklichkeit fort: Das Gesetz, ob autonom oder heteronom, ist bloß der Ausdruck eines Sollens.

10 Die Figur des »Puritaners« mit seinem »Pflichtgebot« ist durch die Einsicht definiert, »das Gesetzliche sey ein Allgemeines, und seine ganze Verbindlichkeit liege in seiner Allgemeinheit weil eines theils jedes Sollen, jedes gebotne zwar als ein Fremdes sich ankündigt, andrentheils aber als Begriff (die Allgemeinheit) ein Subjektives ist, wodurch es als Produkt einer menschlichen Kraft des Vermögens der Allgemeinheit der Vernunft, seine Objektivität, seine Positivität, *Heteronomie* verliert und das Gebotne [als] in einer Autonomie des menschlichen Willens gegründet sich darstellt.« (Georg Wilhelm Friedrich Hegel, *Frühe Schriften II*, hg. von Walter Jaeschke [nachfolgend zitiert als *FS II*], in: *Gesammelte Werke*, Bd. 2, Hamburg: Meiner 2014, S. 151-152).

11 Dazu ausführlicher Christoph Menke, *Recht und Gewalt*, Berlin: August Verlag 2011, S. 25-30.

12 Schiller, »Anmut und Würde«, S. 468.

Da Gesetze Vereinigungen Entgegengesetzter in einem Begriff sind, der sie also als Entgegengesetzte läßt, der Begriff aber selbst in der Entgegensetzung gegen Wirkliches besteht, so drückt er [sc. der Begriff in der Form des Gesetzes] ein Sollen aus. (*FS II*, S. 149)

Das »Seyn« dagegen ist »über diese Trennung erhaben«, die das Sollen des Gesetzes der Wirklichkeit entgegensetzt: »Seyn, die Synthese des Subjekts und Objekts, in welcher Subjekt und Objekt ihre Entgegensetzung verlohren haben.« (*FS II*, S. 158)

Das Motiv für Hegel, der Entgegensetzung des Gesetzes als Sollen das Sein als Synthese gegenüberzustellen, ist zunächst dasselbe wie in Schillers Idee der schönen Seele. Es ist ein ethisches Motiv: Die »Synthese des Subjekts und Objekts«, die Hegel »Seyn« (oder »Sein«) nennt und am Begriff des Lebens ausrichtet, soll ein gelingendes Selbstverhältnis beschreiben, in dem die Gewalt und Versehrungen der Selbstverknechtung durch Selbstgesetzgebung überwunden sind.[13] Dieses ethische Motiv eines gewaltfreien Selbstverhältnisses ist dem Begriff der Autonomie aber bloß abstrakt entgegengesetzt. Hegels Rede vom »Sein« als »Synthese« gewinnt jedoch dann die Kraft zu einer *immanenten* Kritik des Autonomiebegriffs – zu einer Kritik, die diesen Begriff in seinem eigenen Anspruch betrifft –, wenn sie über das ethische Motiv eines gewaltfreien, gelingenden Selbstverhältnisses hinausgeht und ein normativitätstheoretisches Argument entwickelt. Das ethische Motiv von Hegels Seinsbegriff besagt, daß nur ein normatives Maß, das *ist* – das Sein gewinnt –, ein nichtknechtisches, gelingendes Selbstverhältnis ermöglicht; denn für ein normatives Maß heißt es, »Sein« zu haben, wenn es nicht bloß gesollt, sondern gelebt wird – weil es nicht bloß ein Maß ist, das ein Selbst sich (»autonom«) selbst gegeben hat, sondern das es schon in sich hat, das ihm also zu eigen ist. Das normativitätstheoretische Argument, das Hegels Konzept des Seins des Gesetzes gegen die Autonomie richtet, behauptet darüber hinaus, daß nur ein normatives Maß, das schon *ist*, überhaupt ist: »Sein« bezeichnet die *Seinsweise* des Normativen oder des Gesetzes. Es gilt also nicht nur, daß das Gesetz erst dann ethisch gut ist, wenn es »ist« – das heißt: wenn es von dem Subjekt, das es adressiert, gelebt werden kann, weil es sein eigenes ist.

13 Zu diesem ethischen Motiv von Hegels Kritik der Autonomie siehe Christoph Menke, *Tragödie im Sittlichen. Gerechtigkeit und Freiheit nach Hegel*, Frankfurt/M.: Suhrkamp 1996, S. 244-267.

Sondern daß das Gesetz überhaupt nur als Gesetz *existiert*, also verbindlich ist, wenn es »ist« – das heißt: nicht bloß gesollt, sondern schon wirklich ist. Ein Gesetz, das nur vorschreibt und fordert, ist gar kein Gesetz; nur ein Gesetz, das erfüllt ist, ist eines.

Die immanente Kritik des Autonomiebegriffs, die mit diesem normativitätstheoretischen Argument der Rede vom »Sein« (dem »Sein« des Gesetzes) verbunden ist, formuliert Hegel ausdrücklich erst in der *Phänomenologie des Geistes*. Der Grundeinwand gegen die Idee der Autonomie lautet schon in Hegels frühen Frankfurter Schriften, daß auch sie noch das Gesetz mit dem Wirklichen nur so vereinigt, daß sie sie »als Entgegengesetzte läßt«, also in der äußerlichen Form des Sollens. Damit, so Hegel jetzt, *zerstört* die Idee der Selbstgesetzgebung aber das Gesetz, das sie neu begründen wollte – und damit sich selbst. Durch Selbstgesetzgebung kann niemals ein normativ verbindliches Gesetz hervorgebracht werden. Jeder Versuch, das Gesetz als Resultat oder Produkt zu definieren, relativiert vielmehr das Gesetz auf eben den Akt, dessen Resultat oder Produkt es ist. Aufgrund dieser Relativierung ist die Idee der Autonomie, so lautet nun Hegels antikisierender Einwand, ein »Frevel«.

Ja, die Autonomie begeht einen doppelten Frevel – einen Frevel in doppelter Gestalt. Denn die Autonomie umfaßt ebensowohl die Freiheit der Einsetzung wie die Freiheit der Anwendung und darin der Prüfung von Gesetzen. Sie ist daher erstens »der tyrannische Frevel, der die Willkür zum Gesetz macht und die Sittlichkeit zu einem Gehorsam gegen sie«;[14] das gilt für die Autonomie als Akt der Gesetzgebung. Und sie ist zweitens der »Frevel des Wissens [...], der sich von den absoluten Gesetzen frei räsonniert und sie für eine ihm fremde Willkür nimmt« (ebd.); das gilt für die Autonomie als die Freiheit, die Gesetze in ihrer Anwendung zu prüfen. Der autonomiekritische, normativitätstheoretische Gehalt der Rede vom »Sein« liegt mithin in der These, daß das Gesetz nicht gesetzt werden, sondern nur als (»an sich«) seiendes existieren kann: »Das geistige Wesen ist hiemit vors erste für das Selbstbewußtsein als *an sich* seiendes Gesetz.« (*PhG*, S. 321)[15] Die Rückführung auf einen

14 Georg Wilhelm Friedrich Hegel, *Phänomenologie des Geistes* (nachfolgend zitiert als *PhG*), Theorie-Werkausgabe, Bd. 3, S. 320.

15 In der strengeren Durchführung dieses kritischen Arguments in der Diagnose des »Paradoxes der Autonomie« besagt der Einwand, daß im autonomen Setzen ebenso wie im autonomen Prüfen eines Gesetzes immer schon ein anderes

autonomen Akt zuerst der Setzung und dann der Prüfung bedeutet die Auflösung der Idee normativer Verbindlichkeit. Das Gesetz *ist* schon – oder es ist gar nicht; das Gesetz ist Sein, nicht Gesetztsein. »Für das Subjekt haben die sittliche Substanz, ihre Gesetze und Gewalten [...] als Gegenstand das Verhältnis, daß *sie sind*, im höchsten Sinne der Selbständigkeit, – eine absolute, unendlich festere Autorität und Macht als das Sein der Natur.« (*Rph*, § 146)

Das normativitätstheoretische Argument gegen das Konzept der Autonomie soll die ethische Kritik – die die Autonomie im Namen eines gelingenden Selbstverhältnisses zurückweist, in dem die Gewalt der Selbstunterwerfung in der Selbstgesetzgebung überwunden ist – nicht ersetzen, sondern im Gegenteil allererst begründen:

> Indem aber dieses *seiende Gesetz* schlechthin gilt, so ist hier der Gehorsam des Selbstbewußtseins nicht der Dienst gegen einen Herrn, dessen Befehle eine Willkür wäre[n], und worin es sich nicht erkennte. Sondern die Gesetze sind Gedanken seines eigenen absoluten Bewußtseins, welche es selbst unmittelbar *hat*. (*PhG*, S. 321)[16]

Das Ansichsein des Gesetzes bedeutet zugleich die unmittelbare Identität des Selbst mit dem Gesetz: »Das sittliche *Selbst*bewußtsein ist durch die *Allgemeinheit* seines *Selbsts unmittelbar* mit dem Wesen eins.« (*PhG*, S. 321) Das seiende Gesetz definiert die Identität des Selbst als unmittelbare. Wo Gesetze (Ansich-)Sein haben, kann es daher auch zwischen Gesetz und Selbst kein Herrschafts-

Gesetz als (an sich) seiendes *vorausgesetzt* werden muß. »Das Paradox ergibt sich aus Kants Forderung, dass, wenn wir uns denn selbst ein Prinzip (eine Maxime, das Moralgesetz) auferlegen, wir das wohl, so ist anzunehmen, aus *Gründen* tun werden; gäbe es aber einen der Gesetzgebung vorangehenden Grund dafür, jenes Prinzip anzunehmen, so wäre dieser Grund uns nicht durch uns selbst auferlegt; er müsste aber selbstauferlegt sein (oder zumindest, so Kants uneindeutige Formulierung, als selbstauferlegt ›angesehen‹ werden können), um für uns verbindlich zu sein.« (Terry Pinkard, »Das Paradox der Autonomie: Kants Problem und Hegels Lösung«, in: Khurana/Menke [Hg.], *Paradoxien der Autonomie*, S. 25-59, hier S. 46 f.)

16 Diese Formulierung vom unmittelbaren Haben – nicht: Setzen – des Gesetzes kann auch als Reformulierung der recht verstandenen Position Kants verstanden werden; siehe dazu Sebastian Rödl, »Selbstgesetzgebung«, in: Khurana/Menke (Hg.), *Paradoxien der Autonomie*, S. 91-112. Im Anschluß daran läßt sich Hegels These, daß die Seinsweise des Gesetzes das (Ansich-)Sein ist, durch den Begriff der konstitutiven Regel erläutern.

oder Knechtschafts*verhältnis* – das immer die Differenz der Relata voraussetzt – geben. Das Selbst und das Gesetz stehen in der unmittelbaren Einheit des Lebens.

So wie es hier keine Knechtschaft geben kann, kann es ebendeshalb hier auch kein Verhältnis der Freiheit geben: Das (ansich-) seiende Gesetz ist nicht das (für sich seiende) freie Gesetz. Mit der Einsicht in das Sein der Gesetze stellt sich daher die Frage, die die Idee der Autonomie antrieb, die sie aber nicht beantworten konnte – die Frage, wie Freiheit und Gesetz zusammengedacht werden können –, wieder neu. Darin liegt der entscheidende Unterschied zwischen dem ethisch motivierten Seinsbegriff in Hegels Frühschriften und dem normativitätstheoretischen Argument für das Sein des Gesetzes in und seit der *Phänomenologie des Geistes*. Das ethisch verstandene Sein des Gesetzes, das Sein als (gutes) Leben, soll in Hegels Frühschriften – wie in Schillers Begriff der »schönen Seele« – die autonomietheoretische Frage, wie Gesetz und Freiheit vereint werden können, zum Verschwinden bringen. Das normativitätstheoretische Argument für das Sein des Gesetzes dagegen, das Hegel in der *Phänomenologie des Geistes* entwickelt, verlangt nach seinem eigenen Verständnis, sich der Frage nach der Freiheit im Verhältnis zum Gesetz zu stellen.

Als ansichseiendes bestimmt (oder »konstituiert«) das Gesetz die Identität des Selbst; nur so – so lautet Hegels Argument – kann es wahrhaft ein Gesetz, das heißt das Prinzip der Vollzüge des Selbst, sein. Gerade so aber ist das Selbst im Haben und Vollziehen seines Gesetzes nicht frei. Das Ansichsein des Gesetzes ohne Fürsichsein ist ein Zustand der Unfreiheit – die Unfreiheit des bloß Lebendigen. Zwar ist das Gesetz, das das Selbst »unmittelbar hat«, nicht die Verknechtung durch einen Herrn; denn es gibt hier keinen Unterschied zwischen Herrschendem und Verknechtendem, daher auch keinen Befehl und keinen Gehorsam. Aber die Abwesenheit von Herrschaft ist nicht schon die Freiheit. Das Selbst, dessen bloßes Ansichsein das Gesetz ist, steht unter der Knechtschaft seines eigenen Gesetzes, seiner Identität. Die Geschichte der Freiheit beginnt erst *nach* dem Sein des Gesetzes.

Daß die Geschichte (der Freiheit) erst *nach* dem Sein (des Gesetzes) beginnt, gilt im Blick auf die *Phänomenologie des Geistes* im wörtlichen Sinn; es bestimmt die Abfolge ihrer Schritte. Vom Sein des Gesetzes handelt Hegel hier zweimal: einmal, in autonomiekritischer Perspektive, am Ende des Kapitels über die Vernunft (hier spricht Hegel von dem »Frevel« der gesetzgebenden und -prüfenden Vernunft); ein zweites Mal, in freiheitstheoretischer Perspektive, am Anfang des Kapitels über den Geist, das den geschichtlichen Prozeß betrachtet, den die »realen Geister« als »eigentliche Wirklichkeiten« oder »Gestalten einer Welt« durchlaufen (*PhG*, S. 326). Im Übergang zwischen beiden Kapiteln reformuliert Hegel das normativitätstheoretische Argument, das er zunächst im Vernunftkapitel gegen die Idee der Selbstgesetzgebung vorgebracht hatte, als den zentralen Zug von Antigones Rechtsbewußtsein. Für sie gilt, daß die Gesetze »*sind*, und weiter nichts«:

> So gelten sie der Antigone des Sophokles als der Götter *ungeschriebenes* und *untrügliches* Recht:
>
> nicht etwa jetzt und gestern, sondern immerdar
> lebt es und keiner weiß, von wannen es erschien.
>
> Sie *sind*. Wenn ich nach ihrer Entstehung frage und sie auf den Punkt ihres Ursprungs einenge, so bin ich darüber hinaus gegangen; denn ich bin nunmehr das Allgemeine, sie aber das Bedingte und Beschränkte. Wenn sie sich meiner Einsicht legitimieren sollen, so habe ich schon ihr unwankendes Ansichsein bewegt und betrachte sie als etwas, das vielleicht wahr, vielleicht auch nicht wahr für mich sei. Die sittliche Gesinnung besteht eben darin, unverrückt in dem fest zu beharren, was das Rechte ist, und sich alles Bewegens, Rüttelns und Zurückführens desselben zu enthalten. (*PhG*, S. 322; vgl. *Rph*, § 144 Z u. N, S. 296)

Die struktur-, weil differenzlose Struktur der sittlichen Gesinnung, die dem Sein des Gesetzes entspricht, ist »*unmittelbare* Einheit der Substanz mit dem Selbstbewußtsein« (*PhG*, S. 338). Hier gilt, daß »Charakter, Willen und Zweck [...] absolut in eins gewachsen erscheinen«:[17] Dem Sein des Gesetzes entspricht eine naturhafte, »gewachsene« Identität des Selbst (die Hegel hier als »Individua-

17 Georg Wilhelm Friedrich Hegel, *Vorlesungen über die Ästhetik III*, Theorie-Werkausgabe, Bd. 15, S. 546.

lität« bezeichnet). Während der Tragödienchor diese unmittelbare Identität des Selbst mit seinem Gesetz »autonom« nennt,[18] begreift Hegel sie als unfrei: Sie zerbricht mit dem ersten, elementaren Akt der Freiheit – der Entscheidung zur »Tat« (*PhG*, S. 342), in der ein Selbst ein Gesetz erst wahrhaft zu seinem eigenen macht und es gerade damit, so Hegels bewundernde Charakterisierung der Kraft der »Weiblichkeit«, einer »ewige[n] Ironie« ausliefert (S. 352). Die freie Aneignung eines Gesetzes ist seine ironische Wiederholung.

Damit beginnt sich abzuzeichnen, wie Hegel seit der *Phänomenologie des Geistes* die Problemlage versteht, die durch das Paradox der Autonomie entstanden ist. Das Problem besteht darin, daß – *auf der einen Seite* – die Seinsweise des Gesetzes sein Ansichsein in unmittelbarer Einheit mit dem Selbst ist: Das Gesetz gibt es nur so, daß das Selbst es sich nicht gibt, sondern es »unmittelbar hat«, ja ist. Zugleich aber gilt – *auf der anderen Seite* –, daß das Sein des Gesetzes entgegen Hegels früherer, zustimmender Reformulierung von Schillers ästhetischem Versöhnungsmodell im Begriff des Lebens eine Gestalt der »Individualität« vorschreibt, die keine Tat erlaubt. Das Sein des Gesetzes, so die Problemlage, die nach Hegels Beschreibung das Paradox der Autonomie hinterläßt, ist ebenso notwendig wie unfrei: notwendig, damit es Gesetze gibt; unfrei, weil es die Tat ausschließt.

Umgekehrt deutet sich an der ironisch-brechenden Tat an, wie die Freiheit im Verhältnis zum Gesetz anders als im Autonomiebegriff gedacht werden muß, wenn die normativitätstheoretische Einsicht in das Sein des Gesetzes nicht wieder verspielt werden soll. Die Freiheit kann nicht so gedacht werden, daß sie sich im Setzen oder Prüfen von Gesetzen verwirklicht (denn dies löst entweder die Gesetze in subjektive Akte auf oder wiederholt den knechtenden Gehorsam gegenüber dem Gesetz im Inneren des Subjekts). Die Freiheit besteht vielmehr darin, die unmittelbare, ansichseiende Identität des Selbst mit dem Gesetz von innen her aufzulösen; die Freiheit besteht in der Negation der Identität, in dem »Befreiungskampf, welchen die Seele gegen die Unmittelbarkeit ihres substantiellen Inhalts durchzufechten hat« (*Enz* III, § 402 Z, S. 121). Die Befreiung ist der Bruch des Seins (des Gesetzes und damit der Unmittelbarkeit der Identität des Subjekts mit dem Gesetz). Das ist

18 Sophokles, *Antigone*, v. 821, in: Sophokles, *Tragödien*, übers. von Wolfgang Schadewaldt, Zürich: Artemis & Winkler 2002. Dazu oben, Kap. 1, S. 25.

nicht der Bruch *mit* dem Sein des Gesetzes – denn ohne Sein des Gesetzes gibt es kein Gesetz –, sondern im Verhältnis zum (und daher *in* dem) Sein des Gesetzes. Mit der Befreiung öffnet sich zugleich eine Differenz im Gesetz: eine Differenz des Gesetzes von seinem Sein.

b. Das Paradox der Befreiung

Die abstrakte Formel, zu der die Kritik der Autonomie führt, lautet: Freiheit ist Befreiung von der unmittelbaren Identität von Gesetz und Selbst. Zugleich besagt aber die andere Einsicht aus der Kritik der Autonomie, daß diese Identität dem Gesetz wesentlich ist – daß es nur darin sein Sein hat. Wie können diese beiden Behauptungen zusammengedacht werden?

Hegels Antwort auf diese Frage lautet, daß wir nur dann begreifen können, wie es die Befreiung von der Identität des Selbst mit dem Gesetz geben kann, wenn wir verstehen, daß diese Identität und damit das Sein des Gesetzes selbst bereits der Ausdruck und das Medium der Befreiung sind. Es kann demnach nur eine Geschichte der Befreiung geben, die über die Identität des Selbst mit dem Gesetz hinausführt – diejenige Geschichte, die Hegel mit Antigone (und an anderen Stellen auch mit Sokrates) beginnen läßt –, weil es bereits eine Vorgeschichte der Befreiung *zum* Sein des Gesetzes, *zur* Identität des Selbst mit dem Gesetz gegeben hat; weil das Sein des Gesetzes und damit die Identität des Selbst mit dem Gesetz bereits das Resultat eines Akts der Befreiung waren. Die Auflösung des Widerspruchs der beiden Behauptungen – daß die Identität des Selbst mit dem Gesetz wesentlich ist *und* daß wir uns aus ihr befreien müssen oder wollen – besteht in einer radikalen Vergeschichtlichung. Nur weil die Identität des Selbst mit dem Gesetz eine Vorgeschichte der Befreiung hat, gibt es eine Zukunft der Befreiung.

Die Vorgeschichte der Identität des Selbst und des Seins des Gesetzes besteht in der Befreiung aus der Natur. Das Gesetz *ist*, aber es ist nicht Natur, sondern künstlich, etwas Hervorgebrachtes. Das sieht Hegel genauso wie das moderne Naturrecht.[19] Das Sein des

19 Manfred Riedel, »Freiheitsgesetz und Herrschaft der Natur«, in: ders., *System und Geschichte. Studien zum historischen Standort von Hegels Philosophie*, Frankfurt/M.: Suhrkamp 1973, S. 96-120.

Gesetzes, aus dessen unmittelbarer Identität wir uns immer noch und wieder befreien müssen, haben wir hervorgebracht, indem wir uns von der Natur befreit haben. Das heißt umgekehrt, daß wir uns nur so von der Natur haben befreien können, daß wir zur Instanz eines Gesetzes wurden, von dem wir uns dann wieder befreien müssen. Das Sein des Gesetzes steht mithin an der Stelle (oder: es *ist* die Stelle), an der sich zwei paradoxal miteinander verknüpfte Befreiungsgeschichten kreuzen: die Befreiung von der Natur und die Befreiung von der Identität. Die Befreiung aus der Natur kann nur so erfolgen, daß sie das Sein des Gesetzes hervorbringt, aus dessen Identität das Selbst sich wiederum beziehungsweise *noch einmal* befreien muß. – Die komplexe Argumentation, in der Hegel diesen Gedanken entwickelt, läßt sich in fünf Schritten skizzieren.[20]

(i) Abstrahierenkönnen

Die Freiheit des Geistes besteht in positiver Bestimmung in seiner Normativität: in der Fähigkeit, im Befolgen und Anwenden von Regeln Unterscheidungen treffen zu können. Diese (Freiheits-)Fähigkeit der Normativität beruht aber auf demjenigen Können, das Hegel »Negativität« nennt:

> Das *Wesen des Geistes* ist [...] formell die *Freiheit*, die absolute Negativität des Begriffes als Identität mit sich. Nach dieser formellen Bestimmung *kann* er von allem Äußerlichen und seiner eigenen Äußerlichkeit, seinem Dasein selbst abstrahieren. (*Enz* III, § 382)

Die Freiheit des Geistes ist, positiv bestimmt, das Vermögen, begriffliche Unterscheidungen treffen zu können. Das setzt die »polemische«[21] Freiheit voraus, sich von »äußerlichen«, also natürlich vorgegebenen Unterschieden unterscheiden zu können. Um Begriffe verwenden und dadurch Dinge unterscheiden zu können,

20 Die hier im Zusammenhang skizzierten Schritte werden in den folgenden Kapiteln zum Teil weiter ausgeführt; ich verweise darauf jeweils in den Anmerkungen.

21 Die Natur ist »unbefangen, nicht entgegengesetzt etwas anderem. Die Freiheit dagegen erscheint zugleich polemisch, hat Gegensätze, und der erste ist die Natur selbst.« (Georg Wilhelm Friedrich Hegel, *Vorlesungen über die Philosophie des Rechts*, Nachschrift Griesheim; zit. nach Riedel, »Freiheitsgesetz und Herrschaft der Natur«, S. 115.) – Zum Zusammenhang von Negativität und Normativität siehe unten, Kap. 6, v. a. S. 192 u. S. 203 f.

muß der Geist *sich* von der Natur unterscheiden können. Dieses »Können« der Negativität ist Macht (oder Gegenmacht): Dem Vermögen der Normativität (*zum* Begriff) geht die Macht der Negativität *gegen* die Natur voraus – die Macht zur Brechung der Macht der Natur. »Diese Macht über allen in ihm vorhandenen Inhalt bildet die Grundlage der Freiheit des Geistes.« (*Enz* III, § 382 Z, S. 27)

Der Geist, der (positiv) frei ist, indem er, von den Regeln seiner Begriffe geführt, Unterscheidungen trifft, übt die »polemische« Macht der Negativität gegen die Bestimmtheit durch natürliche Unterschiede immer schon aus; sofern er frei ist, also das Vermögen begrifflicher Unterscheidungen besitzt, *hat* er die Macht der Negativität. Die »Befreiung« aus der Natur besteht aber darin, diese Macht allererst – zum ersten Mal – zu gewinnen: jemand zu *werden*, der (»von allem Äußerlichen und seiner eigenen Äußerlichkeit, seinem Dasein«) selbst abstrahieren *kann*. Die Befreiung des Geistes ist die Befreiung von derjenigen vorgeistigen Existenzform des Menschen, in der die Determinationsmacht der Natur noch ungebrochen ist; in der der Geist also nur »an sich« oder »begriffslos« existiert: die Befreiung von der Existenz des »Menschen als Naturwesen« (*Rph*, § 57 A, S. 124).

(ii) Die Aporie der Selbstbefreiung

Der »Mensch als Naturwesen« – nur deshalb behandelt ihn Hegel in der Rechtsphilosophie – ist der Mensch, der »der Sklaverei [...] fähig« ist (*Rph*, § 57 A, S. 124). Die Knechtschaft, die darin besteht, der Determinationsmacht der Natur unterworfen zu sein, macht nach Hegel zugleich die Sklaverei möglich: Sie befähigt den Menschen zur Sklaverei. Die Existenz des Menschen als Naturwesen ermöglicht das Verhältnis der Sklaverei zwischen Menschen. Das gilt für beide Seiten dieses Verhältnisses: den Herren nicht weniger als den Sklaven.[22] Die Sklaverei (oder die »*Herrschaft* als bloße Herren-

22 Das stellt die Frage, wie sich diese Gleichheit von Herr und Knecht in den *Grundlinien* zu der Differenz verhält, in der die *Phänomenologie des Geistes* ihr Verhältnis begründet. Nach den *Grundlinien* sind Herr und Knecht zwei Gestalten der natürlichen Existenz, in der *Phänomenologie* repräsentieren sie »zwei wesentlich verschiedene menschliche oder anthropogene Verhaltensweisen« (Alexandre Kojève, *Hegel. Kommentar zur Phänomenologie des Geistes*, Frankfurt/M.:

schaft« [§ 57 A, S. 123]) ist ein natürliches soziales Verhältnis. Sie ist das soziale Verhältnis, das zwischen Menschen bloß als Naturwesen bestehen kann (oder das bloß bestehen kann, wenn die Menschen bloß Naturwesen sind: wenn sie sich und die anderen nur in Kategorien des Natürlichen begreifen). Die Sklaverei ist realisierter Naturalismus.

Für die Rechtsphilosophie ist damit die Sklaverei erledigt. Sie ist kein Thema, das sie ernst nehmen könnte. Die soeben zitierte Formulierung lautet daher vollständig:

> Der Standpunkt des freien Willens, womit das Recht und die Rechtswissenschaft anfängt, ist über den unwahren Standpunkt, auf welchem der Mensch als Naturwesen und nur als an sich seiender Begriff, der Sklaverei daher fähig ist, schon hinaus. (*Rph*, § 57 A, S. 124)

In der Rechtsphilosophie kann und muß Hegel zur Sklaverei nichts weiter sagen. Sie ist eine »frühere unwahre Erscheinung«, die – so erläutert Hegel im Blick auf den »Kampf des Anerkennens« in der *Phänomenologie des Geistes* (die im System seiner Philosophie zum Übergang von der »Seele« zum »Geist« geworden ist) – *vor* dem Verständnis der Freiheit liegt, mit dem alles Nachdenken über das Recht, das richtige Verhältnis unter Subjekten, anfangen muß. Der Standpunkt des Rechts ist der Standpunkt, auf dem der Wille frei *ist*. Auf dem Standpunkt des Rechts steht die »Behauptung des absoluten Unrechts der Sklaverei« (*Rph*, § 57 A, S. 123) mithin ebenso absolut fest; »der Mensch [ist] an und für sich nicht zur Sklaverei bestimmt« (§ 57 A, S. 124).

Damit ist das Urteil über jeden Versuch, die Sklaverei als ein soziales Verhältnis zu etablieren, gefallen. Es widerspricht dem, was der Mensch als Teilnehmer des Sozialen und das heißt als Subjekt ist:

Suhrkamp 1975, S. 25 f.). Sie sind verschieden, weil der Herr »seine Fähigkeit zur Freiheit« *beweist* (*Enz* III, § 431 Z, S. 220), während der Knecht ihr das Leben vorzieht (§ 432). Der Kampf, der die Differenz von Herr und Knecht hervorbringt, steht damit auf der Schwelle zwischen Natur- und Gesellschaftszustand (vgl. § 432 Z, S. 221; § 433 Z, S. 223 f.). Aber er *überschreitet* diese Schwelle nicht: Die Anerkennung, die er etabliert, ist als radikal asymmetrische *keine* Anerkennung. Das Verhältnis von Herrschaft und Knechtschaft ist die natürliche Form des Sozialen. Dazu mehr unten im »Exkurs zu Haiti«.

> Das Unrecht [der Sklaverei] ist also *an sich* und *für sich*, d. h. es ist das eigne allgemeine Selbstbewußtsein – nicht ein Sklave – noch ein Herr sein zu wollen; kein Herr, kein Sklave – ebenso aber kein Sklave, kein Herr. (*Rph*, § 57 N, S. 124 f.)

Ebenso Sklave wie Herr zu sein, also sein zu wollen, widerspricht dem eigenen Sein: dem Sein des Wollens. Wer überhaupt will, also ein Subjekt ist, kann nur »nicht ein Sklave – noch ein Herr sein [...] wollen«. Weil das Wollen oder das Subjekt den »Standpunkt« bezeichnet, womit das Recht »anfängt«, gehört also die Sklaverei »*in einen Zustand vor dem Rechte* – ist relativ – Der ganze Zustand soll nicht sein, ist [k]ein Zustand des absoluten Rechts.« (§ 57 N, S. 124)

Das Sein des Wollens, das Subjekt- oder Teilnehmersein, das das »absolute Unrecht« der Sklaverei begründet, bildet den Anfang des Rechts; es ist der Standpunkt, den das Recht voraussetzen muß. Mit dieser Erledigung des Themas der Sklaverei für die Rechtsphilosophie beginnt aber erst das Problem. Denn wie ist dieser »Anfang« des Rechts selbst zu denken? Es liegt nahe, ihn als natürlichen, also das Subjekt- oder Teilnehmersein des Menschen als sein natürliches Sein zu verstehen. Mit dieser Berufung auf die Natur des Menschen verstrickt sich das Urteil über die Sklaverei aber in eine »Antinomie«, die Hegel so beschreibt:

> Die behauptete Berechtigung der *Sklaverei* [...] sowie die Berechtigung einer *Herrschaft* als bloßer Herrenschaft überhaupt und alle *historische* Ansicht über das Recht der Sklaverei und der Herrenschaft beruht auf dem Standpunkte, den Menschen als *Naturwesen* überhaupt nach *einer Existenz* (wozu auch die Willkür gehört) zu nehmen, die seinem Begriffe nicht angemessen ist. Die Behauptung des absoluten Unrechts der Sklaverei hingegen hält am *Begriffe* des Menschen als Geistes, als des *an sich* freien, fest und ist einseitig darin, daß sie den Menschen als *von Natur* frei oder, was dasselbe ist, den Begriff als solchen in seiner Unmittelbarkeit, nicht die Idee, als das Wahre nimmt. (*Rph*, § 57 A, S. 123).

Die Berufung auf die Natur spielt beim Urteil über die Sklaverei eine widersprüchliche Rolle: Sie *soll* die »Behauptung des absoluten Unrechts der Sklaverei« begründen, indem sie sich auf den »Begriff des Menschen als Geistes« beruft. Indem sie den Geist aber zur natürlichen Eigenschaft des Menschen erklärt (um damit einen festen Grund für die Verurteilung der Sklaverei zu erlangen), betrachtet sie den Menschen in genau der Weise, in der dies die entgegengesetzte Behauptung der »Berechtigung der *Sklaverei* sowie die Berechtigung einer *Herrschaft* als bloßer Herrenschaft« tut: Sie nimmt den Menschen »als *Naturwesen*« und damit »überhaupt nach *einer Existenz*, die seinem Begriffe nicht angemessen ist«. Solange man den Menschen als Naturwesen betrachtet, betrachtet man ihn als unfreien – und damit eben als der Sklaverei oder der »bloßen Herrenschaft« fähigen. Wer gegen die Sklaverei im Namen der menschlichen Natur angeht, liefert ihr damit ungewollt den einzigen Grund, den es für sie gibt. Er praktiziert die Naturalisierung, die die Sklaverei selbst ist.[23]

Die Auflösung der Antinomie besteht darin, den Anfang des Rechts nicht als natürlichen Anfang zu nehmen. Der Einwand gegen die Sklaverei kann sich nicht auf eine natürliche Eigenschaft des Menschen berufen. Der Einwand kann nur darin bestehen, daß die Sklaverei dem widerspricht, wozu der Mensch sich selbst *gemacht* hat.

Der freie Geist ist eben dieses (§ 21), nicht als der bloße Begriff oder *an sich* zu sein, sondern diesen Formalismus seiner selbst und damit die unmittelbare natürliche Existenz aufzuheben und sich die Existenz nur als die seinige, als freie Existenz zu geben. (*Rph*, § 57 A, S. 123)

Daß der Mensch sich aus allen Verhältnissen der Sklaverei zu befreien absolut berechtigt (und daher zugleich unbedingt verpflichtet) ist, gründet in nichts anderem als darin, daß der Mensch sich *bereits* aus der Sklaverei *befreit hat*: daß er sich zur Sklaverei *unfähig*

23 Hegels These von der Natürlichkeit der Sklaverei ist daher die genaue *Gegenthese* zu der apologetischen Behauptung, daß einige Menschen »von Natur Sklave« seien (Aristoteles, *Politik*, Hamburg: Meiner 2012, Kap. I.4, 1254a, S. 9). In Hegels Perspektive bedeutet das, zu sagen, daß die bloße Existenz eines Naturwesens zu haben (und damit der Sklaverei fähig zu sein) für einige Menschen selbst eine natürliche Tatsache ist: Einige Menschen sind demnach von Natur aus bloß Natur. Die Rechtfertigung der Sklaverei als »von Natur aus« bestehend unternimmt damit genau die Reduktion des Menschen auf seine natürliche Existenz, die den der Sklaverei Fähigen ausmacht. Die Rechtfertigung der natürlichen Sklaverei ist eine bloße Wiederholung der Sklaverei im Denken. Wenn Hegel dagegen über den Sklaven schreibt: »Der Sklave weiß nicht sein Wesen, seine Unendlichkeit, die Freiheit, er weiß sich nicht als Wesen, – er weiß sich so nicht, das ist, er *denkt* sich nicht« (*Rph*, § 21 A, S. 72), dann ist dies *nicht* die Beschreibung des Mangels eines Individuums oder einer Gruppe (Klasse, Ethnie oder Rasse), sondern im Sinn der Formulierung in § 57 eine Aussage über den Menschen, *sofern* er der Sklaverei *fähig* ist: also über *jeden* Menschen als bloß natürlichen.

gemacht hat, indem er mit seiner natürlichen Existenz gebrochen hat. Der Anfang des Rechts ist also bereits das Resultat einer Tat: Das Recht kann nur nach der Befreiungstat anfangen. Bevor es das Recht als das soziale Verhältnis unter Subjekten geben kann, muß es den Akt der Befreiung aus der natürlichen Existenz gegeben haben. Es muß also eine »Geschichte vor [der] Freiheit« (*Rph*, § 57 N, S. 124) gegeben haben. Die Freiheit, mit der das Recht beginnt, hat eine Vorgeschichte. Um das (Rechts-)Urteil über das absolute Unrecht von Sklaverei und Herrenschaft zu verstehen, muß man daher den *vorgeschichtlichen Akt* verstehen, in dem der Mensch sich aus seiner natürlichen zur sozialen Existenz als Subjekt befreit hat.

Die Auflösung der Antinomie, in die das Urteil über das absolute Unrecht der Sklaverei gerät (wenn es sich in etwas Gegebenem begründen will), besteht darin, die Freiheit, das Subjektsein, nicht als natürliche Eigenschaft, sondern als eigene Tat zu verstehen. Aber diese Auflösung verstrickt sich sofort wieder in eine neue Aporie. Denn wenn zur Sklaverei unfähig zu sein bedeutet, sich zur Sklaverei unfähig *gemacht* zu haben; wenn zugleich aber die Fähigkeit des natürlichen Menschen zur Sklaverei in nichts anderem als seiner *Unfähigkeit* – seiner Unfähigkeit zu wollen – besteht: wie kann dann der vorgeschichtliche Akt der Befreiung aus der Fähigkeit zur Sklaverei, also der Unfähigkeit als bloß natürliches Wesen, möglich gewesen sein und begriffen werden? Einerseits gilt, daß man die Tat der Befreiung aus der sklavereifähigen natürlichen Existenz voraussetzen muß, um das Urteil über das absolute Unrecht der Sklaverei zu begründen; denn wenn man die Freiheit nicht als eigene Tat, sondern als natürliche Eigenschaft versteht, fällt man genau in die Auffassung des Menschen als Naturwesen zurück, die die Verhältnisse von Sklaverei und Herrenschaft begründet. Andererseits gilt, daß man die Befreiung aus der Existenz als Naturwesen gar nicht als dessen eigene Tat verstehen kann – denn ein Naturwesen (und damit der Sklaverei fähig) zu sein heißt, keinen Willen zu haben, also unfähig, zu keiner Tat fähig zu sein. Die Befreiung aus dem natürlichen Zustand, in dem der Mensch zur Sklaverei fähig ist, verstrickt sich in eine aporetische, das heißt ausweglose Lage. Wenn erst die Befreiung aus der natürlichen Existenz den Anfang des Rechts, daher also auch den Kampf gegen das Unrecht der Sklaverei möglich macht, dann scheint dieser Kampf von vornherein aussichtslos; es fehlt ihm die Grundlage.

Wie versteht Hegel dann aber, daß geschichtliche Kämpfe um die Freiheit berechtigt sind und gelingen können? Die Antwort gibt seine Theorie der bürgerlichen Revolution. In Marx' Ausdruck versteht Hegel die bürgerliche Revolution als einen Akt der bloß »politischen Emanzipation«.[24] Die bürgerliche Revolution konnte gelingen, weil sie sich so verstand, daß sie nur die politisch-rechtliche Konsequenz aus einer Veränderung war, die sich anderswo (und anderswie) bereits vollzogen hatte. Genauer: Sie war die politische Befreiungstat einer Klasse, die von sich weiß und behauptet, daß sie sich vor ihrer politischen Befreiungstat bereits befreit hat. Die bürgerliche Revolution konnte gelingen, weil sie eine Vorgeschichte hatte:[25] Die unterdrückte bürgerliche Klasse hat zuerst durch ihre Erfahrungen in der materiellen Produktion, ihrer Technik und ihrer Verwaltung, dann durch die Ausbildung ihrer eigenen Kultur ein Selbstbewußtsein ihrer Freiheit gewonnen, das zuletzt auch zur Umwälzung der politischen Ordnung führt. Wenn die bürgerliche Klasse sich politisch befreit, *ist* sie demnach schon frei – *hat* sie sich schon, vorpolitisch oder gesellschaftlich und kulturell, aus der »Existenz als Naturwesen« befreit.

Das Gelingen der bürgerlichen Revolution hält eine Einsicht in die Möglichkeit von Befreiungsprozessen bereit, die sich so formulieren läßt: Jeder Akt der Befreiung, der erfolgreich in der Gegenwart als eigene Tat ausgeführt wird, setzt ein Geschehen der Befreiung voraus, das sich in seiner (Vor-)Vergangenheit bereits vollzogen haben muß. Die Befreiung spaltet sich in sich: in eine Tat, die gegenwärtig frei vollzogen wird, und ein immer schon vergangenes, vorgeschichtliches Geschehen. Die Befreiung kann nur gelingen, wenn sie sich selbst vorausgeht. Also wenn sie sich selbst wiederholt.

24 Karl Marx, »Zur Judenfrage«, in: Karl Marx/Friedrich Engels, *Werke*, Bd. 1, Berlin: Dietz 1977, S. 347-377, hier S. 352-356.

25 Die Vorgeschichte der bürgerlichen Revolution ist nichts anderes als die »Weltgeschichte« (Joachim Ritter, »Hegel und die französische Revolution«, in: ders., *Metaphysik und Politik*, Frankfurt/M.: Suhrkamp 1969, S. 183-233, hier S. 199). Oder: Die bürgerliche Revolution ist in der »bürgerlichen Gesellschaft begründet« (ebd., S. 222). Sie setzt die Befreiungsarbeit in der bürgerlichen Gesellschaft voraus (dazu unten, S. 73-75), und das heißt: Sie läßt sie unverändert; sie gelangt nicht zur »menschlichen Emanzipation« (Marx).

In seinen Notizen für die Vorlesung streift Hegel in der Diskussion der Antinomien und Aporien der Sklavenbefreiung auch die zeitgenössischen Sklavenrevolten »in Westindien«, von denen man »noch jetzt liest«:

Oft in Westindien haben sich die Neger empört, auf den Inseln noch jetzt liest man alle Jahre und öfters im Jahre von Verschwörungen – aber sie werden Opfer des allgemeinen Zustands. – Doch können sie als frei sterben; der Zustand des Einzelnen bedingt durch das Allgemeine. – Verschwörungen selbst ein Beweis von bloßer partieller Gesinnung – Ebenso kann nicht von der Schuld dieses oder jenes die Rede sein, daß sie Herren sind. – Wovon die Änderung des allgemeinen Zustandes abhängt – (*Rph*, § 57 N, S. 125).

Diese Bemerkungen zielen darauf, in den Befreiungskämpfen der Sklaven ein unauflösbares Problem auszumachen – sie als ein Ding der Unmöglichkeit erscheinen zu lassen: Die Frage, wie die fundamentale »Änderung des allgemeinen Zustandes«, die sie bewirken wollen, überhaupt möglich ist, endet im Leeren. Will Hegel also die Selbstbefreiung aus der Sklaverei für ein Ding der Unmöglichkeit erklären? Will er den aufständischen Sklaven die Fähigkeit zur Selbstbefreiung absprechen? Die Notizen zeugen von einer Zweideutigkeit, die Hegels Reflexion über die Sklaverei grundsätzlich betrifft.

Die Sklaverei steht auf der Schwelle zwischen Natur- und Gesellschaftszustand.[26] In der Perspektive der Rechtsphilosophie heißt das: Die Sklaverei ist der Rückfall der Gesellschaft in den Naturzustand – eine Renaturalisierung sozialer Verhältnisse, der Bruch mit dem Recht als dem einzig angemessenen Verhältnis zwischen Subjekten. In dieser Perspektive steht das Urteil über die Sklaverei fest. Und in dieser Perspektive steht ebenso fest, wie die Sklavenbefreiung möglich ist: Die Sklaven kämpfen – wie Hegel mit Bezug auf die römischen Sklavenaufstände, aber in deutlicher Anspielung auf die Aufstände zu seiner Zeit im Gefolge der Französischen Revolution gesagt hat – darum, »zur Anerkennung ihrer ewigen Menschenrechte zu gelangen« (*Enz* III, § 433 Z, S. 224). Diese Rechte

26 Siehe Fn. 22 in diesem Kapitel.

haben sie also schon – nicht von Natur aus (denn von Natur aus gibt es gar kein Recht), sondern weil sie sich aus der natürlichen zur subjektiven oder rechtlichen Existenz befreit haben. Die Sklavenbefreiung hat dieselbe logische oder praktische Struktur wie die bürgerliche Revolution; sie ist genau das, als was sie sich, etwa auf Haiti, verstanden hat: nichts als die Konsequenz der bürgerlichen Revolution.[27]

Daß die Sklaverei auf der Schwelle zwischen Natur- und Gesellschaftszustand steht, gewinnt in Hegels Überlegungen aber noch eine zweite Bedeutung. In dieser zweiten – nicht rechts-, sondern geschichtsphilosophischen Perspektive – ist die Sklaverei nicht der Rückfall der Gesellschaft in den Naturzustand, sondern der Übergang vom Natur- in den Gesellschaftszustand. »Die Sklaverei fällt in den Übergang von der Natürlichkeit der Menschen zum wahrhaft sittlichen Zustande; sie fällt in eine Welt, wo noch ein Unrecht Recht ist. Hier gilt das Unrecht und befindet sich ebenso notwendig an seinem Platz.« (*Rph*, § 57 Z, S. 126) Mit dieser Umkehrung der Perspektive beginnt sich bei Hegel damit auch die – rechtsphilosophisch eindeutige – Beurteilung der Sklaverei umzukehren. In der Vorlesung von 1821/22 soll Hegel (nach einer studentischen Mitschrift) sogar gesagt haben: »Die Sklaverei gehört in die Zeit, die der Wirklichkeit der Freiheit voranging. In dem Zustand vor dem Recht kann die Sklaverei ganz rechtlich sein.«[28] In der geschichtsphilosophischen Perspektive gewinnt die Sklaverei eine diffuse Halblegitimität als »notwendiges« Phänomen am Übergang vom natürlich-rechtlosen zum geschichtlich-rechtlichen Zustand.

In diesem ideologischen, legitimatorischen Motiv geht Hegels Deutung der Sklaverei als Übergangsphänomen aber nicht auf. In

27 Hegels intensive Beschäftigung mit den haitianischen Aufständen ist daher ein integraler Bestandteil seiner Philosophie (über die Joachim Ritter gesagt hat, daß sie wie »keine zweite« die Revolution zum »innersten Antrieb« hat; siehe ders., »Hegel und die französische Revolution«, S. 192). Dazu ausführlich und lehrreich Susan Buck-Morss, *Hegel und Haiti*, Frankfurt/M.: Suhrkamp 2011. Buck-Morss liest Hegels Überlegungen zu den Sklavenaufständen in Haiti nicht im Kontext seiner Rechtsphilosophie, sondern seiner beiden Phänomenologien des Geistes und ihrer Theorien des Kampfes um Anerkennung. Die folgenden Überlegungen fragen nach den zweideutigen Konsequenzen dieser Deutung.

28 Georg Wilhelm Friedrich Hegel, *Die Philosophie des Rechts. Vorlesung von 1821/22*, hg. v. Hansgeorg Hoppe, Frankfurt/M.: Suhrkamp 2005, S. 65.

seiner Deutung der Sklaverei steckt vielmehr zugleich eine Einsicht in die Befreiung aus der Sklaverei, die ein anderes Licht auf ihre Schwierigkeit, ja Unmöglichkeit wirft, die Hegels Notizen zu Haiti umkreisen. Wenn die Sklaverei rechtsphilosophisch als Rückfall der Gesellschaft in den Naturzustand gedeutet wird, ist die Befreiung aus der Sklaverei normativ und praktisch – das heißt als Handlungsweise – einfach und unproblematisch: Sie hat die Form der praktischen Verwirklichung eines schon gewonnenen normativen Status. Wenn die Sklaverei jedoch phänomenologisch oder geschichtsphilosophisch als Übergang vom Natur- in den Gesellschaftszustand gedeutet wird, dann hat die Befreiung von der Sklaverei eine ganze Form: Die Befreiung von der Sklaverei ist nicht weniger als der *andere*, der freie *(Nach-)Vollzug* dieses Übergangs von der Natur zur Gesellschaft.

Hegels Notizen zu den Aufständen auf Haiti lesen sich von hier aus deshalb anders, weil die unlösbaren Schwierigkeiten, auf die sie hinweisen, jetzt nicht mehr die besondere Unfähigkeit der haitianischen Sklaven meinen – wie es zunächst erschien. Sondern weil sie auf eine allgemeine Unfähigkeit hinweisen: die Unfähigkeit des Menschen, die Befreiung aus dem Naturzustand als seine eigene Tat getan zu haben (obwohl sie doch irgendwie geschehen sein muß: also die Unfähigkeit des Menschen, sich selbst zu begreifen). Hegels Notizen zu den Aufständen auf Haiti zeigen die Aporien, in die sich der Versuch verstrickt, die Selbstbefreiung des Sklaven als die Befreiung aus der natürlichen Existenz in ihrer *Machbarkeit* zu begreifen. Ja, sie zeigen überdies noch, daß diese Aporie der Machbarkeit der Befreiung aus der Natur sich auch noch im Inneren der Kämpfe geltend macht, die innerhalb des Sozialen für die Freiheit ausgefochten werden. Diese Kämpfe scheinen die einfache Form zu haben, einen an sich bereits gewonnenen normativen Status konsequent zur Geltung zu bringen. Hegels Notizen registrieren eine andere Dynamik der Befreiung. Sie weisen darauf hin, daß die beiden Perspektiven auf die Sklaverei, damit auf die Befreiung, nicht voneinander getrennt werden können: daß der Kampf um die Befreiung *innerhalb* des Sozialen und der Kampf um die Befreiung *aus* der Naturexistenz einander überlagern und ineinander übergehen. Jeder Kampf um das gleiche Recht ist immer schon (oder immer noch) ein Kampf um das Recht überhaupt; in keinem Kampf um Befreiung kann der Status des Subjekts einfach nur vorausgesetzt werden, immer muß er erst noch und wieder gegen die natürliche Existenz erkämpft werden.

(iii) Bildung durch Vergesellschaftung

Hegels Antwort auf das Paradox der Selbstbefreiung ist seine Theorie der Bildung:

> [Der] Mensch ist selbst frei, überhaupt im Besitz seiner selbst, nur durch Bildung. (*Rph*, § 57 N, S. 125)
>
> Der Mensch ist nach der *unmittelbaren* Existenz an ihm selbst ein Natürliches, seinem Begriffe Äußeres; erst durch die *Ausbildung* seines eigenen Körpers und Geistes, *wesentlich* dadurch, *daß sein Selbstbewußtsein sich als freies erfaßt*, nimmt er sich in Besitz und wird das Eigentum seiner selbst und gegen andere. (*Rph*, § 57)

Im Begriff der Bildung wird die Befreiung von der Knechtschaft der natürlichen Existenz, in der der Mensch durch Instinkte und Begierden determiniert ist, als *Arbeit* verstanden: als »die *harte Arbeit* gegen die bloße Subjektivität des Benehmens, gegen die Unmittelbarkeit der Begierde sowie gegen die subjektive Eitelkeit der Empfindung und die Willkür des Beliebens« (*Rph*, § 187 A, S. 345). Die Bildung ist die Arbeit der Selbstformierung, die der Mensch leistet, indem er die Dinge bearbeitet. Mehr noch: Durch die Arbeit der Dingformierung vollzieht sich die Selbsttransformierung des Menschen, sein Bruch mit seiner natürlichen Existenz. »In der Arbeit formiert er die Dinge und trans-formiert damit zugleich sich selbst: er formiert die Dinge und die Welt, indem er sich selbst transformiert und bildet; und er bildet und formiert sich, indem er die Dinge und die Welt trans-formiert.«[29]

29 Kojève, *Hegel*, S. 42. – Hegel schreibt zur Arbeit: »Die Arbeit [...] ist *gehemmte* Begierde, *aufgehaltenes* Verschwinden, oder sie *bildet*. Die negative Beziehung auf den Gegenstand wird zur *Form* desselben, und zu einem *bleibenden*; weil eben dem arbeitenden der Gegenstand Selbständigkeit hat. Diese *negative* Mitte oder das formierende *Tun* ist zugleich *die Einzelnheit* oder das reine Fürsichsein des Bewußtseins, welches nun in der Arbeit außer es in das Element des Bleibens tritt; das arbeitende Bewußtsein kommt also hiedurch zur Anschauung des selbstständigen Seins, *als seiner selbst*. [...] Die Form wird dadurch, daß sie *hinausgesetzt* wird, ihm nicht ein Anderes als es; denn eben sie ist sein reines Fürsichsein, das ihm darin zur Wahrheit wird. Es wird also durch dies Wiederfinden

Diese Arbeit der Selbsttransformierung beschreibt Hegel im Sinn der Bildungstheorien des 18. Jahrhunderts als Disziplinierung: In der Bildung verwirklicht sich die »*Notwendigkeit*, daß das *Besondere* sich zur *Form der Allgemeinheit* erhebe, in dieser Form sein Bestehen suche und habe« (*Rph*, § 186). Die Bürger unterwerfen sich der disziplinierenden Formierung, weil sie meinen, dadurch »ihr eigenes Interesse« – »die Bedürfnisse, deren Befriedigung, die Genüsse und Bequemlichkeiten des partikularen Lebens« (§ 187 A, S. 344) – besser, also effizienter verfolgen zu können. Die *Wahrheit* der Bildung liegt aber darin, daß sie durch den Prozeß der Arbeit Subjekte hervorbringt, die statt der Bestimmungsmacht ihrer natürlichen Antriebe der Bestimmungsmacht sozialer Formen und Normen unterliegen. Bildung, als Disziplinierung durch Arbeit, ist der Zentralbegriff von Hegels Theorie der Gesellschaft: Bildung heißt Vergesellschaftung, Transformation von Naturwesen in solche, die soziale Formen und Normen zu verwirklichen vermögen.[30] Durch die Bildung befreit sich der Mensch aus seiner Existenz als Naturwesen zu seiner Existenz als diszipliniertes Sozialwesen.

Damit erklärt die Theorie der Bildung nicht nur, wie der Bruch mit der Existenz als Naturwesen – der als freie Tat der Selbstbefreiung unmöglich ist – sich vollziehen kann. Die Theorie der Befreiung gibt zugleich auch eine Bestimmung des »Seins« des Gesetzes, das nach Hegels kritischer Diagnose durch die autonome Selbstgesetzgebung (oder -prüfung) aufgelöst wird. Denn die Theorie der Bildung bestimmt das Sein des Gesetzes als das Sein der sozialen Formen (oder Normen), deren Erarbeitung die Bestimmungsmacht der natürlichen Antriebe bricht. Das Sein des Gesetzes ist nicht metaphysisch, sondern sozial zu verstehen: Das Sein des Gesetzes ist nicht das Sein, das nach Parmenides dem Guten und Wahren eignet, sondern das Gewordensein, nämlich durch Gewöhnung, der Regeln, Normen, Einstellungen und Institutionen, das Aristoteles in seiner Tugendlehre beschreibt. Das Gesetz »ist« (oder: das Selbst »hat« das Gesetz »unmittelbar«) gerade deshalb, weil das

seiner durch sich selbst *eigner Sinn*, gerade in der Arbeit, worin es nur *fremder Sinn* zu sein schien.« (*PhG*, S. 153 f.)

30 Zur Tradition der bildungstheoretischen Deutung der bürgerlichen Gesellschaft (seit Montesquieu) siehe Albert O. Hirschman, »Der Streit um die Bewertung der Marktgesellschaft«, in: ders., *Entwicklung, Markt und Moral*, München, Wien: Hanser 1989, S. 192-225.

Gesetz *geworden* ist (oder: weil das Selbst durch Gewöhnung zum Ort und zur Instanz des Gesetzes *gemacht* worden ist). Das Sein des Gesetzes ist soziales Sein, und soziales Sein ist Gewordensein oder Gemachtwordensein. Das Sein des Gesetzes ist zweite Natur.

(iv) Die Dialektik der Bildung

Die Theorie der gesellschaftlichen Bildung beantwortet zum einen die Frage, wie der Bruch mit der Existenz des Menschen als Naturwesen erfolgen konnte: nur durch die Unterwerfung unter die andere, künstliche Notwendigkeit sozialer Normen (»Die befreiende Arbeit ist also notwendig zunächst die Zwangs-Arbeit eines Knechtes.«[31]). Die Theorie der gesellschaftlichen Bildung erläutert damit zugleich, wie das Sein des Gesetzes hervorgebracht worden ist: in der Ersetzung natürlicher durch soziale Notwendigkeit. Gerade so läßt die Theorie der gesellschaftlichen Bildung aber die Doppelfrage nach der Freiheit unbeantwortet. Denn sie beantwortet nur die erste Hälfte dieser Frage.

Die Doppelfrage nach der Freiheit lautet: Wie kann es – erstens – die Befreiung von der Determinationsmacht der ersten Natur geben? Und wie kann es darin – zweitens – Freiheit zum Sein des Gesetzes geben? Die Antwort des Begriffs der Bildung auf die erste Frage lautet, daß der Bruch mit der natürlichen Notwendigkeit nur durch Unterwerfung unter die andere Notwendigkeit sozialer Formen geschehen kann. Damit wird das (Geworden-)Sein des Gesetzes durch den Begriff der Bildung aber so bestimmt, daß die zweite Frage nach der Freiheit im Verhältnis zum Gesetz unbeantwortbar zu werden scheint: Das Gesetz der Bildung ist die soziale Notwendigkeit, also die Unfreiheit in zweiter, künstlicher Gestalt. Die Theorie der Bildung verstrickt die Befreiung in ein Paradox: Die Befreiung von der Notwendigkeit der Natur führt in die neue, andere Notwendigkeit des Sozialen.

Hegel sieht die Lösung für dieses Paradox der Bildung in ihrer inneren »Dialektik«. Sie verlangt, die Gesellschaft, das Medium der Bildung, als ein in sich gegenwendiges Geschehen zu begreifen. Gesellschaftliche Prozesse, und daher auch die Bildung des Subjekts, die sich durch diese Prozesse vollzieht, sind in sich gespalten (diese

31 Kojève, *Hegel*, S. 44.

Gespaltenheit oder Gegenwendigkeit *definiert* sie nach Hegel als »gesellschaftliche«). Sie sind gespalten in das, was »im Bewußtsein [der] Mitglieder der bürgerlichen Gesellschaft liegt« und ihnen »als *Mittel erscheint*« auf der einen Seite, und auf der anderen Seite in das »Interesse der Idee hierin«, das sich hinter dem Rücken der Gesellschaftsmitglieder durchsetzt (*Rph*, § 187). Das gesellschaftliche Handeln ist nach Hegel dadurch charakterisiert, daß in ihm Intention und Effekt als Erscheinung und Wesen auseinandertreten: Das Wesen einer gesellschaftlichen Handlung liegt nicht in dem, was der Akteur mit ihr will und daher von ihr weiß, sondern was sich durch sie hindurch, ihm unbewußt, vollzieht. Das gilt, wie für alle gesellschaftlichen Prozesse, auch und besonders für ihre Grundbestimmung als Bildung.[32] Zwar erscheint und operiert sie bloß als disziplinierende Formierung. Sie ist darin aber das Mittel für einen »Vernunftzweck« (§ 187 A, S. 344), den die Disziplinierten (und Sich-selbst-Disziplinierenden) notwendig verkennen müssen.

Dieser Vernunftzweck der sozialen Disziplinierung ist eben die Befreiung:

> Die *Bildung* ist daher in ihrer absoluten Bestimmung die *Befreiung* und die *Arbeit* der höheren Befreiung, nämlich der absolute Durchgangspunkt zu der nicht mehr unmittelbaren, natürlichen, sondern geistigen, ebenso zur Gestalt der Allgemeinheit erhobenen unendlich subjektiven Substantialität der Sittlichkeit. (*Rph*, § 187 A, S. 344 f.)

Die Dialektik der Bildung beschreibt Hegel als eine Selbstüberlistung des Bürgers. Der Bürger tut sich seine Befreiung an, indem er etwas ganz anderes tut: indem er sich diszipliniert. Die soziale Disziplinierung ist der »Durchgangspunkt« der Befreiung; Disziplinierung schlägt dialektisch in Befreiung um.

Aber wie tut sie das – wenn man davon ausgeht, daß die Rede von dem »Vernunftzweck«, der sich hinter dem Rücken der Beteiligten durchsetzt, darauf keine zureichende Antwort gibt?

32 Hegel behandelt diese beiden Seiten der Bildung in *Rph*, § 186 (Formierung als »Notwendigkeit«) und § 187 (Formierung als »Befreiung«).

(v) Die Nachträglichkeit der Befreiung

Worin besteht die Antwort, die die Theorie der Bildung auf die Frage nach dem Sein des Gesetzes gibt? Diese Frage, so hat sich gezeigt, ist dieselbe wie die Frage danach, weshalb der Bruch mit der Existenz als Naturwesen nur zur Etablierung der anderen Notwendigkeit sozialer Formen führen kann; denn das Sein des Gesetzes ist seine Existenz als zweite Natur oder soziale Notwendigkeit. Und die Antwort auf diese Frage lautet, daß sich dieser Bruch in der gesellschaftlichen Bildung nicht so vollzieht, wie er in der Selbstbefreiung aus der unfähigen Fähigkeit zur Sklaverei gefordert wird: als eigene, freie Tat. So *müßte* sich der Bruch mit der Existenz als Naturwesen vollziehen, um zur Freiheit zu führen, so *kann* er sich aber nicht vollziehen, weil dies die Freiheit, die er hervorbringen soll, bereits voraussetzte.

In dieser Beschreibung wiederholt sich aber in der Theorie der Bildung auf andere Weise nur das Paradox der Selbstbefreiung, das Hegel an der Sklavenbefreiung aufgewiesen hat. Hegels These von der Dialektik der Bildung verspricht eine Auflösung dieses Paradoxes. Diese Auflösung soll darin bestehen, daß derjenige Prozeß, der als Bruch mit der natürlichen Notwendigkeit durch die Etablierung einer anderen, sozialen Notwendigkeit *erscheint*, so verstanden werden kann, daß er *in Wahrheit* Befreiung bedeutet.

Diese Differenz von Erscheinung und Wahrheit der Bildung läßt sich als die temporale Differenz zweier Perspektiven verstehen. Versteht man sie so, dann bedeutet die von Hegel diagnostizierte Dialektik der Bildung, daß eben derjenige Prozeß, der sich zuerst gar nicht anders als ein fremdes, von außen auferlegtes Geschehen vollzogen haben kann – der Prozeß der Formierung des Subjekts durch seine soziale Disziplinierung –, nun *nachträglich* von denjenigen, die durch ihn gebildet worden sind, als ihre eigene Tat betrachtet wird. Die disziplinierende Ersetzung von natürlicher Notwendigkeit durch soziale Notwendigkeit, so sehr sie auch im Eigeninteresse der Bürger zu liegen scheint, so sehr sie sie deshalb bejahen und verstärken, kann niemals in Freiheit ausgeführt worden sein; sie ist der Umweg, der allererst zur Freiheit hinführt. Um aber zur Freiheit hinführen zu können, um also ein Prozeß der Befreiung zu sein, muß die soziale Disziplinierung retrospektiv von denjenigen, die ihr unterworfen waren, als ein Prozeß *nach*vollzogen werden, der deshalb nicht bloß von der einen, natürlichen Notwendigkeit zu der anderen, sozialen Notwendigkeit geführt hat, weil sie ihn nun, am Ende und vom Ende her, selbst als ihre eigene, freie Tat reproduzieren können. Daß die Bildung, die als Disziplinierung erscheint, in Wahrheit befreiend ist, wird nur im Rückblick sagbar.

Die Bildung bringt damit rückwirkend die Idee hervor, die sie antreibt. Diese Idee der Bildung ist, daß sie Befreiung ist. Sie erscheint aber nur als Disziplinierung. Daß sie so erscheint, liegt daran, daß sie so praktiziert wird; die Erscheinung der Bildung als Disziplinierung ist kein Schein, sondern ihre Praxis und eine Notwendigkeit (denn anders kann die Macht natürlicher Determinanten nicht gebrochen werden). Die Bildung bringt damit durch die Praxis der Disziplinierung die Idee der Befreiung hervor. Dieser Satz hat zwei gegeneinandergerichtete Bedeutungen:

> Daß die Bildung die Idee der Befreiung durch die Disziplinierung hervorbringt besagt, daß die Befreiung nicht das – abstrakte, äußerlich – Andere der Disziplinierung ist.
>
> Daß die Bildung durch die Disziplinierung die Befreiung als Idee hervorbringt besagt, daß die Bildung sich selbst mit einem Anspruch konfrontiert, der über ihre disziplinierende Praxis radikal hinausweist.

Daß im Rückblick die Wahrheit über die Bildung erkannt wird – daß die Bildung befreiend ist –, ist zugleich eine Aussage darüber, was sie *ist* und wie sie *nicht gewesen ist*. Die Befreiung als den Effekt der Dialektik der Bildung zu verstehen ist ebenso affirmativ wie kritisch: Es ist die grundlegende Affirmation und die radikale Kritik der Bildung.

Die Dialektik der Bildung bedeutet, daß die Befreiung nur als zweite Befreiung möglich ist: Die Befreiung gibt es nicht beim ersten, sondern erst beim zweiten Mal. Beim ersten Mal ist sie die Befreiung von der Natur durch die Disziplin der Arbeit. Beim ersten Mal führt die Befreiung von der Notwendigkeit natürlicher Antriebe zur Notwendigkeit sozialer Formen (also nicht zur Freiheit). Die erste Befreiung geschieht dem Subjekt; die Befreiung von der Natur ist ein vorgeschichtliches Geschehen (sie fällt in die »Geschichte vor [der] Freiheit«; oben, S. 68). Gerade so führt die erste Befreiung von der Natur jedoch nicht zur Freiheit: Weil sie keine eigene Tat ist, sondern ein Geschehen, reproduziert sie die Macht der Notwendigkeit in anderer (sozialer, nicht mehr natürlicher) Form. Die Befreiung ist die Wiederholung der Befreiung: Die Befreiung gibt es nur im Modus der Wiederholung und daher im Tempus der uneinholbaren Nachträglichkeit: Bildung, die Disziplinierung durch Arbeit, wird Befreiung geworden sein.

Daran schließt sich die Frage an, wie eine solche befreiende Wiederholung der disziplinierenden Bildung überhaupt möglich ist. Die Einsicht, die trotz seiner unklaren Rede von »Vernunftzwecken« aus Hegels Theorem von der Dialektik der Bildung zu übernehmen ist, besagt, daß die Befreiung in ebenjener Disziplinierung ihren Möglichkeitsgrund haben muß, *von* der sie sich befreit: Die Befreiung gelingt nur in der – anderen, verändernden – Wiederholung der Disziplinierung. Worin liegt aber das Potential (oder die Potentialität), das nur durch die Disziplinierung hervorgebracht wird und ihr zugleich radikal entgegensteht? Dieses Potential kann nicht in den sozialen – technischen, praktischen, geistigen – Fähigkeiten liegen, die die Bildung erarbeitet. Diese Fähigkeiten können, als soziale, ihre disziplinäre Herkunft in der Arbeit der Bildung nicht hinter sich lassen. »[Für] sich genommen befreit ihn [den Knecht oder Bürger] diese Arbeit noch nicht.«[33] Die Freiheit kann *nicht* »buchstäblich erarbeitet worden«[34] sein. Denn »die Beziehungen zwischen dem Anwachsen der Fähigkeiten und dem Anwachsen der Autonomie [sind] nicht so einfach«; Befähigung und Befreiung bilden ein »Paradox«.[35] Die dialektische Verwandlung

33 Kojève, *Hegel*, S. 46. Um sich zu befreien, muß sich daher der Knecht die Kraft der Negativität zu eigen machen, die den Herrn auszeichnete (und die ihn zum Herrn über ihn, den Knecht, machte): Der Knecht muß seine Arbeit als Herr aus und mit der Kraft der Negativität vollziehen. Oder genauer, er muß die Arbeit so vollziehen, das heißt verwandeln, daß er darin »weder Herr noch Knecht ist« (S. 85). Das ist Kojèves Begriff der Revolution: Das letzte »Ziel des menschlichen Werdens«, »die Synthese der kriegerischen Existenz des Herrn und des arbeitsamen Leben des Knechtes«, verwirklicht der »Arbeiter-Soldat der revolutionären Armeen Napoleons« (S. 254).

34 Jürgen Habermas, »Hegels Kritik der Französischen Revolution«, in: ders., *Theorie und Praxis*, Frankfurt/M.: Suhrkamp 1978, S. 128-147, hier S. 134 (allerdings nur mit Bezug auf die »Freiheit der Rechtspersonen und deren Gleichheit«).

35 Michel Foucault, »Was ist Aufklärung?«, in: ders., *Dits et Ecrits. Schriften*, Bd. IV,

der Bildung in Befreiung ist daher nur möglich, wenn der Bürger in seiner Ausbildung sozialer Fähigkeiten etwas gewonnen hat, das selbst keine soziale Fähigkeit ist. Aber auch keine natürliche: sondern ein nicht- oder asozialer Effekt der Hervorbringung sozialer Formen und Normen im Gegensatz zur natürlichen Existenz.

Denn die Entgegensetzung von sozialer Normativität und natürlicher Existenz, die die Bildung erarbeitet, hat zwei Seiten: Sie bringt die soziale Normativität als zweite Natur hervor – und verändert damit zugleich rückwirkend die erste Natur, der sie sich entgegensetzt. In der disziplinierend hervorgebrachten Spaltung in Natur und Normativität wird die Normativität zur zweiten Natur verselbständigt und dabei zugleich die erste Natur verinnerlicht (oder »ästhetisiert«[36]): Sie wird durch die Disziplinierung zum Abgrund der Unbestimmtheit, der jeder Disziplinierung entzogen und entgegengesetzt bleibt. Indem die Disziplinierung als ihr Gegenüber die innere (als ästhetische) Natur hervorbringt, bringt sie diejenige Kraft hervor, von der aus sie jederzeit in Frage gestellt, ja ausgesetzt werden kann. Die Wiederholung der Disziplinierung ist Befreiung – nicht weil oder indem sie eine Gestalt der Normativität hervorzubringen vermöchte, die jenseits jeder sozialen Notwendigkeit und Äußerlichkeit, jenseits von Disziplinierung und Gewohnheit läge. Sondern weil sie die Kraft der ästhetischen Unbestimmtheit zu aktualisieren vermag, die die soziale Disziplinierung als ihr eigenes Gegenteil hervorgebracht hat.

Daß die Befreiung sich nur als Wiederholung der Disziplinierung vollzieht, hat deshalb zwei einander entgegengesetzte Bedeutungen. Es bedeutet zum einen die *Macht* der Befreiung. Indem die Befreiung den Prozeß der Bildung wiederholt, der soziale Formen im Bruch mit der Determinationsmacht natürlicher Antriebe hervorgebracht hat, löst sie die sozialen Formen durch die ästhetische Unbestimmtheit der inneren Natur auf und bringt sie aus diesem Abgrund neu hervor. Darin ist die wiederholende Befreiung gesellschaftsverändernd: Sie verändert die disziplinierend hervorgebrach-

Frankfurt/M.: Suhrkamp 2005, S. 687-706, hier S. 704. Dazu Christoph Menke, »Das Paradox der Fähigkeit und der Wert des Schönen«, in: Leonhard Emmerling/Ines Kleesattel (Hrsg.), *Politik der Kunst*, Bielefeld: Transcript 2016, S. 85-100.

36 Dazu oben, Kap. 1, S. 50. Ausführlicher: Christoph Menke, *Kraft. Ein Grundbegriff ästhetischer Anthropologie*, Frankfurt/M.: Suhrkamp 2008, Kap. III.

ten sozialen Formen und Normen. Und zwar ist die Befreiung auch dort verändernd, wo die sozialen Formen in der befreienden Wiederholung ihrer Bildung inhaltlich gleich bleiben. Sie sind nicht mehr dieselben, denn sie erscheinen in ihrem Werden aus ihrem Gegenteil und verlieren daher die Notwendigkeit, die ihnen als zweite Natur zukam.

Die zweite Bedeutung der Wiederholungslogik der Befreiung ist, genau entgegengesetzt, die *Ohnmacht* der Befreiung. Wenn es die Befreiung, den Schritt von der Natur zur Freiheit, nur im Modus der Wiederholung der disziplinierenden Bildung, der Ersetzung von erster durch zweite, von natürlicher durch soziale Notwendigkeit gibt, dann kann es keinen Zustand, kein »Reich« der Freiheit geben. Es bleibt ein konstitutives Moment sozialer Normen, daß sie bloß »sind«, daß das Selbst sie »unmittelbar hat«.[37] Oder: Es bleibt ein konstitutives Moment der Freiheit, im Werden, also im Prozeß der Befreiung zu sein. Denn Befreiung ist der »Durchgang« (Hegel) durch notwendige oder ansichseiende soziale Normen: ihre Hervorbringung in der Arbeit der Bildung *und* ihre Transformation im Spiel der Wiederholung. Aber das zweite immer nur nach dem ersten. Die Befreiung steht immer noch aus und kommt daher immer zu spät.

37 Das gilt auch noch für die Freiheit des Denkens – sofern das Denken anthropologisch, als eine *menschliche* Tätigkeit begriffen wird. Der Grund dafür ist: »Es ist in Namen, daß wir denken.« (*Enz* §462 A, S. 278) »Dies Dasein ist unseren Gedanken absolut notwendig. Wir wissen von unseren Gedanken nur dann, haben nur dann bestimmte, wirkliche Gedanken, wenn wir ihnen die Form der Gegenständlichkeit, des Unterschiedenseins von unserer Innerlichkeit, also die Gestalt der Äußerlichkeit geben.« (*Enz* §462 Z, S. 280) Daß das Denken sich nur »in Namen« vollzieht heißt, daß es Nachdenken *über* die Namen ist. Es ist der Versuch, die auswendig gelernten Bestimmungen zu inneren, eigenen zu machen: sie sich anzueignen oder sie zu verwandeln. Denken ist Transformation des Gedächtnisses in Gedanken. So ist das Denken Denken der Sprache: Denken in der Sprache über die Sprache. Dazu ausführlicher unten, Kap. 5.

3.
Geist und Leben
Von der Phänomenologie zur Genealogie

Die *Phänomenologie des Geistes*, so hat Hegel in der Einleitung ihr Programm beschrieben, zeichnet den »Weg der Seele« nach, den sie »durchwandert, daß sie sich zum Geiste läutere«.[1] Es geht in der *Phänomenologie des Geistes* um das »Werden« des Geistes als Werden des Geistes zu sich oder durch die Verwandlung der »Seele« in den »Geist« als ihre wahre Gestalt. Doch dieser Weg ist, phänomenologisch verstanden, nicht der »geheimnißvolle Weg« »nach Innen«, von dem Novalis spricht;[2] er führt nicht statt ins »Weltall« in die »Tiefen unseres Geistes«. Sondern der Weg führt die Seele nur zum Geist, wenn sie »die Reihe ihrer Gestaltungen, als durch ihre Natur ihr vorgesteckter Stationen, durchwandert« und »durch die vollständige Erfahrung ihrer selbst zur Kenntnis dessen gelangt, was sie an sich selbst ist«. (*PhG*, S. 72) Der »Weg der Seele« als »Werden des Geistes« ist ein Erfahrungsprozeß, und

> Erfahrung wird eben diese Bewegung genannt, worin das Unmittelbare, das Unerfahrene, d. h. das Abstrakte, es sei des sinnlichen Seins oder des nur gedachten Einfachen, sich entfremdet, und dann aus dieser Entfremdung zu sich zurückgeht und hiermit jetzt erst in seiner Wirklichkeit und Wahrheit dargestellt, wie auch Eigentum des Bewußtseins ist. (*PhG*, S. 39)

Erfahrung ist also der Prozeß, in dem der »neue wahre Gegenstand [...] entspringt«; das geschieht durch die dialektische »Bewegung«, der das »Unerfahrene« ausgesetzt wird. Mit wiederum anderen Worten Hegels: Die Erfahrung beginnt mit der »Erscheinung« des

1 Georg Friedrich Wilhelm Hegel, *Phänomenologie des Geistes* (nachfolgend zitiert als *PhG*), Theorie-Werkausgabe, Frankfurt/M.: Suhrkamp 1969-70, Bd. 3, S. 72.

2 »Die Fantasie setzt die künftige Welt entweder in die Höhe, oder in die Tiefe, oder in der Metempsychose zu uns. Wir träumen von Reisen durch das Weltall: ist denn das Weltall nicht in uns. Die Tiefen unseres Geistes kennen wir nicht. – Nach Innen geht der geheimnißvolle Weg. In uns, oder nirgends ist die Ewigkeit mit ihren Welten, die Vergangenheit und Zukunft.« (Novalis, *Blüthenstaub*, Nr. 16, in: *Werke*, Bd. 2, hg. von Hans-Joachim Mähl, München, Wien: Hanser 1978, S. 225-286, hier S. 233.)

Gegenstands und führt zum – das heißt verwandelt sie in – Wissen. Wenn daher der »Weg der Seele« als »Werden des Geistes« phänomenologisch verstanden ein Prozeß der Erfahrung ist, so bedeutet dies zweierlei: daß es der Weg ist, auf dem die Seele erkennt, daß sie in Wahrheit Geist ist, und daß die Seele zu dieser Einsicht in ihre Wahrheit als Geist nur gelangt, wenn sie mit ihren Erscheinungen, mit sich als Erscheinung beginnt.

Es bedarf der Läuterung zum Geist nur, weil wir uns zunächst verstellt sind; weil wir uns durch die Bilder und Gedanken, in denen wir mit uns bekannt sind, gerade nicht erkennen können. Zugleich aber sind diese Erscheinungen, die uns für uns verstellen, alles was wir haben. Nur *durch* die verstellenden Erscheinungen gelangen wir zum Wissen von uns. Das hält die beiden Bedeutungen von »Phänomenologie« zusammen: Das Wissen von den Erscheinungen entschlüsselt diese als Erscheinungen des Wissens. »Phänomenologie des Geistes« heißt, den Prozeß zu durchlaufen, in dem die Seele durch die Erfahrung ihrer Erscheinungen zum Wissen von sich als Geist gelangt. So ist zu verstehen, daß die *Phänomenologie des Geistes* die Erinnerung des Geistes an sein Werden festhält: Es ist die Erinnerung daran, wie der Geist, durch die (Selbst-) Erfahrung ihrer Erscheinungen, zur Wahrheit der Seele geworden ist.

Dem steht ein zweites Verständnis vom Werden des Geistes gegenüber: nicht das Werden des Geistes als das Werden des Begriffs, in dem die Seele sich erfaßt, sondern das Werden des Geistes als der Fähigkeit des Normativen, die die Seele auszuüben vermag. Das erste Verständnis vom Werden des Geistes kann »phänomenologisch« genannt werden, weil es darin um die Selbsterfahrung, um den Gewinn eines angemessenen Selbstverständnisses der Seele von ihren Leistungen geht (die darin am Ende als »geistige« beschreibbar werden). Demgegenüber kann das zweite Verständnis vom Werden des Geistes »genealogisch« genannt werden. In einer genealogischen Betrachtung geht es um die Herkunft des Geistes als Inbegriff derjenigen Fähigkeiten, durch die die Seele jene Leistungen zu erbringen vermag; es geht darum, wie die Seele geistige Fähigkeiten *erwirbt*, und damit auch darum, wie sie sie *hat*. Erzählt die Phänomenologie mithin die Geschichte einer Selbstaufklärung – die »Geschichte der *Bildung* des Bewußtseins selbst zur Wissenschaft« (*PhG*, S. 73), also der Bildung des *Begriffs* des Geistes –, so rekonstruiert die Genealogie die Vor- oder Naturgeschichte, in der der Geist als normative Fähigkeit Existenz gewinnt.

Beide Geschichten sehen den Geist und die Seele, den Geist und seinen Ort oder Träger, in einem je anderen Verhältnis. Das phänomenologische Werden besteht im Hervorgehen der Identität von Seele und Geist: Daß die Seele in Wahrheit Geist ist, ist das Resultat des phänomenologischen Erfahrungs- oder Erinnerungsprozesses. In diesem Prozeß zergeht die anfänglich erscheinende Differenz von Seele und Geist als bloßer Schein; sie ist ein Selbstmißverständnis, von dem die Seele, so Hegel, geläutert oder gereinigt wird.

Das genealogische Werden dagegen beginnt mit einer Gestalt der Seele, die – tatsächlich – noch nicht Geist ist; nicht, weil sie sich noch nicht als Geist versteht, sondern weil sie die Fähigkeit des Geistes nicht besitzt. *Diese* Differenz von Seele und Geist bleibt, gerade weil sie kein einfacher, bloßer Unterschied ist, unaufhebbar bestehen. Die Genealogie untersucht die Herkunft des Geistes aus dem (und gegen das), was er nicht ist – aus dem Geistlosen. Deshalb sieht sie, was die Phänomenologie nicht sieht: das unauflösbare, unüberwindbare Verhältnis auch des gebildeten Geistes zum Geistlosen.

Es geht zwischen der Phänomenologie und der Genealogie mithin um die Frage, *wie*, wie *sehr* die Seele Geist sein oder werden kann; darum, wie viel von uns Geist werden kann. Aber das ist in Wahrheit die Frage, wie der Geist – der Geist, der dadurch definiert ist, daß es ihn nur durch sein Werden in der Seele gibt, der Geist also als gewordener – besteht: ob er seine Vollendung in einer Gestalt gewinnt, die sich von seinem Anderen freigemacht hat, oder ob er sie gerade in seiner Nichtvollendung, seiner irreduziblen Andersheit findet. Zwischen der Phänomenologie und der Genealogie geht es also um die Frage nach der Freiheit des Geistes.

Um dies zu verstehen, muß zunächst der Unterschied zwischen der phänomenologischen und der genealogischen Betrachtung genauer erläutert werden; das tue ich, indem ich einige programmatische Formulierungen Hegels und Herders einander gegenüberstelle (a). Diese Gegenüberstellung betrifft die Logik und Dynamik im Werden der Seele zum Geist. Sie ist aber darin begründet, wie die Phänomenologie und die Genealogie das Verhältnis von Geist und Leben verstehen. Denn die Seele, die (noch) nicht Geist ist, ist Leben. Das Leben ist daher die Voraussetzung des Geistes. Zugleich aber zeigt die *Phänomenologie des Geistes* – und setzt sich damit in Widerspruch zu der Anthropologie und Naturphilosophie ihrer Zeit –, daß die Seele in ihrer Läuterung zum Geist ihr Selbstverständnis als lebendige überschreitet. Als Geist ist die Seele nicht mehr (wie) das Leben; als geistig verstandene und vollzogene Akte gehen sie über die Logik des Lebendigen hinaus. Dieses Argument ist überzeugend, soweit es zwei Typen von Fähigkeiten unterscheidet, die Hegel als (lebendige) Kraft des »Ausdrucks« und (geistiges) Vermögen der »Äußerung« bezeichnet (b).

Die phänomenologische Unterscheidung zwischen Geist und Leben muß aber mit der genealogischen Einsicht in ein »gegenteleologisches« Moment im Werden des Geistes aus dem Leben verbunden werden. So lautet die These, die abschließend am Prozeß des Sprechenlernens erläutert wird: Daß der Geist vom Leben strukturell unterschieden ist, bedeutet nicht, daß der Geist sich jemals vom Leben vollständig zu unterscheiden vermag. Der Geist ist nicht das Vermögen oder er hat nicht die Macht der Freiheit vom Leben. Zwar ist der Geist nicht (wie) das Leben; aber zugleich sind die Äußerungen des Geistes nur möglich, nur gelungen und frei, wenn sie von der Kraft lebendigen Ausdrucks durchsetzt bleiben (c).

a. Rückgang in den Grund

Die *Phänomenologie des Geistes* war nach einer anfänglichen, in der Druckfassung nicht ausgewiesenen Gliederung in zwei »Hälften« aufgeteilt, deren erste Hegel als Einleitung konzipiert hatte;[3] sie umfaßt die ersten fünf Kapitel und rekonstruiert den Prozeß, der zur Herausbildung des Geistbegriffs führt. Im Vorspann des sechsten Kapitels, mit dem die zweite Hälfte und eine andere Geschichte, die der »realen Geister« als »Gestalten einer Welt« beginnt (*PhG*, 326), reformuliert Hegel die Logik der bisherigen Erfahrungsgeschichte, in der erst der Begriff des Geistes gewonnen wurde, so:

3 Vgl. Ludwig Siep, *Der Weg der Phänomenologie des Geistes*, Frankfurt/M.: Suhrkamp 2000, S. 79-82.

Der Geist ist hiemit das sich selbst tragende absolute reale Wesen. Alle bisherigen Gestalten des Bewußtseins sind Abstraktionen desselben; sie sind dies, daß er sich analysiert, seine Momente unterscheidet und bei einzelnen verweilt. Dies Isolieren solcher Momente hat ihn selbst zur *Voraussetzung* und zum *Bestehen*, oder es existiert nur in ihm, der die Existenz ist. Sie haben so isoliert den Schein, als ob sie als solche *wären*; aber wie sie nur Momente oder verschwindende Größen sind, zeigte ihre Fortwälzung und Rückgang in ihren Grund und Wesen; und dies Wesen eben ist diese Bewegung und Auflösung dieser Momente. (*PhG*, S. 325 f.)

Das also heißt »Geschichte« in einer Phänomenologie des Geistes: »Fortwälzung und Rückgang [der »Gestalten des Bewußtseins«] in ihren Grund und Wesen«, Hervortreten der ihnen selbst verborgenen »Voraussetzung«. Die Hegelsche Phänomenologie beginnt mit »Gestalten des Bewußtseins«, von denen sie dann erfährt, daß ihr »Bestehen« nur verstanden werden kann, wenn sie nicht als isolierte, für sich bestehende und in sich begründete (»als ob sie als solche wären«), sondern als »Momente« des ihnen zugrundeliegenden Vollzugs des Geistes gesehen werden. Durch diese »Bewegung«, in der die anfänglichen Gestalten in ihrer »Abstraktion« erkannt werden, *wird* der Geist erst für uns: erkennen wir diese Gestalten *als* Momente des Geistes. Und das heißt auch, daß erst durch diese Bewegung, in der der Geist sich als Grund erweist, der Begriff des Geistes seine Bestimmung erfährt. In phänomenologischer Perspektive ist »Geist« nicht mehr und nichts anderes als der Name für das, was sich im Prozeß der Erfahrung als Grund erweist.

Die Selbsterfahrung des Geistes

Die argumentative Struktur dieses Erfahrungsprozesses zeigt sich deutlich an seinem ersten großen Schritt, in dem im Ausgang vom Begriff des Bewußtseins der des Geistes eingeführt wird. »Bewußtsein« heißt ein erkennender Gegenstandsbezug, der sich am normativen Unterschied zwischen (bloßem) Meinen und (wirklichem) Sagen orientiert. Hegels erste These lautet nun, daß in solchem »Bewußtsein« von Gegenständen immer schon ein »Wissen von sich selbst« (*PhG*, S. 138) oder eben »Selbstbewußtsein« vorausgesetzt ist: weil »das Bewußtsein vom Dinge nur für ein Selbstbewußtsein möglich ist« (S. 135). Mehr noch: Das Bewußtsein von Dingen hat im Wissen von sich, im Wissen davon, was überhaupt ein Ding ist und was für ein Ding dieses ist (kurz: im Wissen von den »Kriterien«[4] für Dinge und für diese Dinge), seine »Wahrheit«, weil seinen »Grund und Wesen«. Gegenstandsbewußtsein *ist* Selbstbewußtsein, denn unser Wissen von Gegenständen ist nichts anderes als eine Anwendung von unseren Kriterien. Weiterhin gilt für das Selbstbewußtsein, als Wissen also von den Kriterien, die das Bewußtsein von Dingen ermöglichen, daß es nur als »ein *Selbstbewußtsein für ein Selbstbewußtsein*« möglich ist (S. 144); Selbstbewußtsein, Wissen von den Kriterien, das dem Wissen von den Dingen zugrunde liegt, kann es nur als »Anerkanntes« (S. 145) geben. »Hiemit«, so kommentiert Hegel diesen entscheidenden Schritt,

> ist schon der Begriff *des Geistes* für uns vorhanden. Was hier für das Bewußtsein weiter wird, ist die Erfahrung, was Geist ist, diese absolute Substanz, welche in der vollkommenen Freiheit und Selbständigkeit ihres Gegensatzes, nämlich verschiedener für sich seiender Selbstbewußtsein[e], die Einheit derselben ist: *Ich*, das *Wir*, und *Wir*, das *Ich* ist. Das Bewußtsein hat erst in dem Selbstbewußtsein, als dem Begriffe des Geistes, seinen Wendungspunkt, auf dem es aus dem farbigen Scheine des sinnlichen Diesseits und aus der leeren Nacht des übersinnlichen Jenseits in den geistigen Tag der Gegenwart einschreitet. (*PhG*, S. 145)

»*Ich*, das *Wir*, und *Wir*, das *Ich* ist«, ist die Bestimmung des Geistes, der durch die Erfahrung, daß es Selbstbewußtsein nur als »Anerkanntes« geben kann, als Grund hervortritt. Damit ist gesagt, daß mein Wissen von den Gegenstandsbewußtsein ermöglichenden Kriterien nur als *unser* Wissen möglich ist: Mein Wissen muß als ein Repräsentant unseres Wissens anerkannt sein, das es umgekehrt gar nicht anders denn in der Repräsentation durch mein (oder dein oder ihr oder sein) Wissen gibt. Daß es Selbstbewußtsein nur als »Anerkanntes« geben kann, heißt also, daß es das einzelne Selbstbewußtsein (»Ich«) nur in der Teilhabe an einer sozial geteilten Praxis (»Wir«) geben kann, die von diesem einzelnen Selbstbewußtsein ebenso realisiert wie repräsentiert wird.[5] Mit dieser Einsicht tritt

4 Hier und im folgenden im Sinn von Stanley Cavells Wittgenstein-Deutung; vgl. Stanley Cavell, *Der Anspruch der Vernunft. Wittgenstein, Skeptizismus, Moral und Tragödie*, Frankfurt/M.: Suhrkamp 2006, Kap. I und IV.

5 Das bedeutet auch, daß die soziale Praxis (das »Wir«) nicht durch eine Anerkennungsbeziehung zwischen einem Ich und einem anderen Ich, also zwischen Ich und Du konstituiert wird. Denn es gibt kein Ich vor seiner Teilhabe an einer sozi-

der Geist, die Einheit von Ich und Wir, als Grund von Bewußtsein wie Selbstbewußtsein hervor oder sind Bewußtsein und Selbstbewußtsein im Geist zugrunde gegangen: Während sie zunächst eigenständige »Gestalten« zu sein schienen, erweisen sie sich nun als »Abstraktionen«, die in Wahrheit »Momente« eines auf sie irreduziblen Zusammenhangs sozialer Praxis sind.

Hegel beschreibt in der angeführten Formulierung den Prozeß, in dem der Begriff des Geistes gewonnen wird, auch noch in einer anderen Weise, die einen Ausblick auf den nächsten Schritt der phänomenologischen Entwicklung gibt. Denn zwar »hat das Bewußtsein [...] in dem Selbstbewußtsein, als dem Begriffe des Geistes« insofern »seinen Wendungspunkt«, als nun zum ersten Mal klar geworden ist, worin »Grund« und »Wesen« von Bewußtsein wie Selbstbewußtsein bestehen; eben im Geist: »*Ich*, das *Wir*, und *Wir*, das *Ich* ist«. Zugleich »schreitet« mit dieser Einsicht das sich bildende Selbstverständnis »aus dem farbigen Scheine des sinnlichen Diesseits und aus der leeren Nacht des übersinnlichen Jenseits in den geistigen Tag der Gegenwart« ein. Nachdem es bisher um die Einsicht ging, daß Gegenstands- und Selbstbewußtsein nicht

alen Praxis. Sie ist, so erläutert Jürgen Habermas Hegels Geistbegriff, »das Medium, *in* dem ein Ich mit einem anderen Ich kommuniziert, und *aus* dem, als einer absoluten Vermittlung, beide zu Subjekten wechselseitig sich erst bilden« (Jürgen Habermas, »Arbeit und Interaktion. Bemerkungen zu Hegels Jenaer ›Philosophie des Geistes‹«, in: ders., *Technik und Wissenschaft als ›Ideologie‹*, Frankfurt/M.: Suhrkamp 1968, S. 13). Im Zentrum von Hegels Geistbegriff steht damit genau die Einsicht, in der Robert B. Brandom den Grundfehler geläufiger Weisen sieht, die Gemeinschaft (der Sprachverwender) als Möglichkeitsbedingung individueller Sprechhandlungen zu verstehen. Er nennt dies den Fehler, »Ich-wir-Beziehungen statt Ich-du-Beziehungen als die grundlegende soziale Struktur zu behandeln. Beurteilen, Billigen usw. sind alles Dinge, die wir Einzelne tun und einander zuerkennen, und wodurch eine Gemeinschaft, ein ›Wir‹ entsteht. Doch diese Einsicht wird durch eine Ich-wir-Brille verzerrt.« (Robert B. Brandom, *Expressive Vernunft. Begründung, Repräsentation und diskursive Festlegung*, Frankfurt/M.: Suhrkamp 2000, S. 84. In einer Anmerkung zum ersten Satz verweist Brandom zustimmend auf Davidson als »notable exception« zu diesem gewöhnlich gemachten Fehler [S. 910].) Habermas' Reformulierung und Brandoms Kritik des Ich-Wir-Modells zeigen, daß zwei Dinge unterschieden werden müssen: Zu behaupten, wie es Hegels Geistbegriff tut, daß es das Ich nur in Teilhabe an einem vorgängigen Wir gibt, bedeutet nicht, das Wir als eine unabhängig von den Vollzügen einer Pluralität von Ichs existierende Substanz zu verstehen. Wir und Ich konstituieren sich nur in einem Zug.

selbständig und nur aufgrund des Geistes möglich sind, geht es nun darum, zu einem angemessenen Verständnis der damit, als »Geist«, bezeichneten Struktur zu gelangen. Denn was der Geist ist, ist bisher nur negativ bestimmt: als Unselbständigkeit des einzelnen Selbstbewußtseins und seine Angewiesenheit auf ein anderes; das Selbstbewußtsein muß ein »Anerkanntes« sein. Daß das Anerkanntsein des einzelnen Selbstbewußtseins nur in der angeführten Struktur des Geistes, also nur durch die wechselseitige Abhängigkeit von Ich und Wir verwirklicht werden kann, ist dagegen noch nicht gezeigt. Diese Struktur ist in Hegels Terminologie an dieser Stelle nur erst »für uns« oder »an sich« gewonnen; das heißt im Vorgriff auf eine erst noch zu machende Erfahrung. Diese geht, wie alle Erfahrung in der *Phänomenologie des Geistes*, aus dem Scheitern hervor: aus dem Scheitern aller anderen Versuche, das Anerkanntsein des Selbstbewußtseins zu denken. Diese anderen, defizitären, weil noch nicht »geistigen« Verständnisse bilden das weite Feld dessen, was Hegel hier, in der *Phänomenologie des Geistes*, »Vernunft« nennt.

Auch die Figuren der »Vernunft« sind, wie Gegenstands- und Selbstbewußtsein, »Momente« des Geistes. Der Begriff des Moments hat die doppelte Bedeutung zugleich des Elements und des Modells. Nicht erst die »Gestalten einer Welt«, die der zweite Teil der *Phänomenologie des Geistes* untersucht, auch die Figuren des ersten Teils gibt es in der Praxis des Geistes; sie sind Aspekte seiner Wirklichkeit. Indem diese Elemente aber aus dieser Praxis herausgenommen, isoliert und abstrahiert werden, bilden sie zugleich Modelle, die sie verzerren, ja unverständlich erscheinen lassen.[6] Diese Modelle diskutiert die *Phänomenologie des Geistes* so,

6 Das gilt für die Figuren des Vernunftkapitels in einem anderen Sinne als für die in »Bewußtsein« und »Selbstbewußtsein«. Während diese partikulare Elemente der geistigen Praxis herausgreifen, sie aus sich heraus zu verstehen versuchen und damit das Teil zum Ganzen, die Folge zum Grund verkehren, beziehen sich die »Vernunft« genannten Denkformen auf die bereits gewonnene Grundstruktur der Anerkennung selbst. Dabei verstehen sie die Angewiesenheit des Selbstbewußtseins auf ein anderes Selbstbewußtsein so, daß sie dieses andere Selbstbewußtsein gegenständlich, als die Welt, auf die es sich bezieht, verstehen. Für das Selbstbewußtsein als »Vernunft« ist sein Gegenstand »in der Form der Dingheit, d. h. er ist *selbständig*; aber es [sc. das »vernünftige« Selbstbewußtsein] hat die Gewißheit, daß dieser selbständige Gegenstand kein Fremdes für es ist; es weiß hiemit, daß es *an sich* von ihm anerkannt ist [also: das »vernünftige« Selbstbewußtsein weiß, daß es »an sich« von seinem Gegenstand, der in der »Form der Dingheit« erscheint,

daß sie sie mit sich selbst konfrontiert; sie also daraufhin befragt, ob sie verstehen können, was sie sind und tun. Das ist der Sinn der phänomenologischen Geschichte, die den »Rückgang« der Erscheinungen »in ihren Grund« verfolgt. Das Werden des Geistes, von dem diese Geschichte berichtet, ist das Werden des Begriffs, das Werden eines angemessenen Selbstverständnisses des Geistes. Das setzt immer schon voraus, daß es Geist gibt: Was als »Bewußtsein«, »Selbstbewußtsein«, »Vernunft« erscheint, kann es nur geben, weil es sein Bestehen als oder im Geist hat. Indem der Geist sich als »Geist« zu bezeichnen und zu begreifen lernt, erfährt er mithin, daß er immer schon existierte, weil praktiziert wurde. Anfang und Ende im phänomenologisch nachvollzogenen Werden des Geistes entsprechen sich: Es sind die geistigen Vollzüge, von denen die Phänomenologie zeigt, daß sie geistige sind.

Tautologisch ist das nicht; denn was »geistig« heißt, was also der Geist ist, klärt sich erst in diesem Prozeß. In ihm bildet sich der Begriff des Geistes. Dadurch verändert sich auch die Praxis, die er begreift: Es macht einen praktischen Unterschied – einen Unterschied im Vollzug –, ob das Erkennen von Gegenständen, der Bezug zu sich und die Struktur der Anerkennung als »Bewußtsein«, »Selbstbewußtsein« und »Vernunft« konzeptualisiert werden oder aber ob sie als Geist begriffen werden. Dabei bleibt die phänomenologische Geschichte aber nur verständlich, wenn dieser Unterschied – zugleich im Begreifen und im Vollzug, in der Theorie und in der Praxis – als ein Unterschied *desselben* verstanden werden kann. »Rückgang in den Grund« heißt: Der Geist erkennt sich als von Anfang an schon seiend.

anerkannt ist]; es ist der *Geist*, der die Gewißheit hat, in der Verdopplung seines Selbstbewußtseins und in der Selbständigkeit beider seine Einheit mit sich zu haben.« (*PhG*, S. 263) Das macht die »Vernunft« zur Erscheinung, zur Artikulation *und* Verstellung des »Geistes«. Geist – »*Ich*, das *Wir*, und *Wir*, das *Ich* ist« – wird durch die oder in der Vernunft so verstanden, daß »Ich [...] die freie Einheit mit den Anderen in ihnen so an[schaue], daß sie [sc. die »freie Einheit«] wie durch mich, so durch die anderen selbst ist, – sie als mich, mich als sie.« (S. 266) In der Vernunft erscheint das praktische Verhältnis der Teilhabe von Ich und Wir als ein theoretisches Verhältnis der Anschauung von Ich und Sie (oder Sie und Mich). – Zu Hegels phänomenologischem Vernunftbegriff siehe Klaus Düsing, »Der Begriff der Vernunft in Hegels ›Phänomenologie‹«, in: Hans Friedrich Fulda/Rolf-Peter Horstmann (Hg.), *Vernunftbegriffe in der Moderne*, Stuttgart: Klett-Cotta 1994, S. 245-260.

Der Begriff des Geistes, der sich phänomenologisch als Grund erweist, bezeichnet eine Struktur, die Hegel als Vermittlung von Ich und Wir – »*Ich*, das *Wir*, und *Wir*, das *Ich* ist« – beschreibt. Allein in dieser Struktur, im Vollzug dieser Vermittlung, sind die Akte möglich, die die Ausdrücke »Bewußtsein«, »Selbstbewußtsein« und »Vernunft« nur so bezeichnen können, daß sie sie verzeichnen: Die Struktur des Geistes ist der »Grund«, weil sie ermöglichend ist. Daher ist der Begriff des Geistes zugleich der Inbegriff der Fähigkeiten, die Subjekte haben müssen, um jene Akte des Erkennens, Anerkennens, Urteilens usw. vollziehen zu können. Daß das Ich Subjekt ist heißt, daß es Geist hat oder ist, und dies besagt, daß es diese Struktur zu realisieren vermag: daß das Ich Wir sein *kann*. Von dieser Fähigkeit des Geistes zeigt die phänomenologische Untersuchung, daß sie die Voraussetzung dafür ist, daß das Ich ebenso etwas wissen wie sich verstehen kann: Jede subjektive Fähigkeit hat die Struktur des Geistes, ist eine Fähigkeit des Geistes oder geistig.

Dies zu begreifen heißt, den phänomenologischen Rückgang in den Geist als Grund zu vollziehen. Die umgekehrte Fragerichtung lautet, wie dieser Grund selbst hervorgebracht wird: Wie entsteht der Geist als Fähigkeit oder die Fähigkeit des Geistes? Aus welchem vorgängigen Grund bildet sich der geistige Grund? Das ist die Frage, die nach Herder eine Philosophie stellt, die sich als »Anthropologie« versteht.[7] Wie sich damit das Verständnis des Geistes ändert, hat er in seiner Abhandlung (die der Untertitel »Bemerkungen und Träume« nennt) *Vom Erkennen und Empfinden der menschlichen Seele*[8] beschrieben, indem er die Einsicht, daß das Subjekt und da-

7 Hegels Anthropologie (in seiner *Enzyklopädie der philosophischen Wissenschaften*, Bd. III, in: Theorie-Werkausgabe, Bd. 10) ist diesem Vorhaben verwandt; siehe dazu die Hinweise in Michael Wolff, *Das Körper-Seele-Problem. Kommentar zu Hegel, Enzyklopädie (1830), § 389*, Frankfurt/M.: Klostermann 1992. Von der Frage, wie Hegels enzyklopädische Anthropologie im Unterschied zum Vernunftkapitel der *Phänomenologie* das Verhältnis von Geist und Leben denkt, sehe ich hier ab. Siehe dazu Kap. 5.

8 Johann Gottfried Herder, *Vom Erkennen und Empfinden der menschlichen Seele. Bemerkungen und Träume* (nachfolgend zitiert als *EE*), in: ders., *Schriften zu Philosophie, Literatur, Kunst und Altertum 1774-1787* (= *Werke*, Bd. 4), hg. von Jürgen Brummack/Martin Bollacher, Frankfurt/M.: Deutscher Klassiker Verlag 1994,

mit der Geist durch das Erlernen einer Sprache geboren werden, der Philosophie des Rationalismus entgegenhält:

Meistens ist diese »*Geburt unsrer Vernunft*« den Weisen unsrer Welt so unanständig, daß sie sie ganz verkennen und ihre Vernunft als ein eingewachsenes, ewiges, von allem unabhängiges, untrügliches Orakel verehren. Ohne Zweifel gingen diese Weisen nie im langen Kleide, lernten nie sprechen, wie ihre Wärterinnen sprachen, oder haben vielleicht gar keinen eingeschränkten »Empfindungskreis«, keine *Mutter-* und *Menschensprache.* Sie sprechen wie die Götter: d. i. sie *denken rein* und erkennen ätherisch, daher denn auch nichts als Götter- und Vernunftsprüche von ihren Lippen kommen können. Alles ist ihnen angeboren, eingepflanzt, der Funke untrüglicher Vernunft, ohne einen Prometheus, vom Himmel gestohlen. Laßt sie reden und ihre Bildwörter anbeten: sie wissen nicht, was sie tun. Je tiefer jemand in sich selbst, in den Bau und Ursprung seiner edelsten Gedanken hinab stieg, desto mehr wird er Augen und Füße decken und sagen: »was ich bin, bin ich geworden. Wie ein Baum bin ich gewachsen: der Keim war da; aber Luft, Erde und alle Elemente, die ich nicht um mich satzte, mußten beitragen, den Keim, die Frucht, den Baum zu bilden«. (*EE*, S. 359)

Wie der Phänomenologie, so geht es auch einer Genealogie des Geistes um den Weg, auf dem sich die Seele, aus anfänglicher Unwissenheit – die Herder als die der rationalistischen »Weisen unserer Welt« beschreibt –, zur Wahrheit über sich selbst läutert. Wie die Phänomenologie, so beginnt daher auch die Genealogie des Geistes mit einer Umkehrung des traditionell skeptischen Problems, daß es nicht das Wissen vom anderen (der äußeren Welt da draußen oder der fremden Person uns gegenüber) ist, das uns verstellt ist, sondern daß wir selbst es sind, die sich entzogen sind. »[Wir] verstehen uns nicht, wir *müssen* uns verwechseln, für uns heisst der Satz in alle Ewigkeit ›Jeder ist sich selbst der Fernste‹, – für uns sind wir keine ›Erkennenden‹ ...«, heißt es am Anfang von *Zur Genealogie der Moral.*[9] Aber wie Nietzsches Abhandlung dann zum

S. 327-394. Das Folgende ausführlicher in Christoph Menke, *Kraft. Ein Grundbegriff ästhetischer Anthropologie*, Frankfurt/M.: Suhrkamp 2008, Kap. III.

9 Friedrich Nietzsche, *Zur Genealogie der Moral*, Vorrede, 1. Abschnitt, in: *Kritische Studienausgabe*, hg. von Girogio Colli/Mazzino Montinari, München, Berlin, New York: dtv/de Gruyter [2]1988, Bd. 5, S. 247 f. Zu dieser Stelle (die er als Emerson-Bezug deutet) siehe Stanley Cavell, *This New Yet Unapproachable America. Lectures after Emerson after Wittgenstein*, Albuquerque: Living Batch Press 1989, S. 24-26.

Schluß festhält, liegt das genealogisch verstanden daran, daß wir uns immer ›zu nahe stehen‹;[10] daß wir keine Distanz zu uns gewinnen. Für den Genealogen, Herder wie Nietzsche, besteht der Fehler darin, den Geist aus sich heraus verstehen zu wollen. Wie man den Geist dagegen richtig versteht, sagt Herders zentraler Satz »Was ich bin, bin ich geworden«. Der Geist muß als entstanden und damit in seiner Herkunft betrachtet werden. Nur eine Betrachtungsweise, die die »Genesis« des Geistes aus seinem vorgängigen »Grund« erfaßt, vermag zu verstehen, wie er verfaßt ist.

In dem angeführten Zitat bestimmt Herder den Grund des Geistes, dessen genealogische Erschließung er der Selbstverfehlung der rationalistischen Philosophen gegenüberstellt, auf zweifache Weise. In der einen Beschreibung heißt es von diesen Philosophen, sie redeten, als wenn sie »nie im langen Kleide« gingen, »nie sprechen [lernten], wie ihre Wärterinnen sprachen«, »keine Mutter- und Menschensprache« haben. Nicht Sprache, sondern Sprechen*lernen* von anderen, generell: ein Prozeß der Sozialisierung mittels Lehre und Übung ist dagegen die Weise, wie jemand Vernunft oder Geist erwirbt. Das beschreibt Herder an anderer Stelle so:

> Diese Lehre, dieser Sinn eines Fremden, der sich in uns einprägt, gibt unserm Denken seine ganze Gestalt und Richtung. Ohnegeachtet alles Sehens und Hörens und Zuströmens von außen, würden wir in tiefer Nacht und Blindheit tappen, wenn nicht frühe die Unterweisung *für uns* gedacht und gleichsam fertige Gedankenformeln uns eingeprägt hätte. (*EE*, S. 358)

Wenn dies zutrifft, dann heißt das, daß zu Beginn, in den ersten Zeiten ihres Erlernens, Sprechen und Denken noch nicht die Struktur des Geistes haben. Denn Geist besteht nach Hegels wiederholt zitierter Formulierung (»*Ich*, das *Wir*, und *Wir*, das *Ich* ist«) darin, daß ich selbst so wie wir – und daher auch für uns – sprechen und denken kann. Nach Herders Beschreibung dagegen ist Sprechen anfänglich ein Nachsprechen ohne Ich: Man spricht noch nicht selbst, sondern es wird für uns gesprochen oder gedacht; zu Beginn denkt oder spricht ein Wir (oder Es) *durch* das Ich. Der Lernprozeß, in dem der Geist seinen Grund hat, ist geistlos.

Das gilt auch für die zweite Bestimmung des Grundes des Geistes, die in Herders Formulierung enthalten ist. Das illusionäre

10 Nietzsche, *Zur Genealogie der Moral*, Dritte Abhandlung, 24. Abschnitt, S. 399.

Selbstbild, dem die rationalistischen Philosophen anhängen, besteht nicht nur darin, daß sie sich darüber betrügen, anfänglich Gegenstand einer fremden Prägung, von außen, gewesen zu sein. Sie reden auch so, als ob sie »gar keinen eingeschränkten ›Empfindungskreis‹« gehabt haben. Diesen zweiten Vorwurf erläutern Beobachtungen näher, die sich nach Herder an Kindern machen lassen. Jeder, der »Kinder bemerkt hat, wie sie sprechen und denken lernen«, sieht, daß es »äußerer Medien« bedarf, die uns »gewisse Eigenschaften und Seiten der Dinge vorbuchstabieren« (*EE*, S. 358, 357). Aber »Medien« sind sie auch in dem weiteren Sinn, daß sich in ihnen oder durch sie etwas ausdrückt. Auch das bemerkt, wer ein Kind beobachtet: daß es, »wie die Gestalt seines Körpers und Angesichts, auch die Züge seiner Art zu denken und zu empfinden mitbringt«; daß es etwas mitbringt oder als »Gabe« mitbekommen hat, was seine »einzelne Menschenart« ausmacht (385). Es ist dies (nur dies), das Herder »Charakter« oder »Genie« nennt. Gegen dessen deutschen Kult, den Kult des »›Schenie‹«, schreibt er:

> Der bescheidne Deutsche, sagt *Klopstock*, nennts dankbar *Gabe*, und weiter habe ich davon weder Begriff noch Erklärung. *Genie* und *Charakter* sind – – »die einzelne *Menschenart*, die einem Gott gegeben« weder mehr noch minder. (*EE*, S. 380 f.)

Charakter nennt Herder die Kräfte des Auffassens und Ausdrükkens, die in der Seele vorweg schon da sein müssen, damit die Einprägung »fremder« Formeln erfolgen kann; deshalb, weil diese »Keime und Abgründe von Kräften« die Bedingung alles Weiteren sind, bilden sie den »tiefste[n] Grund unsres Daseins« (*EE*, S. 385, 365). Auch für sie aber gilt, daß sie, als Grund des Geistes, selbst nicht geistig sind: Der Charakter ist kein »Ich, das Wir, und Wir, das Ich ist«; er ist ebenso Grund wie Abgrund des geistigen Ich.

Mit diesen Beschreibungen skizziert Herders genealogisch verfahrende Anthropologie eine doppelte Naturgeschichte des Geistes, die sich in drei Schritte zerlegen läßt: In der genealogischen Perspektive geht es im ersten Schritt um eine (Natur-)*Geschichte* des Geistes, weil sie das Entstehen des Geistes nachzeichnet. Die Phänomenologie bestimmt den Geist als Struktur beziehungsweise als die Fähigkeit des Subjekts zu deren Realisierung: Ich, das Wir, und Wir, das Ich ist. Genealogisch muß es dagegen heißen: Ich, das – durch Sozialisierung – Wir, und Wir, das – durch Subjektivierung – Ich *geworden* ist. Erweist mithin die Phänomenologie den Geist als Grund, so betrachtet die Genealogie den Geist als hervorgegangenen Grund, der ebendeshalb auch nicht hätte hervorgehen können. Der Geist ist der Grund der Gestalten des Bewußtseins, aber nicht sein eigener Grund.

Es ist zweitens eine *Natur*geschichte des Geistes, auf die sich die genealogische Perspektive richtet, weil sie die Entstehung des Geistes aus Anlagen und Weisen der Einwirkung aufzeigt, die selbst nicht geistig sind; die nicht die Struktur der geistigen Einheit von Ich und Wir haben. Man kann sie deshalb als »natürliche« bezeichnen. Tritt das Bewußtsein durch seine phänomenologische Selbsterfahrung in den »geistigen Tag der Gegenwart« (Hegel) ein, so führt die genealogische Betrachtung den Geist in seinen »dunklen«, naturhaften Anfang zurück.

Schließlich ist es drittens eine *doppelte* Naturgeschichte des Geistes, die die genealogische Perspektive erschließt. Denn es sind zwei verschiedene, gar auf den ersten Blick konträre Weisen, in der sie die »Geburt der Vernunft« oder des Geistes beschreibt. Der dunkle, weil geistlose Grund des Geistes besteht zum einen in den Prozessen sprachlicher Sozialisierung, in denen dem Kind fremde Formeln eingeprägt werden, zum anderen in den lebendigen Kräften, die im Menschen als individueller Charakter schon gegeben sind. Beide, soziale Einprägung und individueller Charakter, gehen dem Geist voraus; sie sind nicht geistig verfaßt, aber nur aus ihnen entsteht der Geist.

Der grundlegende Zug einer Genealogie des Geistes besteht darin, das Werden des Geistes nicht, wie in der Phänomenologie, als den Prozeß zu verstehen, in dem wir erfahren, daß der Geist unser Grund, weil der Begriff des Geistes für unser Selbstverständnis schlechthin grundlegend ist. Genealogisch verstanden meint das Werden des Geistes vielmehr, daß die Fähigkeit des Geistes selbst aus einem vorgängigen Grund entstanden ist. Die Phänomenologie und die Genealogie des Geistes sprechen also über anderes – oder über dasselbe, aber aus unterschiedlichen Perspektiven: Die Phänomenologie spricht von innen, aus der Perspektive der (Selbst-)Erfahrung des Geistes als derjenigen Struktur, die bestimmte Vollzüge – des Gegenstands-, Selbst- und Fremdbewußtseins – erst möglich macht. Die Genealogie schaut von außen, aus der Perspektive der Entstehung der Fähigkeit des Geistes aus Prozessen und Potentialen, die, wie die Einprägung fremder »Gedankenformeln« und der Ausdruck individueller »Menschenart«, selbst nicht geistig sind.

Aber so einfach ist das Verhältnis der beiden Untersuchungsweisen nicht: Das Verhältnis von Innen und Außen – die Selbsterfahrung des Geistes von innen, die Erklärung seiner Entstehung von außen – erfaßt es nicht. Denn auch in der phänomenologischen Perspektive auf den Bildungsprozeß, in dem der Geist seinen Begriff gewinnt, geht es um das Verhältnis *zum Anderen* des Geistes: um das Verhältnis von Geist und Natur. Und auch in der genealogischen Perspektive auf die Herkunft des Geistes aus der Natur geht es um *sein Selbstverständnis* und damit die Weise, in der er sich vollzieht: um den Begriff (und die Praxis) des Geistes. Diese Gemeinsamkeit von phänomenologischer und genealogischer Perspektive läßt sich auch so bezeichnen, daß es beiden darum geht, *wie der Geist im Verhältnis zur Natur seine Freiheit gewinnt.* Darin liegt zugleich ihr entscheidender Unterschied: wie sie das Verhältnis des Geistes zur Natur als das der Freiheit begreifen.

Um dies zu verstehen, bedarf es zuerst einer näheren Bestimmung des Begriffs der Natur und der Weise, wie er in der phänomenologischen Perspektive eingeführt wird; das führt zum phänomenologischen Begriff des Lebens (b). Danach werde ich die Genealogie des Geistes als einen Gegenvorschlag zur phänomenologischen Bestimmung der Freiheit des Geistes deuten (c).

b. Lebendiger Ausdruck und geistige Äußerung

Die *Phänomenologie des Geistes* diskutiert das Verhältnis des Geistes zur Natur im Organismus-Kapitel der »beobachtenden Vernunft«. Natur bedeutet hier: Leben. Und Leben nennt Hegel das Geschehen, das unter dem »Gesetz« steht, *»daß das Äußere der Ausdruck des Inneren sei«* (*PhG*, S. 212). Als Verknüpfung von Innerem und Äußerem bezeichnet der Begriff des Ausdrucks die entscheidende Differenz des Organischen. »Die Selbsterhaltung des Unorganischen in seiner Beziehung fällt [...] außer der Natur derselben, da es das Prinzip der Bewegung nicht an ihm selbst hat« (S. 219). Dagegen gilt für die Selbsterhaltung des Organischen, deren Vollzüge deshalb »Ausdruck« heißen, daß sie in nichts anderem als dem Inneren, der »Seele« des Organismus, ihr bewegendes Prinzip haben: Einen Prozeß als lebendigen zu erfassen heißt, ihn so zu erfassen – so zu beschreiben wie zu erklären –, daß er allein durch das »Innere« desjenigen Lebewesens, an dem sich dieser Prozeß vollzieht, bestimmt und hervorgebracht ist. Weitere Faktoren müssen bei Prozessen lebendigen Ausdrucks zur Erklärung nur im negativen Fall, dem ihres Scheiterns oder Mißlingens, ins Spiel gebracht werden. Der lebendige Prozeß ist daher nichts als die äußere Darstellung des ihn hervorbringenden Inneren. Umgekehrt ist das lebendige Innere – die Seele eines Lebewesens – die Fähigkeit oder Macht zur Hervorbringung eines äußeren Prozesses: Die Seele ist ein Ensemble von Kräften, die sich in äußeren Prozessen oder Vollzügen ausdrücken, deren inneres Prinzip damit die Kräfte der Seele sind.

Diesen Begriff der Natur, als Leben, diskutiert die *Phänomenologie des Geistes* aus der Perspektive, die das Vernunftkapitel im ganzen bestimmt. Es geht hier um defizitäre Modelle des Geistes, in deren kritischer Erfahrung sich der Geist erst so zeigt, wie er wahrhaft und dadurch als Grund ist. In dem Abschnitt über die »beobachtende Vernunft« sind das Modelle, die den Geist »dinglich«, das heißt, als Inbegriff der beobachtbaren Wirklichkeit zu bestimmen versuchen. Das Leben ist ein solches Modell. Hegel diskutiert den Begriff des Lebens hier also unter der leitenden Frage, ob der Geist sich so angemessen verstehen kann, daß er »sich als ein Ding, als ein Leben« findet oder beobachtet (*PhG*, S. 199).[11] Das Organismus-Kapitel zeigt, daß dies – einerseits – angemessener ist als der Versuch der Vernunft, sich nach dem Modell von durch Gesetze bestimmter »Materie« zu verstehen. In *diesem* Vergleich mit der Materie ist der Geist mithin doch wie das Leben: Geistige und lebendige Prozesse teilen die Grundstruktur, Äußeres als Verwirklichung eines Inneren und damit das Innere als Fähigkeit zur Hervorbringung des Äußeren zu verstehen. Zugleich aber unterscheidet der Geist sich vom Leben, indem er diese gemeinsame Grundstruktur anders ausformt. Das tut der Geist, indem er das

11 Die Perspektive, die das Vernunftkapitel der *Phänomenologie des Geistes* auf das Leben wirft, ist mithin eine besondere und dadurch beschränkte. Siehe dazu Tommaso Pierini, »Die Beobachtung der Natur«, in: Klaus Vieweg/Wolfgang Welsch (Hg.), *Hegels Phänomenologie des Geistes*, Frankfurt/M.: Suhrkamp 2008, S. 311-324, und ausführlich Pirmin Stekeler, *Hegels Phänomenologie des Geistes. Ein dialogischer Kommentar*, Hamburg: Meiner 2014, Bd. 1, S. 821-940.

Verhältnis von Allgemeinem und Einzelnem nach einer anderen Logik organisiert als das Leben.

Mit dem Verhältnis von Allgemeinem und Einzelnem ist in Leben wie Geist das Verhältnis zwischen dem Inneren, als Fähigkeit, und dem Äußeren, als deren Verwirklichung, bezeichnet.[12] Denn jede Fähigkeit ist darin allgemein, daß sie sich als dieselbe in je verschiedenen Vollzügen wiederholt verwirklichen kann. Das gilt ebenso für die Prozesse des Lebens wie für die des Geistes, die Hegel im Gegensatz zum (lebendigen) Ausdruck als »Äußerungen« bezeichnet; Hegel nennt die Äußerungen durch »Sprache und Arbeit« (*PhG*, S. 235). So wie sich in jedem lebendigen Vollzug eine Kraft ausdrückt, so äußert sich in jedem geistigen Prozeß ein vernünftiges Vermögen. Während sich nun aber der lebendige Ausdruck einer Kraft »unmittelbar« vollzieht und also im Leben das Allgemeine und das Einzelne, die Kraft und ihr Ausdruck »unmittelbar« in eins fallen, vollzieht sich die geistige Äußerung des vernünftigen Vermögens mit Bewußtsein.

Dieser Unterschied kann (und soll) nicht besagen, daß in geistigen Prozessen jederzeit und in jeder Hinsicht ein explizites Wissen von ihnen besteht. Der bezeichnete Unterschied zwischen Leben und Geist bezieht sich vielmehr darauf, wie das Allgemeine oder die Fähigkeit jeweils, in der je einzelnen Verwirklichung, »da« ist. So liegt die Unmittelbarkeit des Lebendigen darin, daß sich eine lebendige Kraft in jeder ihrer Instanzen differenzlos manifestiert: Je-

12 Das trifft interpretatorisch nur die eine Hälfte von Hegels Verwendung des Begriffs des Allgemeinen für lebendige Prozesse. Denn Hegel nennt die lebendige Kraft nicht nur deshalb »allgemein«, weil sie dies gegenüber ihren vielen einzelnen Verwirklichungen ist. Daß die lebendige Kraft allgemein ist, versteht er auch so, daß lebendige Kräfte stets die einer natürlichen »Art« oder »Gattung« sind. Daher ist auch ihre Allgemeinheit natürlich. Diese natürliche Allgemeinheit begreift Hegel so, daß sie sich differenzlos instantiiert. Deshalb gilt nach Hegel für den natürlichen Prozeß: »[I]l aboutit là où il a commencé (de l'œuf à l'œuf).« (Alexandre Kojève, *Introduction à la lecture de Hegel*, Paris: Gallimard 1979, S. 83.) Die Allgemeinheit geistiger Fähigkeiten ist dagegen so bestimmt, daß die Differenz von Allgemeinem und Einzelnem für sie konstitutiv ist; siehe dazu unten, S. 499 f. – Dieses Bild schließt es nicht nur aus, daß die lebendigen Prozesse schöpferisch sind; »le processus vital n'est pas créateur« (ebd.). Es schließt auch aus (was Herders Begriff des Charakters ausdrücklich behauptet), daß lebendige Kräfte individuell sind. Ich sehe hier von beiden Festlegungen in Hegels phänomenologischem Lebensbegriff ab. Sie betreffen das Verhältnis von biologischem und ästhetischem Lebensbegriff.

der Ausdruck derselben Kraft ist ein bloß weiterer Fall ihrer Allgemeinheit. Oder: Wenn die Verwirklichung einer lebendigen Kraft von ihr abweicht, wenn sie sich in ihren Besonderheiten über das Allgemeine der Kraft, also »über ihre Bestimmtheit als Art hinwegsetzt« – und das geschieht in lebendigen Vollzügen immer, denn jede Verwirklichung einer Kraft hat eine von ihrem Inneren nicht vollständig bestimmte äußere Seite –, so »fällt« diese Abweichung »außer dem Organisch-Lebendigen« (*PhG*, S. 223). Das Abweichende hat sein bewegendes Prinzip nicht in der lebendigen Kraft und ist insofern nicht mehr ihr lebendiger Ausdruck; es ist das bloß Äußerliche. »Die Differenz zwischen Art und Individuum ist dem animalischen Individuum gar nicht ›bekannt‹. Das [animalische oder lebendige] Individuum vollzieht die Artform ohne ›Bewusstsein‹ der ›Negativität‹ oder Differenz.«[13] Die Differenz zwischen Kraft und Ausdruck kann es im Bereich des Lebens nur um den Preis des Lebens – der Einheitsform des Lebens – geben.

Dagegen gehört die Differenz zwischen Allgemeinem und Einzelnem zum Geist als dessen innerer Bestimmung. Denn die Verwirklichung eines geistigen Vermögens in dessen Äußerung steht zum allgemeinen Gehalt dieses Vermögens nicht im Verhältnis einer Instantiierung, sondern in dem seiner je besonderen Verwendung oder Anwendung. Das Allgemeine eines geistigen Vermögens gibt es in jeder seiner einzelnen Verwirklichungen nur so, daß es für sie da ist: In jeder einzelnen Verwirklichung besteht ein Bewußtsein vom Allgemeinen des geistigen Vermögens. Zum geistigen Vermögen gehört das Wissen um dessen allgemeinen Gehalt in Differenz zu den Einzelheiten seiner jeweiligen Verwirklichungen. Geistige Vermögen haben darin nicht nur, wie alle Fähigkeiten, eine selbstbezügliche, sondern eine selbstbewußte Struktur. Das bestimmt die Akteure geistiger Vermögen als »Subjekte«: Sie sind nicht nur die Träger von Kräften oder der Schauplatz ihres Ausdrucks, sondern sie wenden ihre Vermögen an oder bringen deren Äußerung selbst

13 Stekeler, *Hegels Phänomenologie des Geistes*, S. 928. Zum folgenden siehe Andrea Kern, *Quellen des Wissens. Zum Begriff vernünftiger Erkenntnisfähigkeiten*, Frankfurt/M.: Suhrkamp 2006, Kap. VII. Vgl. Michael Thompson, »Apprehending Human Form«, in: Anthony O'Hear (Hg.), *Modern Moral Philosophy*, Cambridge: Cambridge University Press 2004, S. 47-74.; ders., »Two Forms of Practical Generality«, in: Christopher W. Morris/Arthur Ripstein (Hg.), *Practical Rationality and Preference*, Cambridge: Cambridge University Press 2001, S. 121-152.

hervor, indem sie sich in ihren Vollzügen und in Orientierung an dem allgemeinen Gehalt ihrer Vermögen selbst führen.[14]

Diesen subjektkonstitutiven, »bewußten« Bezug aufs Allgemeine reformuliert Hegel in seiner zentralen Bestimmung des Geistes als Verhältnis von Ich und Wir. Das Allgemeine eines geistigen Vermögens, wie des Vermögens, etwas zu sagen oder etwas herzustellen, ist in jeder seiner einzelnen Instanzen so gegeben, daß ich in ihr, sprechend oder herstellend, etwas so tue, wie wir es tun, genauer: wie wir es tun wollen oder sollen – wie man es tut. Das Verhältnis zwischen Allgemeinem und Einzelnem, das im lebendigen Ausdruck das einer bloßen Instantiierung ist, ist im Geist gebrochen durch die Beziehung zwischen Ich und Wir. Diese Beziehung ist doppelt bestimmt. Daß ich etwas so tue, wie wir es tun, heißt zum einen, daß ich mich im (einzelnen) Äußerungsakt normativ daran orientiere, was zu tun (allgemein) richtig ist; Ich ist in der geistigen Äußerung Wir. Zugleich gilt umgekehrt, daß was zu tun (allgemein) richtig ist, dadurch repräsentiert wird, was ich in meinem (einzelnen) Äußerungsakt tue; Wir ist in der geistigen Äußerung Ich. Normativität (des Allgemeinen für das Einzelne) und Repräsentativität (des Einzelnen für das Allgemeine) sind die beiden Grundbestimmungen des bewußten Verhältnisses von Einzelheit und Allgemeinheit in der geistigen Äußerung. Sie machen die Struktur selbstbewußter Vermittlung des Geistes aus, die ihn von der Unmittelbarkeit des Lebens scheidet.[15]

14 Daher der terminologische Vorschlag, geistige Fähigkeiten im Unterschied zu lebendigen Kräften als »Vermögen« zu bezeichnen: Durch sie vermag ein Subjekt etwas – etwas zu sagen oder herzustellen, etwas zu erreichen. Darin ist die Subjektivität dadurch bestimmt, auf die Differenz von Allgemeinem und Einzelnem bezogen zu sein. Das ist aber eine Differenz *im* geistigen Vermögen, nicht gegenüber dem geistigen Vermögen; das Subjekt steht nicht »hinter« oder »über« seinen Vermögen. Zu diesem Subjektbegriff vgl. Christoph Menke, »Zweierlei Übung. Zum Verhältnis von sozialer Disziplinierung und ästhetischer Existenz«, in: Axel Honneth/Martin Saar (Hg.), *Michel Foucault. Zwischenbilanz einer Rezeption*, Frankfurt/M.: Suhrkamp 2003, S. 283-299.

15 In dieser »Negativität« oder »Bewegung« hat die Geschichtlichkeit des Geistes ihren Grund (»Aber die organische Natur hat keine Geschichte«; *PhG*, S. 225): »En quoi la Vie diffère-t-elle du Geist? L'être vivant est essentiellement mouvement, devenir, processus. Or Hegel dit la même chose du Geist. Mais le processus vital n'est pas créateur (parce qu'il n'est pas négateur); il aboutit là où il a commencé (de l'œuf à l'œuf).« (Kojève, *Introduction à la lecture de Hegel*, S. 83.)

Besteht also das Vermögen des Geistes darin, Allgemeines und Einzelnes im Verhältnis von Ich und Wir zugleich unterscheiden und aufeinander beziehen zu können, weil ebenso das Allgemeine als Norm des Einzelnen wie das Einzelne als Repräsentation des Allgemeinen gedacht werden muß, und bildet dies die Struktur des Selbstbewußtseins, die den Geist ausmacht, dann erklärt dies, weshalb der Ausdruck der lebendigen Kraft demgegenüber als »dunkel« zu bezeichnen ist. Dunkel ist das Leben, weil ihm das Licht des geistigen Selbstbewußtseins fehlt. Dunkel ist das Leben also deshalb, weil es im Gegensatz zum Geist strukturell unbewußt ist. Der Ausdruck der Kraft ist ein (einzelner) Vollzug, dessen Einheit sich nur erfassen und dessen Eintreten sich nur erklären läßt, wenn man ihn als Selbstverwirklichung der (allgemeinen) Fähigkeit eines Lebendigen versteht. Darin stimmen lebendiger Ausdruck und geistige Äußerung überein. Im Gegensatz zum Geist aber weiß das Leben nicht von dem Allgemeinen, das sich in seinen Vollzügen ausdrückt. Um lebendige Vollzüge handelt es sich mithin immer dort, wo sich diese Vollzüge – erstens – als Verwirklichungen einer Fähigkeit beschreiben und erklären lassen, diese Verwirklichungen aber – zweitens – ohne Bewußtsein von dem, was sich in ihnen verwirklicht, geschehen.

c. Gegenteleologie

Wo die *Phänomenologie des Geistes* vom Verhältnis zwischen Geist und Leben handelt, tut sie dies, um deren Differenz und damit die Grenze der Tauglichkeit des Modells des Lebens zur Erfassung des Geistes zu betonen. Geistige Äußerungen, durch Sprache und Arbeit, lassen sich nicht *wie* lebendiger Ausdruck verstehen. Ausführlicher beschrieben, ist das Leben ein Begriff, durch den der Geist zunächst – im ersten Schritt – sich selbst zu erfassen versucht, um sodann – im zweiten Schritt – über ihn hinauszugehen, indem er hinter ihn zurückgeht: indem er einsieht, daß das Leben nur begriffen werden kann, wenn es in Differenz zum Geist begriffen wird. Damit wird zugleich der Geist in Differenz zum Leben begriffen. Der Begriff des Lebens setzt den des Geistes als das Andere des Lebens voraus. Indem das Begreifen des Lebens sich (phänomenologisch) selbst begreift, macht es daher den Schritt hinaus über das Leben: Der Rückgang in den Geist als den Grund des Lebens bringt den Geist als Überstieg über das Leben hervor.

Davon unterscheidet sich die genealogische Rede vom Leben als Grund des Geistes. Hier ist das Leben als das verstanden, woraus der Geist – die Fähigkeit des Geistes – entsteht. Der Geist kann demnach nur entstehen, wenn es lebendige Kräfte des Ausdrucks gibt, und zwar indem er diese Kräfte des lebendigen Ausdrucks voraussetzt und verwandelt. Phänomenologisch verstanden, ist der Geist der Grund des Lebens; das heißt, daß der Begriff des Lebens den des Geistes voraussetzt, und das bedeutet, daß der Geist sich vom Leben unterscheidet. Genealogisch verstanden, ist das Leben der Grund des Geistes; das heißt, daß die Existenz des Geistes die des Lebens voraussetzt, und das bedeutet, daß der Geist aus dem Leben entsteht.

Über diese einfache Weise, das Verhältnis aus phänomenologischer und genealogischer Perspektive zu verstehen, müssen wir nun hinausgehen. Denn so sind sie nur verschieden und ergänzen sich daher. Das aber bringt die Frage, die ihrem Verhältnis zugrunde liegt, zum Verschwinden. Die Frage lautet, wie die genealogische Betrachtung der Entstehung des Geistes aus dem Leben mit der phänomenologischen Einsicht in ihre Differenz in einer Perspektive zusammengedacht werden können: Wie läßt sich die Differenz des Geistes gegenüber dem Leben *als* die Entstehung des Geistes aus dem Leben verstehen? Die Differenz von Geist und Leben besteht nicht, sondern sie entsteht. Oder: Der Geist als Differenz zum Leben entsteht durch seine Differenzierung vom Leben: prozessual, als Tat – als die Tat seiner Befreiung vom Leben.

An genau dieser Stelle bricht erst der Gegensatz zwischen einer Genealogie und einer Phänomenologie des Geistes auf. Ihr Verhältnis ist nicht das zweier Perspektiven, die sich unterscheiden. Ihr Verhältnis ist vielmehr deshalb ein Gegensatz, ein Streit, weil es das Verhältnis zwischen zwei Verhältnissen beider Perspektiven ist. Die Genealogie und die Phänomenologie des Geistes geraten in einen Gegensatz über das richtige Verständnis der Forderung, die Entstehung des Geistes aus dem Leben mit der Differenz von Geist und Leben *zusammenzudenken*. Die Phänomenologie behauptet, daß dies verlangt, das Leben bloß als Voraussetzung des Geistes zu verstehen: Die *Entstehung* des Geistes beginnt demnach im Leben, aber die Entstehung des *Geistes* besteht darin, diesen Beginn hinter sich zu lassen: damit, sich als vom Leben different zu begreifen – und damit gegenüber dem Leben different zu *sein*. Der Geist, der sich bildet, indem er sich begreift, ist frei vom Leben: Er ist frei von der Logik, Dynamik und Energetik der bloß lebendigen Vollzüge des Ausdrucks. Dagegen versteht die Genealogie des Geistes dessen Entstehung so, daß der Geist *als* Leben beginnt und dieser Beginn als Leben den Geist fortwährend, unüberholbar mitbestimmt. Die Entstehung des Geistes aus dem Leben führt nicht zu einer Ablösung des Geistes von dem Leben; das Leben, als das der Geist beginnt, bleibt nicht als bloßer Anfang zurück, sondern durchragt und durchwirkt den Geist von innen her.

Depotenzierung des Ausdrucks

Das Bild des Geistes, der von den Kräften des lebendigen Ausdrucks frei ist, hat Hegel in der *Phänomenologie des Geistes* exemplarisch in seiner Kritik der zeitgenössischen Physiognomik gezeichnet.[16] Darin geht es ihm nicht mehr nur wie in dem Kapitel über das Organische um den Nachweis, daß lebendiger Ausdruck und geistige Äußerung strukturell verschieden sind – der Geist ist selbstbewußt, das Leben unbewußt – und daher das Leben nicht als Modell des Geistes verstanden werden kann, weil vielmehr umgekehrt der Begriff des Lebens den des Geistes als seinen Grund voraussetzt. Sondern Hegel versteht in seiner Kritik der Physiognomik dieses Argument struktureller Differenz so, daß dadurch zugleich und darüber hinaus gezeigt worden ist, daß ein Subjekt, das über geistige Vermögen der Äußerung verfügt, zumindest in dieser selben Dimension nicht mehr den Kräften lebendigen Ausdrucks unterliegt. Ein Subjekt, dessen Weltauffassung und Selbstdarstellung den Charakter geistiger Vermögen angenommen hat, mag zwar daneben oder darunter noch Kräfte lebendigen Ausdrucks haben,

16 Vgl. Alasdair MacIntyre, »Hegel on Faces and Skulls«, in: Jon Stewart (Hg.), *The »Phenomenology of Spirit« Reader*, Albany: SUNY Press 1998, S. 213-224; Michael Quante, »›Die Vernunft unvernünftig aufgefaßt‹. Hegels Kritik der beobachtenden Vernunft«, in: Vieweg/Welsch (Hg.), *Hegels Phänomenologie des Geistes*, S. 325-349, hier S. 339-344; Siep, *Der Weg der Phänomenologie des Geistes*, S. 125-134. Zum Folgenden siehe Sylvia Bovenschen, »Lichtenbergs Buckel. Idiosynkrasie und Physiognomie«, in: dies., *Über-Empfindlichkeit. Spielformen der Idiosynkrasie*, Frankfurt/M.: Suhrkamp 2000, S. 52-72.

aber es wird von ihnen nicht mehr beherrscht, sondern vermag sie umgekehrt zu kontrollieren. So legt Hegel den Einwand aus, den Lichtenberg gegen Lavater erhoben hat: »Lichtenberg sagt daher mit Recht: *Gesetzt, der Physiognom haschte den Menschen einmal, so käme es nur auf einen braven Entschluß an, sich wieder auf Jahrtausende unbegreiflich zu machen.*« (*PhG*, S. 239) Was der Ausdruck lebendiger Kräfte war, der sich im Individuum unbewußt vollzog, ist für die geistige Subjektivität »ebensowohl ihr Gesicht als ihre Maske, die sie ablegen kann« (S. 240).

Also funktionieren die geistigen Äußerungen durch Arbeit und Sprache nicht nur nicht gemäß der Logik des lebendigen Ausdrucks. Hegels These ist stärker. Sie besagt, daß überall, in allen Dimensionen der menschlichen Existenz, in denen sich im Ausgang von Formen des lebendigen Ausdrucks solche geistiger Äußerungen entwickelt haben, die Kräfte des lebendigen Ausdrucks ihre Macht über das geistige Subjekt verloren haben. Geistige Vermögen erworben zu haben bedeutet nach Hegel demnach, das (Meta-)Vermögen der Freiheit zur Unterbrechung und Aussetzung des lebendigen Ausdrucksgeschehens miterworben zu haben.

Die Freiheit oder Macht des Geistes »tilgt« die Bedeutung, die das »unmittelbare Sein der Individualität« im Bereich des Lebens hatte:

> Sie durchdringt ihre Gestalt, bewegt sich, spricht in ihr; aber dies ganze Dasein tritt ebenso als ein gleichgültiges Sein gegen den Willen und die Handlung über; sie tilgt an ihm die Bedeutung, die es vorhin hatte, ihr Reflektiertsein in sich oder ihr wahres Wesen an ihm zu haben, und legt es umgekehrt vielmehr in den Willen und in die Tat.
>
> Die Individualität *gibt dasjenige In-sich-reflektiert-sein* auf, welches in den *Zügen* ausgedrückt ist, *und legt ihr Wesen in das Werk.* (*PhG*, S. 240)

Der Geist ist nicht nur anders als das Leben, er nimmt dem Leben seine Bedeutung, für das Subjekt wesentlich zu sein, denn ein Wesen, das Geist hat, legt sein Wesen in den Geist.

Damit wird aus der Differenz von Geist und Leben die Freiheit des Geistes vom Leben als Macht über das Leben. Darin zeigt sich eine grundlegende Annahme, die mit der phänomenologischen Perspektive verbunden ist. Die Phänomenologie entfaltet von innen heraus, durch eine kritische Erfahrung seiner Erscheinungen, den Begriff des Geistes, ohne den normative Leistungen nicht verstanden werden können. Indem die Phänomenologie bei diesen Leistungen ansetzt, setzt sie sie immer schon voraus. Daß es geistige Vollzüge gibt, ist die Grundannahme, mit der die Phänomenologie ihre Untersuchung beginnt. Deshalb also, weil ihre Frage den Möglichkeitsbedingungen geistiger Vollzüge gilt, muß die Phänomenologie dem Geist Freiheit vom Leben zusprechen; er ist seinem Begriff nach frei von Unterbrechungen und Ablenkungen durch das unbewußte Wirken lebendiger Kräfte. Es ist diese mit der phänomenologischen Perspektive als solcher verbundene Freiheitsannahme, auf die Hegels Kritik der Physiognomik zielt.

Will die Phänomenologie diesen Freiheitsanspruch des Geistes vom Leben nun in einem zweiten Schritt mit ihrer Anerkennung seines Gewordenseins aus dem Leben verbinden, so muß sie diese Entstehung so denken, daß sie in der Loslösung von dem besteht, worin der Geist beginnt. Das Konzept einer solchen Entstehung des Geistes, in der er sich seiner Herkunft entwindet, ist das teleologische Konzept der »Bildung«. Bildung heißt hier: Der vom unbewußten Wirken lebendiger Kräfte freie Geist entsteht durch einen Prozeß, in dem sich die Kräfte lebendigen Ausdrucks vollständig, also ohne Rest und Rückstand, in geistige Vermögen zur Äußerung verwandelt haben. Ein späterer Phänomenologe – Maurice Merleau-Ponty – hat in seiner Theorie des Sprechenlernens (das er hier von seiner phonetischen Seite her, als Beherrschen eines Systems phonematischer Gegensätze, beschreibt) den entscheidenden Punkt einer solchen Teleologie der Bildung, den Punkt des Bruches und der Loslösung, so formuliert:

> [Die] phonematischen Gegensätze – die mit den ersten Kommunikationsversuchen auftreten – erscheinen und entwickeln sich ohne irgendeine Beziehung zum kindlichen Geplapper, das durch sie oft zurückgedrängt wird, fortan jedenfalls nur noch eine Randexistenz führt und dessen Bestandteile nicht in das neue System des wirklichen Sprechens eingehen, als wenn es nicht dasselbe wäre, einen Laut als Element des Geplappers zu besitzen, das sich nur an sich selbst richtet, oder als Moment eines Kommunikationsversuches. Man kann also jetzt sagen, daß das Kind *spricht*.[17]

17 Maurice Merleau-Ponty, »Das mittelbare Sprechen und die Stimmen des Schweigens«, in: ders., *Das Auge und der Geist*, Hamburg: Meiner 1984, S. 69-114, hier S. 70. – Ein wieder anderer Phänomenologe hat diesen Begriff der Bildung des Geistes (oder der »Intelligenz«) im Gegensatz zur »Abrichtung« von Gewohnheiten erläutert; vgl. Gilbert Ryle, *Der Begriff des Geistes*, Stuttgart: Reclam 1969, S. 50 f.

Die genealogische Gegenthese zur Phänomenologie des Geistes besagt nichts anderes als daß man genau dies niemals, zu keinem Zeitpunkt, definitiv sagen kann. Man weiß niemals, ob das Kind jetzt wirklich (oder nur) »spricht«. Das ist der Sinn der genealogischen These, daß der Geist nicht nur aus oder im, sondern *als* Leben beginnt. Sie besagt, daß der Schritt vom Leben zum Geist, vom Ausdruck zur Äußerung nicht teleologisch verstanden werden kann; daß ein Subjekt, das geistige Vermögen erworben hat, dadurch nicht zu einem geistigen Subjekt geworden ist; das heißt nicht zu einem Subjekt, das *rein* geistige Vollzüge auszuführen vermag, weil es sicherstellen kann, daß zumindest darin, in der Ausführung geistiger Vollzüge, seine lebendigen Ausdruckskräfte ohne Kraft und Wirkung sind. Die genealogische These vom Beginn des Lebens als Geist ist *gegenteleologisch*:[18] die These vom Fortwirken des Lebens, der unbewußten Macht sich ausdrückender Kräfte, in einem Subjekt, das das Vermögen geistiger Äußerung erworben hat.

Sprechenlernen

Das läßt sich genauer am Prozeß des Sprechenlernens zeigen. Teleologisch verstanden ist dies ein Prozeß der Bildung: der Bildung von Geist oder der Bildung *zum* Geist (die »in der Fülle des individuellen Lebens vorbereitet [ist] wie die Verdampfung in der Masse des Wassers«[19]). Die Bildung des Geistes kann zwar nur erfolgen, wenn gewisse natürliche Voraussetzungen gegeben sind; aber die Bildung des Geistes besteht darin, eine Weise des Sichverhaltens zu erwerben, die dem natürlichen Verhalten entgegengesetzt ist (oder die sich dem natürlichen Verhalten entgegensetzt). Verstanden als

18 Ich übernehme den Ausdruck von Sabina Lovibond, die unter diesem Titel die Tradition der neueren Vernunftkritik diskutiert. Im Gegensatz zu Lovibond versuche ich im Folgenden zu zeigen, daß (und wie) ein gegenteleologisches Modell verteidigt werden kann. Vgl. Sabina Lovibond, *Ethical Formation*, Cambridge, Mass., London: Harvard University Press 2002, Teil III: »Counter-Teleology«.

19 Maurice Merleau-Ponty, *Die Prosa der Welt*, München: Fink 1993, S. 65. Im unmittelbaren Zusammenhang mit dieser Formulierung weist Merleau-Ponty jedoch auch auf das gegenteleologische Moment hin. Denn der Sinn ist »indifferent [...] in bezug auf individuelle Dunkelheiten, in denen er sich einnistet« (ebd.). Dazu unten, S. 115 f.

Prozeß der Bildung, ist das Sprechenlernen die *Ersetzung* einer natürlichen durch eine geistige Verhaltensform.

Die genealogische Alternative zu diesem Bild hat Herder durch zwei Behauptungen formuliert: Das Sprechenlernen besteht anfänglich in einem Prozeß der »Einprägung« fremder Formeln oder Muster von außen. Und: Diese Formeln oder Muster werden einem Wesen eingeprägt, das selbst bereits durch seinen »Charakter«, seine individuelle »Menschenart« bestimmt ist.

Die erste dieser beiden Behauptungen läßt sich genauer mit Hilfe einer Einsicht fassen, die Meredith Williams im Anschluß an Wilfrid Sellars formuliert hat. Das Sprechenlernen als einen Prozeß geistiger Bildung zu verstehen hieße, übersetzt in Williams' Beschreibung, es als einen direkten Übergang von regelmäßigem zu regelbefolgendem Verhalten zu verstehen. Regelbefolgend ist ein Verhalten, das »mit der Absicht [ausgeführt wird], ein System von Zügen zu verwirklichen, oder mit der Absicht, bestimmten Regeln oder einem bestimmten Muster zu folgen«.[20] Hegels Doppelbestimmung des Geistes durch Normativität (Ich, das Wir ist) und Repräsentativität (Wir, das Ich ist) kann so verstanden werden, daß sie die Struktur einer solchen verhaltensleitenden Absicht auf Regelbefolgung näher erläutert.

Das Sprechenlernen, so lautet Williams' Einwand gegen dieses Modell, kann so jedoch nicht verstanden werden. In seinem Beginn ist Sprechenlernen vielmehr der Erwerb einer Verhaltensweise, die, ohne bloß für einen äußeren Beobachter regelmäßig zu sein, deshalb doch nicht bereits durch eine Absicht auf Regelbefolgung bestimmt ist:

> Wozu der Lernende am Beginn trainiert wird, sind mustergesteuerte Verhaltensweisen, das heißt Verhaltensweisen, die ausgeführt werden, weil sie einem komplexen sozialen Muster entsprechen oder dazu beitragen, aber nicht, weil der Handelnde ein Set von Regeln erkennt und befolgt, die eine abstrakte Beschreibung des Musters liefern können. Der lernende Anfänger wechselt von einem Verhalten, das nur einem Muster entspricht, dessen Ursache aber unabhängig von diesem Muster ist, zu einem Verhalten, das einem Teil eines Musters entspricht.[21]

20 Meredith Williams, »On the Significance of Learning in the Later Wittgenstein«, in: dies., *Wittgenstein, Mind and Meaning. Towards a Social Conception of Mind*, London: Routledge 1999, S. 188-215, hier S. 195.

21 Ebd. – Zur Kritik an der »falschen Dichotomie« von regelmäßigem und regel-

Es sind also nicht zwei, sondern drei Verhaltensweisen, die voneinander unterschieden werden müssen: An dem einen Ende steht ein Verhalten natürlicher Determiniertheit, das in äußerer Beobachtung mit einer Regel oder einem Muster übereinstimmt, die von kausalen Faktoren hervorgebracht worden sind. (Williams' Beispiel ist ein Hund, der dem Verkehrsfluß folgend auf der rechten Straßenseite läuft und damit der Regel des Rechtsverkehrs entspricht, aber dies nicht um willen – *in virtue of* – der Regel des Rechtsverkehrs tut.) Am anderen Ende steht das Verhalten geistiger Äußerung, das durch die Absicht auf die (normative und repräsentative) Erfüllung einer Regel oder eines Musters bestimmt ist. Die Verhaltensweise, die wir im Sprechenlernen zunächst erwerben, ist jedoch von einer dritten Art. Das heißt, *Sprechen*(-können) ist zunächst, am Beginn, von dieser dritten Art: von der Art eines Verhaltens, das nicht mit der Absicht auf die Befolgung einer Regel oder eines Musters, aber um einer Regel oder eines Musters willen geschieht. Es ist damit ein Verhalten von genau der Art, die Herder und Hegel als lebendigen »Ausdruck« beschrieben haben. Denn ein Verhalten, in dem sich eine Kraft ausdrückt, ist ein Verhalten, das um desjenigen Musters willen geschieht, das den allgemeinen Gehalt der hervorbringenden Kraft bildet, *ohne* daß dieses Verhalten, wie die Äußerung eines geistigen Vermögens, in einem selbstbewußten Bezug auf das angestrebte allgemeine Muster begründet ist. Die

befolgendem Verhalten siehe Wilfrid Sellars, »Some Reflections on Language Games«, in: ders., *Science, Perception and Reality*, London: Routledge and Kegan Paul 1963, S. 321-358, hier S. 325. Sellars und Williams reformulieren damit eine Aristotelische Einsicht, nach der das Lernen, der Erwerb eines Könnens, dadurch erfolgt, daß wir etwas tun, das wir noch nicht können, es also durch ein Tun ohne Können hindurchgeht. Aristoteles unterscheidet zwei Fälle eines solchen Tuns. »Man kann [...] durch Zufall, oder wenn ein anderer einem vorspricht, so reden, wie die Sprachlehre es vorschreibt.« (*Nikomachische Ethik*, Hamburg: Meiner 1972, II.3, 1105a, S. 31) Der erste Fall ist ein Tun »durch Zufall«: Der Säugling brabbelt so vor sich hin, und die verzückten Eltern glauben, daß er Mama oder Papa *gesagt* hat. Das ändert aber nichts daran, daß der Säugling brabbelt; so wird daher nichts gelernt. Der zweite Fall ist der, in dem jemand redet, »wie die Sprachlehre es vorschreibt«, ohne daß er »gemäß selbsteigener Kenntnis der Grammatik redet«. Das ist der Fall des Schülers: »[D]ie Schüler der Anfangsstufe reihen Worte an einander, wissen aber noch nicht, was sie bedeuten« (VII.5, 1147a, S. 157). Der lernende Schüler ist anfänglich wie eine Maschine, eine Wiederholungsmaschine: Er spricht ohne Kenntnisse, ohne eigenes Wissen und eigene Führung nach, was man ihm vorsagt.

lebendige Kraft will ein Muster verwirklichen, aber sie weiß nicht von diesem Muster.

Gelegentlich scheint es bei Williams so, als würde erst in Prozessen der Sozialisierung wie dem Sprechenlernen eine Verhaltensweise dieser dritten, lebendigen Art auftreten; als wäre diese Verhaltensweise also stets auf diese Weise erworben. Das kann aber auch nach Williams' eigener Beschreibung nicht sein. Denn Paradigmen eines Verhaltens, das, ohne Absicht und Bewußtsein, also unbewußt, aber um eines Musters willen geschieht, sind (nach Sellars, dem Williams hier folgt) der Tanz der Bienen oder die Balzrituale irgendwelcher anderer Tiere.[22] Es ist daher gerade umgekehrt so, daß, wer sprechen lernt, über Verhaltensweisen des lebendigen Ausdrucks schon verfügt. Ja, er muß über solche Verhaltensweisen schon verfügen, wenn er sprechen lernen *können* soll. Nur wer schon lebendige Kräfte des Ausdrucks hat, kann neue Kräfte des Ausdrucks hinzuerwerben. Im Sprechenlernen geschieht daher zunächst nur die Ersetzung, die Überlagerung oder Verdrängung eines Musters lebendigen Ausdrucksverhaltens durch ein anderes. Das Kind erwirbt die Fähigkeit, bei der Wahrnehmung eines Balls die Lautfolge »Ball« hervorzubringen (oder vorher schon: Es erwirbt die Fähigkeit, beim Hören der Lautfolge »Ball« einen Ball wahrzunehmen und ihn zu holen usw.). Aber das unterscheidet sich nicht *strukturell* von den Verhaltensweisen, die das Kind vorher schon kannte – die es vorher schon ausführen konnte. Zu sprechen ist zunächst, in diesem frühen Stadium, nichts als eine weitere, andere Weise von lebendigem Ausdrucksverhalten.

Diese Beschreibung will nicht bestreiten, daß durchs Sprechenlernen etwas grundsätzlich Neues, eben der Erwerb geistiger Vermögen, eintritt. Aber das ist erst das Ergebnis eines zweiten Schritts, der sich der Situation verdankt, in der der erste Schritt der Verhaltenseinprägung geschieht. Diese Situation ist bestimmt durch die Asymmetrie von Schüler und Lehrer. Sie definiert diese Situation, so Williams, als eine soziale, und das erst macht den

22 Auch das lebendige Ausdrucksverhalten der Tiere ist in vielen Fällen künstlich erworben: durch Nachahmung gelernt. Aber das tierische Lernen erfolgt nicht in einer normativen Situation und führt daher auch nicht zu geistigen Fähigkeiten: »[T]he animal cannot establish its singularity as universal.« (Catherine Malabou, *The Future of Hegel. Plasticity, Temporality and Dialectic*, London/New York: Routledge 2005, S. 64.)

Erwerb genuin normativer Fähigkeiten möglich. Damit kann nun offenkundig nicht bloß gemeint sein, daß man geistige Vermögen nur von anderen lernen kann. Denn das gilt ja auch bereits für den ersten Schritt des Sprechenlernens, in dem noch keine geistigen Vermögen, sondern durch »Einprägung« (Herder) neue, andere Kräfte lebendigen Ausdrucks erworben werden. Über eine Relation der Einprägung von Ausdrucksweisen hinaus gelangt die Situation des Sprechenlernens vielmehr durch die Position des Lehrenden: Der Lehrende fungiert als Repräsentant eines Wir, einer Gemeinschaft. »Ihre Urteile [sc. die der Lehrerin] haben Autorität, weil sie die Urteile der Gemeinschaft repräsentieren.«[23] In einer solchen Situation wird Sprechen nicht mehr nur so gelernt, daß jemand nachahmt, was ein anderer ihm vormacht, sondern daß der Lehrende so urteilend dazu Stellung nimmt, was ihm der Lernende nachzumachen meint, daß er, der Lehrende und Urteilende, es mißt, und zwar nicht daran, was er vorgemacht hat, sondern daran, wie *man* es macht – also wie man es *richtig* macht. Dadurch allein wird der Vormachende zum Lehrenden: indem er im Namen der Gemeinschaft urteilt.

Damit tritt der Schritt im Sprechenlernen hervor, der das Sprechen vom Ausdruck zur Äußerung, vom Leben zum Geist führt. Denn Sprechenkönnen, also richtig sprechen zu können, kann nicht nur so verstanden werden, daß der Lernende nun keinen Lehrer mehr braucht, weil er die Fähigkeit erworben hat, selbst und allein einem neuen Verhaltensmuster zu folgen. Sprechenkönnen als geistiges Vermögen bedeutet vielmehr darüber hinaus, selbst Lehrender zu sein, weil man selbst Repräsentant der Gemeinschaft ist, und mit Anspruch auf allgemeine Verbindlichkeit über die Richtigkeit und Falschheit sprachlicher Äußerungen urteilen zu können.[24]

23 Williams, »On the Significance of Learning«, S. 205. Dieser Punkt steht im Zentrum von Cavells Argumentation; vgl. Stanley Cavell, »The Argument of the Ordinary. Scenes of Instruction in Wittgenstein and Kripke«, in: ders., *Conditions Handsome and Unhandsome. The Constitution of Emersonian Perfectionism*, Chicago, London: The University of Chicago Press 1999, S. 64-100.

24 Diesen zweiten Schritt des Sprechenlernens beschreibt Cavell als den lebenslang andauernden Prozeß, sich die Sprache als »zweites Erbe« anzueignen und dadurch die »voll[e] Bürgerschaft« in ihr zu erlangen (Cavell, *Der Anspruch der Vernunft*, S. 320, vgl. auch S. 224 f. und S. 298).

Weil der Prozeß des Sprechenlernens drei Verhaltensweisen verbindet, muß er mithin als ein zweistufiger Prozeß verstanden werden. Er besteht in seinem ersten Schritt in dem Erwerb neuer, anderer Kräfte des lebendigen Ausdrucks, deren Wirkungsweise dann durch die Negativität des Geistes gebrochen wird, der sich durch die soziale Struktur ihres Erwerbs herausbildet. Vom Modell des Sprechenlernens als eines teleologischen Prozesses geistiger Bildung unterscheidet sich diese zweistufige Beschreibung dadurch, daß sie nicht *direkt* von der Natur zum Geist führt. Die Umbildung von Natur zu Geist nimmt einen Umweg; der Ersetzung von Natur durch Geist geht die Implementierung einer anderen, nichtnatürlichen Ordnung lebendiger Ausdruckskräfte voraus. Das Werden des Geistes beginnt nicht als Geist, sondern als Veränderung der lebendigen Prozesse des Aufnehmens und Ausdrückens; die Bildung des menschlichen Geistes beginnt als »Abrichtung« (Wittgenstein) des menschlichen Tiers. Der Anfang der Bildung des Geistes ist die Durchsetzung einer anderen Weise des lebendigen Ausdrucks gegen die bestehenden, natürlichen Weisen: ein Verhältnis des Kampfes und – wenn es gelingt – der Überwältigung. Wenn Herder vom »dunklen Grund« der Vernunft und Nietzsche von dem »Blut und Grausen auf dem Grunde aller ›guten Dinge‹«[25] spricht, dann ist dies hierin begründet: Der Geist stiftet die Übereinstimmung in Gründen und bewegt sich in dem hellen Raum der Öffentlichkeit. Aber er *beginnt* mit der Überwältigung, in der ein Muster lebendigen Verhaltens gegen ein anderes etabliert wird.

Exkurs: Repression, Addition, Transformation

Das skizzierte Konzept eines genealogischen Verständnisses zieht den Einwand auf sich, das Verhältnis von Geist und Leben als Repression zu verstehen: Der Geist gewinnt demnach seine Freiheit nur, indem er sich unterbrechend und entmächtigend gegen die Ausdrucksvollzüge richtet, die die Natur des lebendigen Wesens

25 »Ah, die Vernunft, der Ernst, die Herrschaft über die Affekte, diese ganze düstere Sache, welche Nachdenken heisst, alle diese Vorrechte und Prunkstücke des Menschen: wie theuer haben sie sich bezahlt gemacht! wie viel Blut und Grausen ist auf dem Grunde aller ›guten Dinge‹...« (Nietzsche, *Zur Genealogie der Moral*, Zweite Abhandlung, 3. Abschnitt, S. 297.)

ausmachen, denen der Geist eingebildet werden soll. Das ist in der Tat ein wesentlicher Aspekt des genealogischen Verständnisses. Man kann demnach die Freiheit des Geistes im Menschen nicht verstehen, wenn man sie nicht in ihrer Andersheit gegenüber seinen lebendigen, also natürlichen Ausdrucksenergien und -prozessen begreift, und wenn man weiterhin diese Andersheit des Geistes gegenüber dem Leben im Menschen nicht *auch* so begreift, daß der Geist sich gegen die Eigenlogik und -dynamik des lebendigen Ausdrucks durchzusetzen vermag. Die Freiheit des Geistes zur Verwirklichung seiner normativen Unterscheidungen ist zugleich die Freiheit von den und die Freiheit gegen die lebendigen Ausdrucksvollzüge; die Freiheit des Geistes impliziert in diesem doppelten Sinn seine Macht (nicht: seine Herrschaft oder Beherrschung[26]).

Ob dieses Bild, zu dem das genealogische Verständnis gelangt, falsch oder richtig ist, hängt davon ab, wie man die Äußerlichkeit von Geist und Leben versteht, die es behauptet. Der Einwand gegen das genealogische Verständnis besagt, daß sich in dieser Behauptung zeige, daß es noch einem additiven Modell des Geistes anhänge. »Additiv« wird dabei ein Modell genannt, das die Einbildung des Geistes, die den Menschen ausmacht, so versteht, daß der Geist zu einer Schicht des lebendigen Ausdrucksvollzugs hinzutritt (eben hinzuaddiert wird), die darin unverändert zugrunde liegen bleibt und deshalb eben vom Geist von außen begrenzt, unterbrochen, eingeschränkt, unterdrückt etc. wird. Das Gegenmodell dazu heißt entsprechend das »transformative« Modell des Geistes, mit dem daher auch – nach dem genannten Einwand – dem genealogischen Verständnis die Grundlage entzogen wird. Die These dieses zweiten Modells lautet, daß durch die Ein- oder Ausbildung des Geistes auch das Leben des Menschen – das am Menschen, was lebendig und also natürlich ist – verändert wird. Durch die Ein- oder Ausbildung des Geistes hat (oder ist) der Mensch seine

26 Oder wenn Herrschaft, dann nicht Herrschaft des Geistes über das Leben, sondern über das Verhältnis von Geist und Leben – so wie Benjamin in einem Stück der *Einbahnstraße* über die Technik schreibt, sie sei »nicht Naturbeherrschung«, sondern die »Beherrschung vom Verhältnis von Natur und Menschheit« (Walter Benjamin, *Einbahnstraße*, in: *Gesammelte Schriften*, hg. von Rolf Tiedemann und Hermann Schweppenhäuser, Frankfurt/M.: Suhrkamp 1991, Bd. IV, S. 146).

lebendigen Ausdrucksvollzüge auf eine grundlegend andere, eben transformierte Weise.[27]

Anders als es dem Einwand erscheint, ist das genealogische Verständnis aber keine Variante des additiven Modells. Im Gegenteil: Es beansprucht, daß nur das genealogische Modell die transformative Kraft des Geistes richtig zu verstehen vermag. Das phänomenologische Konzept der Bildung kann es jedenfalls nicht. Das gegenteleologische Konzept der Genealogie ist ein Gegenmodell zu dem transformativen Verständnis, das das Konzept der Bildung formuliert.

In seiner Diskussion des transformativen Modells hat Thomas Khurana zwei Weisen unterschieden, in denen sich die Rede von der Transformation des Lebens durch den Geist verstehen läßt. Nach dem ersten Verständnis meint sie das »Verwandelt*sein* [des Lebens oder der Natur], das durch die besondere Spezieszugehörigkeit als solche schon sichergestellt ist«. Nach dem zweiten Verständnis dagegen (das Khurana als Hegels eigenes begreift) ist »das geistige Leben [...] die Aktivität [...], aus dem animalischen Leben hervorzugehen und sich aktiv von der animalischen Form unserer Fähigkeiten abzuheben«.[28] Die Transformation ist hiernach kein eingetretener (und daher garantierter) Zustand – der des Menschen –, sondern ein Prozeß, ja eine Aktivität: die Aktivität des Geistes im Menschen (oder der Mensch *als* die transformative Aktivität des Geistes).

Aber das ist nur ein erster Schritt zur Aufklärung des transformativen Modells. Der zweite besteht nach Khurana darin, *wie* die transformative Prozessualität und Aktivität des Geistes verstanden wird. Man kann sie entweder so verstehen, daß sie auf einen Zustand der – abgeschlossenen, vollendeten – Verwandlung hinführt; man kann den Verwandlungsprozeß also vom Verwandeltsein her (oder auf das Verwandeltsein hin) verstehen. Das ist das teleologische Modell der Bildung. Oder man kann die Transformation als den Prozeß »einer andauernden geistigen Arbeit« verstehen, »in deren Zuge Geist und Leben auch auseinandertreten«, weil

27 Andrea Kern/Christian Kietzmann, »Einleitung«, in: dies. (Hg.), *Selbstbewusstes Leben. Texte zu einer transformativen Theorie der menschlichen Subjektivität*, Berlin: Suhrkamp 2017, S. 13-28, hier S. 14 f.

28 Thomas Khurana, *Das Leben der Freiheit. Form und Wirklichkeit der Autonomie*, Berlin: Suhrkamp 2017, S. 385.

die Umwandlung des Lebens durch den Geist »auch das Erscheinen einer noch zu transformierenden Animalität [im Menschen] impliziert«.[29] Das ist das gegenteleologische Konzept der Genealogie.

Das Konzept der Genealogie versteht also die konstitutive Äußerlichkeit des Geistes gegenüber dem Leben und damit die konstitutive Vorgängigkeit und Entzogenheit des Lebens gegenüber dem Geist nicht als eine Gegebenheit – als ein Sein –, sondern als den Effekt ebenjener Aktivität, in der der Geist sich dem Leben einbildet und es dadurch transformiert. Die Andersheit des Lebens als Produkt des Geistes: So lautet das richtige, genealogische Verständnis des transformativen Modells.[30]

Das Glück der Nichtvollendung

Der Genealogie des Geistes geht es nicht darum, die Überwältigung, mit der der Geist beginnt, zu beklagen, gar von ihrer Vermeidung zu träumen. Denn sie ist eine Bedingung für die Entstehung des Geistes, und der Geist gehört auch für die Genealogie zu den »guten Dingen« (Nietzsche): zu den Dingen, deren Bestehen und daher auch Entstehen gut ist. Der Genealogie des Geistes geht es darum, durch ein besseres, realistischeres Verständnis der Entstehungsweise des Geistes auch besser zu verstehen, wie der Geist besteht: wie seine Praxis verfaßt ist. Die genealogische Kritik an der Phänomenologie des Geistes lautet, daß sie beides in einem Zug verstellt, weil sie nur das implizite Selbstverständnis, das der Praxis des Geistes immanent ist, entfaltet.

Die phänomenologische Untersuchung gilt den normativen Leistungen, durch die der Geist sich definiert. Zu diesen Leistungen verhält sie sich »unmittelbar oder aufnehmend« (*PhG*, S. 82): Die Phänomenologie fragt danach, wie diese Leistungen – gegeben, daß es sie gibt – möglich sind. (Und die Antwort der Phänomenologie lautet wie gesehen: weil oder wenn sie als Momente des Geistes verstanden werden.) Tatsächlich liegt in dieser bloßen Aufnahme – in der Präparierung der zu untersuchenden Leistun-

29 Ebd., S. 386.

30 Dazu ausführlicher Menke, *Kraft*, Kap. III, und die Einleitung zur Taschenbuchausgabe (Berlin: Suhrkamp 2017).

gen selbst – aber ein eingreifender, ja zurichtender Zug. Damit ihre Untersuchung überhaupt nur beginnen und nach ihrer Möglichkeit gefragt werden kann, muß die Phänomenologie davon ausgehen, *daß* es geistige Leistungen – Äußerungen geistiger Vermögen, rein, unvermengt und ungetrübt – *gibt*: daß es tatsächlich Vollzüge eines Subjekts gibt, die sich als Exemplare (und deshalb Exempel) geistiger Äußerungen verstehen lassen.

Das teleologische Konzept der Bildung ist das Bild von der Entstehung des Geistes, das dieser phänomenologischen Grundannahme über die Weise seines Bestehens entspricht. Denn die Teleologie der Bildung besteht nicht darin, daß das Entstehen des Geistes vorherbestimmt und also nicht kontingent ist; kontingent ist das Entstehen des Geistes deshalb, weil es von Voraussetzungen abhängt, die ihm unverfügbar sind. Geistige Bildungsprozesse teleologisch zu verstehen, bestreitet nicht diese Voraussetzungsabhängigkeit ihres Beginns, sondern behauptet, daß die Bildung des Geistes zu einem *Ende* kommt, in dem sein Werden sich vollendet hat: Einmal gebildet, besteht der Geist, teleologisch verstanden, unabhängig von seinem Entstehen. Er läßt seine Herkunft hinter sich.

Indem die Genealogie des Geistes ein anderes, gegenteleologisches Bild seiner Entstehung zeichnet, entwirft sie daher zugleich auch ein anderes Verständnis seiner Wirklichkeit. Das gegenteleologische Moment liegt darin, daß die Ersetzung der lebendigen, unbewußten Kraft in der Entstehung des Geistes nicht vollständig gelingen kann. Die Entstehung des Geistes endet also deshalb nicht in einer Ersetzung von Leben durch Geist, weil sie als Durchsetzung von Leben gegen Leben beginnt; weil sie in ihrem ersten Schritt darin besteht, ein Muster lebendiger Ausdrucksweisen und -kräfte gegen ein anderes durchzusetzen. Der Geist entsteht nur gegen sein Anderes, das Leben, wenn er zunächst *als* sein Anderes auftritt. Deshalb kann er von seinem Anderen nicht loskommen. Die Durchsetzung einer lebendigen Kraft gegen eine andere, als die der Geist beginnt, ist nicht vollendbar; sie wiederholt sich endlos. Sie ist ein Akt der Überwältigung, der eine fortdauernde Auseinandersetzung zur Folge hat. Zwar drängen die artikulierte Rede das Lallen und Geplapper des Kindes und das vernünftige Denken die kindlichen Assoziationen und Phantasien in eine »Randexistenz« (Merleau-Ponty). Aber eben das so Zurückgedrängte setzt sich »unterhalb der Worte [fort] und hüllt sie immer wieder ein«.[31] Der Geist bleibt in die Auseinandersetzung zwischen den Kräften des Ausdrucks verstrickt. Damit bleibt er zugleich unablösbar an die Gegengestalt, an seine eigene Gestalt als Muster lebendigen Ausdrucks gebunden, in der er zuerst hervortrat. Wenn Sprechenlernen der beschriebene zweistufige Prozeß ist, dann muß die Bildung des Geistes unvollendet bleiben: Sein Anfang bleibt in seinem Ende anwesend und schiebt seine Vollendung unendlich auf. Die genealogische Einsicht in die gegenteleologische Dynamik im Werden des Geistes hält fest, »wie wenig in jedem von uns erzogen wird«;[32] wie viel Unerziehbares im Geist wirksam bleibt.

Eine andere Weise, diese Einsicht zu fassen, besteht darin, von einer uneinholbaren Zurückgebliebenheit des Sprechers zu reden: zurückgeblieben *hinter* seinem Sprechenkönnen als geistigem Vermögen; zurückgeblieben *zwischen* lebendigem Ausdruck und geistiger Äußerung. Diese Zurückgebliebenheit hat ihren Grund aber nicht in einem Mangel, dem Mangel der Wirklichkeit gegenüber ihrem Ideal, als Geist, sondern einem Überschuß: einem Zuviel an lebendiger Kraft. Die Kräfte rumoren in ihrem Spiel und Kampf im Untergrund des Geistes fort, nicht nur als Begrenzung seiner Reichweite, sondern auch als Ermöglichung seiner Hervorbringungen. »Genealogie« ist der Name für eine Reflexionsform des Geistes, die dieses Rumoren hörbar werden läßt.

31 Merleau-Ponty, *Die Prosa der Welt*, S. 65. Daniel Heller-Roazen hat dieses Fortwirken als »Echolalie« beschrieben und deren Indirektheit und Gebrochenheit betont. Das Kind lernt zu sprechen »nur durch einen Akt des Vergessens [...], durch eine kindliche Sprachamnesie«, indem es »seine bislang grenzenlosen Fähigkeiten zur Lautbildung« einbüßt. Das Brabbeln ist verschwunden. Es bleibt nur als ein »Echo« hörbar. Das wäre »das Echo eines anderen Sprechens oder das Echo von etwas anderem als Sprechen: eine Echolalie, welche die Erinnerung an das undifferenzierte, unvordenkliche Lallen bewahrte, das durch sein Verschwinden erst die Existenz aller Sprachen ermöglichte.« (Daniel Heller-Roazen, *Echolalien. Über das Vergessen von Sprache*, Frankfurt/M.: Suhrkamp 2008, S. 10-12.)

32 Cavell, *Der Anspruch der Vernunft*, S. 223.

II.
Kritik und Affirmation

4.
Zweite Natur
Der schwerste Punkt

Im antiken Nachdenken über die Tugend bezeichnet der Begriff der »zweiten« Natur das Gelingen der sittlichen Bildung: Der Prozeß der Erziehung ist gelungen, wenn er im Menschen (der dadurch zum sozialen Mitglied wird) den Habitus der Tugenden wie eine »andere Natur« hervorzubringen vermocht hat. Dieser antiken Einsicht, die in den verschiedenen Spielarten des Neoaristotelismus gegenwärtig reformuliert wird, werde ich die Untersuchung des Begriffs der zweiten Natur gegenüberstellen, die Hegel vorgenommen hat und die in der kritischen Theorie fortgesetzt worden ist. Denn im Gegensatz zur (neo)aristotelischen Verwendung hat der Begriff der zweiten Natur bei Hegel einen wesentlich *kritischen* Gehalt. Ja, durch den Begriff der zweiten Natur macht Hegel den entscheidenden Schritt zu einer Form der Kritik, die sich radikal von dem religiös oder moralisch verstandenen Gedanken individueller Verursachung (und damit Verschuldung) des Falschen löst. Der Begriff der zweiten Natur markiert Hegels Schritt zur Gesellschaftskritik. Das werde ich zuerst rekonstruieren (a). Zugleich aber beschreibt nach Hegel *dieselbe* Struktur, die den kritischen Gehalt in der Auffassung des Geistes als zweiter Natur ausmacht, auch die Gestalt oder Bedingung seines Gelingens. In Hegels Begriff der zweiten Natur sind Kritik und Affirmation auf komplexe, unauflösbare Weise ineinander verschlungen; das werde ich im zweiten Schritt diskutieren (b). Ich schließe mit einem Ausblick auf die Konsequenzen, die die Einsicht in die Verschlingung von Kritik und Affirmation für den logischen Ort der zweiten Natur und damit für das Verständnis ihrer Verfassung und ihrer Gestalten haben muß (c).

a. Der Mechanismus des Geistes

Freiwillige Knechtschaft

Wie im antiken Denken, so hat auch bei Hegel der Begriff der zweiten Natur seinen Platz in der Theorie der Bildung; der Begriff der zweiten Natur ist ein paideologischer Begriff. Seit der Analyse in der *Phänomenologie des Geistes* versteht Hegel die Bildung als die einzige Möglichkeit, das Paradox der Befreiung zu lösen, in das der Sklave (oder Knecht) sich unlösbar verstrickt: das Paradox, daß der Sklave sich nur befreien kann, wenn er schon frei ist.[1] Die Bildung löst dieses Paradox der Befreiung, indem sie durch Arbeit – die Formierung des Selbst durch die Formierung des Gegenstands – den Bürger hervorbringt: Im Gegensatz zum Sklaven kann der Bürger sich (politisch) befreien, weil er seine Freiheit bereits (gesellschaftlich) erarbeitet hat. Zugleich aber wiederholt sich das Paradox der Befreiung in der Bildung. In der Bildung kann sich der Bürger die Befreiung aus seiner natürlichen Existenz nur so erarbeiten, daß er sich der Notwendigkeit der sozialen Existenz, der Macht sozialer Formen und Normen unterwirft. Während jemand ein Sklave ist, weil er *keinen* eigenen Willen hat, reproduziert der Bürger durch seinen eigenen Willen die Herrschaft, die die sozialen Formen und Normen über ihn ausüben. Der Zustand »selbst verschuldeter Unmündigkeit«,[2] aus dem nach Kant die Aufklärung herausfinden soll, ist nichts anderes als der Stand des Bürgers – des Mitglieds der bürgerlichen Gesellschaft. *Seine* Knechtschaft ist wahrhaft »freiwillig«, denn er tut sie »sich selber« an:[3] Er bringt die Notwendigkeit sozialer Formen durch ebenjene Arbeit hervor, durch die er sich von der Notwendigkeit natürlicher Antriebe befreit.

Wie läßt sich das verstehen? Wie läßt sich verstehen, daß die Geknechteten sich ihre Knechtschaft, die Beraubung ihrer Freiheit, selbst, aus eigenem Willen antun? Worin besteht dieses »Monstrum

1 Dazu oben, Kap. 2, S. 68.

2 Immanuel Kant, »Beantwortung der Frage: Was ist Aufklärung?«, in: *Werke*, hg. von Wilhelm Weischedel, Darmstadt: Wissenschaftliche Buchgesellschaft 1956, Bd. VI, S. 51-61, hier S. 53.

3 Etienne de la Boetie, *Über die freiwillige Knechtschaft des Menschen*, Frankfurt/M.: Europäische Verlagsanstalt 1968, S. 33-35.

von Laster«,[4] in dem der freie Wille sich gegen sich selbst kehrt? Auf diese Fragen soll der Begriff der zweiten Natur eine Antwort geben. Er erklärt, wie im Prozeß der Bildung Freiheit in Notwendigkeit, Befreiung aus der natürlichen Existenz in neue, soziale und daher freiwillige Knechtschaft umschlägt. Die Theorie der zweiten Natur untersucht also das monströse Laster der freiwilligen Knechtschaft, indem sie es als soziales Laster begreift – als das Laster, ja als das Monströse des Sozialen. Es geht im Begriff der zweiten Natur um den Umschlag von Freiheit in Knechtschaft als die dialektische Grundbestimmung des Sozialen: der sozialen Existenz des Subjekts.

Die Selbstverschuldung der Unmündigkeit läßt sich daher – so lautet die Eingangsthese der Theorie der zweiten Natur in negativer Formulierung – *nicht* verstehen, wenn man das Subjekt bloß in seinem Verhältnis zur ersten, sei es äußeren oder inneren Natur betrachtet. Dann kommt man nicht aus der Antinomie heraus, in die sich Kant bei dem Versuch verstrickt, zu klären, was Heteronomie, die Unfreiheit oder Knechtschaft des Willens ist. In seinen moralphilosophischen Schriften unterscheidet Kant »zwei Standpunkte«, aus denen sich ein vernünftiges Wesen betrachten kann: »*[E]inmal*, sofern es zur Sinnenwelt gehört, unter Naturgesetzen (Heteronomie), *zweitens* als zur intelligibelen Welt gehörig, unter Gesetzen, die, von der Natur unabhängig, nicht empirisch, sondern bloß in der Vernunft gegründet sind.«[5] Der Wille ist heteronom, wenn er »unter Naturgesetzen« steht, also bloß ein weiteres Element in dem äußerlichen Zusammenhang von Notwendigkeit und Zufälligkeit ist, der die Ordnung der Natur ausmacht. So aber ist der *heteronome* Wille gar kein *Wille* mehr. Deshalb gibt Kant in der Religionsschrift die dualistische Konstruktion zweier Standpunkte auf und schreibt, daß »in keinem die Willkür durch Neigung *bestimmenden* Objekte, in keinem Naturtriebe, sondern nur in einer Regel, die die Willkür sich selbst für den Gebrauch ihrer Freiheit macht, d. i. in einer Maxime, der Grund des Bösen liegen« kann; denn die Freiheit der Willkür kann »durch keine Triebfeder zu einer Handlung bestimmt werden [...], als nur sofern der Mensch sie *in seine Maxime aufgenommen hat* (es sich zur allgemeinen Re-

4 Ebd., S. 34.

5 Immanuel Kant, *Grundlegung zur Metaphysik der Sitten*, in: *Werke*, Bd. IV, S. 88 (AB 108 f.).

gel gemacht hat, nach der er sich verhalten will«.[6] Wenn der Gebrauch der Freiheit, sich eine Regel zu machen, aber den Begriff des Willens definiert, so kann es gemäß dieser Definition gar keinen unfreien Willen geben und die selbstverschuldete Unmündigkeit wird schlechthin undenkbar. Indem Kant in der Religionsschrift den Dualismus zweier »Standpunkte«, der den Heteronomiebegriff seiner Moralphilosophie definierte, mit guten Gründen preisgibt, verliert er die Möglichkeit, überhaupt noch zu verstehen, worin ein natürlicher oder heteronomer Wille bestehen kann. »Heteronomie« löst sich auf in kausale Determination ohne Willen *oder* in einen Willen ohne Unfreiheit.

Der Begriff der zweiten Natur bietet einen Ausweg aus dieser Kantischen Antinomie, indem er die Unfreiheit des Willens nicht als seine Determination durch natürliche Antriebe versteht (die ihn seines Willenscharakters beraubte[7]), sondern durch die *Seinsart der Regel* erklärt, durch die er von jenen Antrieben frei ist. Nur durch die Orientierung an Regeln wird der Wille hervorgebracht oder das Selbst frei von der Determinationsmacht seiner natürlichen Antriebe. Das geschieht nach Hegels Einsicht, indem das Selbst zum sozialen Teilnehmer (und dadurch zum Subjekt) wird.[8] Genau darin aber wiederholt sich seine Unfreiheit als Knechtung durch die Macht sozialer Formen und Normen. Das ist die freiwillige Knechtschaft der sozialen Existenz: freiwillig – nicht weil sie frei gewählt, sondern weil sie das Medium der Freiheit ist; Knechtschaft – weil sie dem Selbst in der Gestalt einer neuen, zweiten Notwendigkeit gegenübertritt. Die These lautet mithin, daß das Soziale als Medium der Freiheit in einen Mechanismus der Knechtschaft umschlägt. Die Erklärung dafür, wie das geschieht, gibt der kritische Begriff der zweiten Natur: Das soziale Medium der Freiheit schlägt in einen Mechanismus der Knechtschaft um, weil die

6 Immanuel Kant, *Die Religion innerhalb der Grenzen der bloßen Vernunft*, in: *Werke*, Bd. IV, S. 677 (AB 7) u. S. 670 (A 10/B 12).

7 Siehe dazu die Diskussion der Probleme, die in Christine Korsgaards Konzeption mit der Deutung der Willensschwäche und der irrationalen Motivierung auftreten, in: Robert B. Pippin, *Hegel's Practical Philosophy. Rational Agency as Ethical Life*, Cambridge: Cambridge University Press 2008, S. 174-179; Robert B. Pippin, »Über Selbstgesetzgebung«, in: ders., *Die Aktualität des deutschen Idealismus*, Berlin: Suhrkamp 2016, S. 52-84, hier S. 70-75.

8 Zu diesem Schritt von Hegels sozialer Theorie der Freiheit über Kant hinaus siehe oben, Kap. 1, S. 27-30, und Kap. 2, S. 73-75.

sozialen Regeln, durch die das Selbst von der Determinationsmacht seiner natürlichen Antriebe frei wird, sich zu quasi- oder zweitnatürlichen Mechanismen verselbständigen. »Zweite Natur« heißt: Naturalisierung des Sozialen.

Exkurs: Kritik des Neoaristotelismus

Der leitende Gedanke von Hegels kritischer Theorie der zweiten Natur ist antiaristotelisch. Diese Entgegensetzung wird deutlich, wenn man sich zunächst klarmacht, in welchen Hinsichten diese beiden Theorieformen übereinstimmen.

Im aristotelischen Verständnis formuliert der Begriff der zweiten Natur die Einsicht, daß die als geistige spezifisch menschlichen Fähigkeiten kulturell hervorgebracht und zugleich dem Menschen wesentlich sind. Zweite Natur heißt: gewordenes Wesen; die eigene Natur als hervorgebrachte.[9] Geist ist aristotelisch verstanden zweite Natur, weil Geist zu haben den Menschen ausmacht und zugleich kein Sein ist, sondern Gewordensein. Der Mensch wird erst zu dem gebildet, was er ist. Das ist der erste Sinn des Begriffs der zweiten Natur, der allen weiteren (und kontroversen) Erläuterungen zugrunde liegt. Der Begriff der zweiten Natur ist paideologisch.

Im *traditionellen* Aristotelismus wird der Gedanke der zweiten Natur weiter so verstanden, daß sowohl das Daß wie das Wozu der Bildung des Menschen durch seine Natur vorherbestimmt ist. Die Bildung der zweiten Natur wird hier teleologisch verstanden. Daß wir – so Aristoteles – »die natürliche Anlage haben, [geistige Vermögen] in uns aufzunehmen« (die aber »zur Wirklichkeit« erst »durch Gewöhnung« werden[10]), bedeutet nach dieser traditionellen Deutung, daß der Mensch von »Natur aus dazu geneigt [ist]«,[11] geistige Fähigkeiten auszubilden. Diese Neigung, die in der (ersten)

9 John McDowell, »Zwei Arten des Naturalismus«, in: ders., *Wert und Wirklichkeit. Aufsätze zur Moralphilosophie*, Frankfurt/M.: Suhrkamp 2009, S. 30-73, hier S. 54.

10 Aristoteles, *Nikomachische Ethik*, Hamburg: Meiner 1972, II.1, 1103a, S. 26.

11 So Rüdiger Bubner in einer kurzen Skizze der Differenz zwischen McDowells Neoaristotelismus und dem traditionellen Aristotelismus: Rüdiger Bubner, »*Bildung* and Second Nature«, in Nicholas H. Smith (Hg.), *Reading McDowell. On* Mind and World, London, New York: Routledge 2002, S. 209-216, hier S. 211.

Natur des Menschen schon wirksam ist, reguliert den Bildungsprozeß, in dem der Mensch seine zweite Natur gewinnt.

John McDowells Neoaristotelismus – und dadurch bricht er mit dem traditionellen – weist diesen teleologischen Begriff der zweiten Natur zurück. Nach McDowell hat Robert Pippin einfach recht, wenn er – wie er meint: gegen McDowell – schreibt, »daß wir nicht [Aristoteles'] oder irgend jemand anderes Ansicht von gattungsspezifischen und vorherbestimmten Gestalten einer *natürlichen* Verwirklichung« von Fähigkeiten »einkaufen« sollten.[12] McDowell deutet den paideologischen Gehalt des Begriffs der zweiten Natur nicht teleologisch, sondern historisch: Neoaristotelisch verstanden ist die Hervorbringung der zweiten Natur kontingent. Daß das Wesen des Menschen gebildet und insofern zweite Natur ist, bedeutet, daß weder der Modus der Hervorbringung noch die Gestalt des Hervorgebrachten als »naturhaft« zu verstehen sind. Die Hervorbringung ist eine soziokulturelle Tätigkeit, und so hat das Hervorgebrachte eine soziokulturell bestimmte Gestalt.

Daß die durch Bildung gewonnenen geistigen Fähigkeiten das Wesen des Menschen bilden, macht diese Fähigkeiten nach McDowell zugleich jedoch in einem anderen, zweiten Sinn »natürlich«: Sie sind es in ihrer Verfassung oder Operationsweise. *Neben* dem paideologischen Begriff der zweiten Natur (den er nicht teleologisch, sondern historisch versteht) verwendet McDowell den Begriff der zweiten Natur daher auch noch, um die grundlegende Einsicht zu formulieren, »daß begriffliche Fähigkeiten nicht nur in freier intellektueller Aktivität auftreten, sondern ebenso in Operationen der Rezeptivität, die außerhalb unserer Kontrolle liegen«.[13]

12 John McDowell, »Responses«, in: Smith (Hg.), *Reading McDowell*, S. 269-305, hier S. 275. McDowell zitiert Robert B. Pippin, »Leaving Nature Behind: Or Two Cheers for ›Subjectivism‹«, in: ders., *The Persistence of Subjectivity. On the Kantian Aftermath*, New York: Cambridge University Press 2005, S. 186-205, hier S. 202. Terry Pinkard nennt dies Hegels »entzauberten Aristotelischen Naturalismus« und erläutert die Konsequenz für den Begriff des menschlichen Endzwecks; siehe ders., *Hegel's Naturalism. Mind, Nature, and the Final Ends of Life*, Oxford: Oxford University Press 2012, Kap. 1 und 3.

13 McDowell, »Responses«, S. 274. Zur Erläuterung dieser These durch die Deutung von Kants Theorie der Sinnlichkeit siehe James Conant, »Die Einheit des Erkenntnisvermögens bei Kant«, und Andrea Kern, »Kant über selbstbewusste Sinnlichkeit und die Idee menschlicher Entwicklung«, beide in: Andrea Kern/Christian Kietzmann (Hg.), *Selbstbewusstes Leben. Texte zu einer transformativen*

Rezeptiver, nicht bewußt kontrollierter Vollzug und begrifflicher Gehalt schließen sich nicht aus, sondern sind miteinander vereinbar. Die Verwendung des Begriffs der zweiten Natur zur Formulierung dieser Einsicht begründet McDowell aus seiner polemischen Frontstellung gegen den Naturbegriff der neuzeitlichen Philosophie. In dessen Entgegensetzung zum Geist als dem Bereich freier, selbstbewußter Handlungen können Prozesse sinnlicher Rezeptivität nur auf die Seite kausal determinierter Geschehen fallen und also nicht als die Verwirklichung begrifflicher oder geistiger Fähigkeiten verstanden werden. Es bedarf daher eines anderen Begriffs der Natur, um die Möglichkeit einer sinnlich-rezeptiven Aktualisierung geistiger Fähigkeiten denken zu können.

Nach McDowell ist der Begriff der zweiten Natur hier nichts anderes als ein zweiter Begriff der Natur. Man braucht ihn nur, um die traditionelle Entgegensetzung von Geist und Natur zu überwinden, die systematisch die Einsicht verstellt, daß der Geist eine wesentliche rezeptive Form hat. Nachdem der Begriff der zweiten Natur diese Arbeit getan hat, »kann die Natur wieder aus dem Bild herausfallen« und »es dem Moment der Rezeptivität überlassen, die Pseudoprobleme aufzulösen«, die durch den traditionellen Gegensatz von Geist und Natur, Freiheit und Determination hervorgebracht werden.[14] In dieser Verwendung hat der Begriff der zweiten Natur mithin einen kritischen, genauer: einen therapeutischen Sinn. Er dient der Kritik an der neuzeitlichen Entgegensetzung von Geist und Natur (und kann nach deren Überwindung auch wieder aufgegeben werden). In seinem kritisch-therapeutischen Gehalt zielt der Begriff der zweiten Natur auf die konstitutive Rezeptivität des Geistes: darauf, daß der Geist nicht gemäß dem neuzeitlichen Zerrbild in Spontaneität aufgeht, sondern wesentlich inert und passiv ist.

Das ist der Punkt, an dem Hegels Begriff der zweiten Natur sich dem neoaristotelischen entgegensetzt: Hegel teilt (mit allen Aristotelismen) das paideologische Verständnis der zweiten Natur. Hegel

Theorie der menschlichen Subjektivität, Berlin: Suhrkamp 2017, S. 229-269 u. S. 270-301.

14 So schreibt McDowell (»Responses«, S. 277) in seiner Antwort auf Pippin, um dessen Sorge zu zerstreuen, daß mit der Einführung des Begriffs der zweiten Natur der freiheitstheoretische Gehalt des modernen »Subjektivismus« verspielt werden könne.

teilt ebenfalls, mit dem Neoaristotelismus gegen den traditionellen, das historische Verständnis der Bildung der zweiten Natur. Und Hegel teilt auch noch mit dem Neoaristotelismus die kritische Verwendung des Begriffs der zweiten Natur. Aber Hegel versteht den kritischen Gehalt ganz anders als der Neoaristotelismus: McDowell versteht ihn als Ideologiekritik (oder therapeutisch), Hegel dagegen als *Real-* oder *Sozial*kritik. Nach McDowell gilt die Kritik des Begriffs der zweiten Natur einer falschen philosophischen Auffassung des Unterschieds von Geist und Natur, bei Hegel jedoch einer *falschen Gestalt* des Geistes, die seine Wirklichkeit ausmacht: Die zweite Natur ist eine falsche Gestalt des Geistes, die durch den Geist selbst hervorgebracht worden ist.

Das bloß therapeutische Verständnis des kritischen Gehalts des Begriffs der zweiten Natur hat zur Folge, daß dieser Begriff auch keiner positiven Charakterisierung bedarf (und fähig ist): Weil der Begriff der zweiten Natur nur dazu dient, uns daran zu erinnern, daß »die Erfahrung *zugleich* ein natürliches Phänomen *und* etwas ist, in dessen Licht Ansichten über die Welt annehmbar oder nicht annehmbar sind«,[15] hat er keinen weiter zu bestimmenden Gehalt (und ist deshalb gar kein *Begriff*). Er sagt nichts, sondern tut oder bewirkt nur etwas. Das heißt nicht, daß die Konzeption des Geistes, die ihn, gegen die neuzeitliche Philosophie, als wesentlich inert oder rezeptiv versteht, keiner positiven Bestimmung, ja keiner Theorie bedürftig und noch nicht einmal theoriefähig ist. Daß der Begriff der zweiten Natur nichts weiter besagt, bezieht sich allein auf seinen Beitrag zur Erläuterung dieser alternativen Konzeption des Geistes; dieser Beitrag besteht nur darin, an etwas zu erinnern, was »dünn und offensichtlich«[16] ist: daß das richtige Verständnis

15 So McDowell in seiner Antwort auf Hans-Peter Krüger, »The Second Nature of Human Beings: An Invitation for John McDowell to Discuss Helmuth Plessner's Philosophical Anthropology« (in: *Philosophical Explorations*, Bd. 1 [1998], Nr. 2, S. 107-119): John McDowell, »Comment on Hans-Peter Krüger's Paper«, ebd., S. 120-125, hier S. 122.

16 McDowell, »Comment on Hans-Peter Krüger's Paper«, S. 123. Zur (im Folgenden formulierten) Gegenthese, daß es einer positiven Ausarbeitung des Begriffs der zweiten Natur bedarf, siehe Christoph Halbig, »Varieties of Nature in Hegel and McDowell«, in: *European Journal of Philosophy*, Bd. 14 (2006), Heft 2, S. 222-241, hier S. 235 f. Im Gegensatz zu Halbig muß dieser positive Begriff der zweiten Natur, der über den bloß therapeutischen hinausgeht, jedoch als ein *kritischer* – oder wie Thomas Khurana (*Das Leben der Freiheit. Form und Wirklichkeit der*

des Geistes *jenseits* des neuzeitlichen Dualismus liegt. Der Ausdruck »zweite Natur« hat für McDowell keinen positiven Gehalt, weil er bloß einen negatorischen Sinn hat. »Zweite Natur« sagt allein: *nicht* »Natur« – aber deshalb auch nicht »Geist« – *im Sinn* des neuzeitlichen Gegensatzes von Geist und Natur.

Dem ist Hegels real- oder sozialkritische Verwendung des Begriffs genau entgegengesetzt. »Zweite Natur« soll sagen: Es gibt im Geist eine für ihn konstitutive Gestalt oder Dimension der Inertie, die sich nicht anders beschreiben läßt als so, daß er naturhaft exakt im Sinn der neuzeitlich dem Geist entgegengesetzten Natur ist. In Hegels Verwendung bezeichnet »zweite Natur« nicht eine Konzeption des Geistes jenseits des (neuzeitlich verstandenen) Gegensatzes von Geist und Natur, sondern drückt aus, daß die Wirklichkeit des Geistes sich nur dadurch beschreiben läßt, daß er diesen Gegensatz *in sich reproduziert.* Hegels Begriff der zweiten Natur verfolgt keine therapeutische Strategie, sondern formuliert eine dialektische These: die These, daß die wesentliche Inertie des Geistes als das Andere des Geistes im (und durch den) Geist begriffen werden muß – als dialektischer Umschlag des Geistes in einen naturhaften Mechanismus.

Das Hybrid der Gewohnheit

Die Struktur der Verselbständigung, die die zweite Natur hervorbringt, beschreibt Hegel am Begriff der Gewohnheit:

> Obgleich [...] der Mensch durch die Gewohnheit einerseits frei wird, so macht ihn dieselbe doch andererseits zu ihrem *Sklaven* und ist eine zwar nicht *unmittelbare, erste,* von der Einzelheit der Empfindungen beherrschte, vielmehr von der Seele *gesetzte, zweite Natur,* – aber doch immer eine *Natur,* ein die Gestalt eines *Unmittelbaren* annehmendes *Gesetztes,* eine selber noch mit der Form des *Seins* behaftete *Idealität* des Seienden, folglich etwas dem freien Geiste Nichtentsprechendes.[17]

Autonomie, Berlin: Suhrkamp 2017, S. 517) sagt: »wesentlich dialektischer« – Begriff verstanden werden.

17 Georg Wilhelm Friedrich Hegel, *Enzyklopädie der philosophischen Wissenschaften* (nachfolgend zitiert als *Enz*), Theorie-Werkausgabe, hg. von Eva Moldenhauer/ Karl Markus Michel, Frankfurt/M.: Suhrkamp 1969-70, Bde. 8-10 (= *Enz* I-III), hier *Enz* III, § 410 Z, S. 189. Wie Montaigne und Pascal versteht Hegel die Theorie der Gewohnheit als die Ontologie des Selbst in seiner sozialen Existenz:

Der Begriff der zweiten Natur erklärt, wie das aus Freiheit selbst Gemachte, also die Wirklichkeit des Geistes, in ein selbständig Seiendes, Unmittelbares umschlägt. In diesem Umschlag bildet sich eine Handlungsweise – die der Gewohnheit –, für die zweierlei zugleich gilt: Sie ist »nicht durch *Gründe*« geleitet (oder also nicht selbstbewußt, sondern »unbewußt«),[18] aber auch kein bloß äußerlich determiniertes, kausal erklärbares Geschehen; denn dann wäre die Gewohnheit gar keine Weise des Handelns und die zweite Natur keine Gestalt des Geistes. Das unbewußte Handeln im Geist als zweiter Natur ist *weder* durch Gründe geleitet *noch* durch Kausalgesetze determiniert. Es ist ein Hybrid – ein »geistiger Mechanismus«:

Wie der *materielle* Mechanismus, so besteht auch der *geistige* darin, daß die im Geiste Bezogenen sich einander und ihm selbst äußerlich bleiben. Eine *mechanische Vorstellungsweise*, ein *mechanisches Gedächtnis*, die *Gewohnheit*, eine *mechanische Handlungsweise* bedeuten, daß die eigentümliche Durchdringung und Gegenwart des Geistes bei demjenigen fehlt, was er auffaßt oder tut. Obzwar sein theoretischer oder praktischer Mechanismus nicht ohne seine Selbsttätigkeit, einen Trieb und Bewußtsein stattfinden kann, so fehlt darin doch die Freiheit der Individualität, und weil sie nicht darin erscheint, erscheint solches Tun als bloß äußerliches.[19]

Der Mechanismus des Geistes kann »nicht ohne seine Selbsttätigkeit« wirken, aber zugleich »fehlt darin [...] die Freiheit«. Ist das nicht ein bloßer Widerspruch? *Besteht* die Freiheit des Geistes nicht in seiner Selbsttätigkeit? Oder können Selbsttätigkeit und Unfreiheit zusammengedacht werden?

Die erste Stelle in Hegels Geistphilosophie, an der er den Ver-

Gewohnheiten machen das Selbst sozial, und in Gesellschaft zu leben heißt, Gewohnheiten zu teilen und zu folgen. Zu dieser Tradition des Gewohnheitsbegriffs siehe Gerhard Funke, *Gewohnheit* (= *Archiv für Begriffsgeschichte*, Bd. 3), Hamburg: Meiner ²1961, Kap. 13 und 15; Norbert Rath, *Zweite Natur. Konzepte einer Vermittlung von Geist und Natur in Anthropologie und Ästhetik um 1800*, Münster u. a.: Waxmann 1996, S. 11-25; ders., »Natur, zweite«, in: Joachim Ritter/Karlfried Gründer (Hg.), *Historisches Wörterbuch für Philosophie*, Bd. 6, Darmstadt: Wissenschaftliche Buchgesellschaft 1984, Sp. 484-494.

18 Georg Wilhelm Friedrich Hegel, *Grundlinien der Philosophie des Rechts* (nachfolgend zitiert als *Rph*), Theorie-Werkausgabe, Bd. 7, § 147 N, S. 296.

19 Georg Wilhelm Friedrich Hegel, *Wissenschaft der Logik II*, Theorie-Werkausgabe, Bd. 6, S. 410.

such einer Beschreibung des »geistigen Mechanismus« unternimmt, die ihren Widerspruch auflöst, ohne die Spannung, die das Phänomen ausmacht, zum Verschwinden zu bringen, ist die Theorie der Gewohnheit.[20] Dabei übersetzt Hegel mit »Gewohnheit« *hexis* oder *habitus*. Die Gewohnheit ist mithin nicht bloß eine Technik des Umgangs mit den Komplexitäten des Alltags, die aus zeitökonomischen Gründen neben reflektierten Einstellungen ausgebildet wird; Gewohnheiten in Hegels Sinn sind nicht, was die Soziologie »Routinen« nennt. Die Gewohnheit ist vielmehr die primäre Gestalt, die zuerst auftretende Form und zugleich fortwirkend grundlegende Dimension des menschlichen Welt- und Selbstverhältnisses, sofern es »künstlich«, also durch Bildung erworben ist. Hegels Beispiele für Gewohnheiten sind daher so elementare Vollzüge wie aufrecht stehen, sehen oder denken: »Die Form der Gewohnheit umfaßt alle Arten und Stufen der Tätigkeit des Geistes.« (*Enz* III, § 410 A, S. 186) Mehr noch: Alle menschlichen Vollzüge waren zuerst und sind bis zuletzt Gewohnheiten. Der Geist beginnt im Menschen als Gewohnheit, und er bleibt wesentlich Gewohnheit.

Die Gewohnheit als primäre Gestalt des menschlichen Geistes ist eine Verknüpfung von Unvereinbarem.[21] Diese hybride Verfassung macht »die Bestimmung des *Begriffs* derselben schwierig« (*Enz* III, § 410 Z, S. 187), ja, sie gehört »zu den schwersten Bestimmungen« und pflegt daher in »wissenschaftlichen Betrachtungen der Seele und des Geistes [...] übergangen« zu werden (§ 410 A, S. 187). Hegel erläutert diese hybride Verfassung der sozialen Gewohnheit durch eine Theorie der Bildung des Subjekts als sozialer Disziplinierung: Die Gewohnheit ist (i) das Resultat der körperlichen »Einwohnung« eines künstlichen Zwecks und daher geistig; und (ii) verknüpft sie ihre Elemente in bloß äußerlicher Notwendigkeit und ist daher mechanisch.

(i) Die *eine Seite der Gewohnheit* ist, daß »ein subjektiver Zweck

20 Eine zweite entscheidende Stelle in der Theorie des subjektiven Geistes ist die Theorie des Gedächtnisses: »Die Gewohnheit ist wie das Gedächtnis ein schwerer Punkt in der Organisation des Geistes; die Gewohnheit ist der Mechanismus des Selbstgefühls wie das Gedächtnis der Mechanismus der Intelligenz ist.« (*Enz* III, § 410 A, S. 184) Dazu unten, Kap. 5.

21 Zur unauflöslichen »Zweideutigkeit der zweiten Natur« siehe Khurana, *Das Leben der Freiheit*, S. 389-408; zu der der Gewohnheit siehe Filippo Ranchio, *Dimensionen der zweiten Natur. Hegels praktische Philosophie*, Hamburg: Meiner 2016, Kap. IV.

in der Leiblichkeit geltend gemacht, diese ihm unterworfen und ganz durchgängig werden« soll (*Enz* III, § 410 A, S. 185).[22] Gewohnheiten sind durch Bildung erworbene und im Körper situierte Fähigkeiten. Gewohnheiten zu haben bedeutet, daß die »Idealität« des Geistes sich in den Körper, der dadurch zum Leib wird, »so völlig *eingewohnt* hat, daß sie sich in ihm mit *Freiheit* bewegt« (§ 410 Z, S. 188). Das geschieht durch »Wiederholung« und »Übung« (§ 410). Dadurch wird der Körper der Gewohnheit zum »Organ« oder »Werkzeug«, zu einem Sitz von Fähigkeiten: »Will ich daher meine Zwecke verwirklichen, so muß ich meinen Körper fähig machen.« (§ 410 A, S. 190) Die Gewohnheit ist die Praxis einer ontologischen Transformation: Durch Gewöhnung wird der Körper von einem (vor)gegebenen Sein, das festlegt, wer ich bin und was ich tue, zu einem Ort von Möglichkeiten – zu einem Instrument, durch das ich etwas machen kann.

In dieser Transformation des Körpers, von der Gegebenheit zur Fähigkeit, von der Notwendigkeit zur Möglichkeit, kommt zum Ausdruck, daß die Zwecke von Gewohnheiten nicht von Natur aus schon da sind. Was immer ich gewohnheitsmäßig zu tun gelernt habe, »[dazu] ist mein Leib nicht von Natur geschickt. [...] Zu diesem Dienst muß mein Leib erst gebildet werden.« (*Enz* III, § 410 Z, S. 190) Für die Gewohnheit, als Resultat einer Transformation des Körpers, ist es wesentlich, eine künstliche, erworbene oder geistige Fähigkeit zu sein. Die menschlichen Gewohnheiten unterscheiden sich daher nicht nur von den kausalen Dispositionen unbelebter Dinge, sondern auch von den natürlichen Fähigkeiten lebender Wesen:[23] Weil Gewohnheiten im Körper durch seine übende Transformation gebildet sind, sind sie als körperliche zugleich *geistige* Fähigkeiten.

Es gibt mithin drei Typen von allgemeinen Verhaltensmöglichkeiten: Dispositionen unbelebter Dinge, natürlich gegebene und künstlich erworbene oder geistige Fähigkeiten. Für alle gilt, daß sie

22 Dazu Barbara Merker, »Über Gewohnheit«, in: Lothar Eley (Hg.), *Hegels Theorie des subjektiven Geistes*, Stuttgart-Bad Cannstatt: Frommann-Holzboog 1990, S. 227-243; Ludwig Siep, »Leiblichkeit, Selbstgefühl und Personalität in Hegels Philosophie des Geistes«, in: ders., *Praktische Philosophie im deutschen Idealismus*, Frankfurt/M.: Suhrkamp 1992, S. 195-216.

23 Hegel untersucht sie in dem Kapitel über die »natürliche Seele«, das dem über die »fühlende Seele«, in dem die Theorie der Gewohnheit steht, vorhergeht.

sich in je besonderem Verhalten realisieren, das sich daher unter Bezug auf die allgemeine Verhaltensmöglichkeit erklären läßt: Die kausalen Dispositionen unbelebter Dinge legen fest, was mit diesen Dingen »sicherlich oder wahrscheinlich« geschieht.[24] Im Unterschied dazu verwirklichen sich die natürlichen Fähigkeiten von Lebewesen in deren zweckhaften, aber instinkthaften Reaktionen auf ihre Umwelt; Fähigkeiten sind durch Zweckorientierung definiert. Fähigkeiten, mithin die Orientierung an Zwecken – wenn auch erbärmlich wenigen – hat der Mensch daher bereits von Natur (der Säugling *kann* schreien, *um* ein Gefühl des Mangels auszudrücken). Davon unterscheiden sich die gewohnheitsmäßigen Fähigkeiten dadurch, daß ihre Zwecke künstlich sind. Daß durch Gewohnheiten der Körper zu einem Sitz von Möglichkeiten wird, besagt nicht nur, daß wir mit ihm etwas tun können; das gilt auch für natürliche Fähigkeiten. Sondern daß wir durch ihn etwas *wollen* können: Im Gegensatz zu den Zwecken natürlicher Fähigkeiten sind die von Gewohnheiten »gesetzte« oder gewollte Zwecke (denn Wollen bedeutet nicht, Zwecke zu haben, sondern sich Zwecke zu setzen). Das meint Hegel damit, daß die Zwecke in Gewohnheiten Zwecke des »Geistes« sind. Geistig zu sein qualifiziert die Zwekke von gewohnheitsmäßigen Fähigkeiten nicht inhaltlich, sondern hinsichtlich ihrer Seinsweise. In Gewohnheiten haben wir unseren Körper als Möglichkeit, indem wir ihre Zwecke als Möglichkeiten haben: Sie sind uns nicht von Natur gegeben, sondern als erworbene durch uns gesetzt oder gewollt. Gewohnheiten sind das »Kunstwerk der Seele« (*Enz* III, § 411): Sie sind das, wozu die Seele sich selbst gemacht hat.

(ii) Die *andere Seite der Gewohnheit* ist, daß die Verwirklichung ebendieser geistigen Zwecke »die Gestalt eines *Mechanischen*, einer bloßen *Naturwirkung*« annimmt (*Enz* III, § 410 Z, S. 191). Es gibt soziale Gewohnheiten nur so, daß ihre Zwecke durch Gewöhnung gesetzt, mithin geistige, nicht natürlich vorgegeben sind, zugleich aber verwirklichen sie sich mechanisch, *wie* natürliche Ursachen. Das erläutert Hegel zunächst so, daß die Verwirklichung von Zwek-

24 Gilbert Ryle, *Der Begriff des Geistes*, Stuttgart: Reclam 1969, S. 52, ausführlich: S. 155-166. (Daß es sich um Dispositionen »unbelebter Dinge« handelt, heißt selbstverständlich nicht, daß sie nur, sondern daß sie auch unbelebte Dinge besitzen – daß Dispositionen also lebendigen und geistigen Entitäten unter Absehung von ihrer Lebendigkeit und Geistigkeit zukommen.)

ken hier »keiner besonderen Willensanstrengung« bedarf (§ 411 Z, S. 196). Die Zwecke verwirklichen sich in Gewohnheiten von selbst – automatisch, ohne Nachdenken und Entschluß. Diese Erläuterung des Automatismus der Gewohnheit bleibt jedoch an der Oberfläche: Der mechanische Charakter der Gewohnheit besteht nicht nur darin, wie die Handlung ausgeführt wird – ohne sich dazu entschieden zu haben und sich dessen bewußt zu sein –, sondern wie die Handlung und ihre Zwecke dem Selbst der Gewohnheit *gegeben* sind. Der Mechanismus der Gewohnheit ist nicht nur ein psychologisches, sondern ein epistemologisches Phänomen.

Alle Vollzüge, die sich als die Verwirklichung einer Verhaltensmöglichkeit beschreiben lassen – seien dies die Dispositionen unbelebter Dinge oder natürlich gegebene oder erworbene, geistige Fähigkeiten –, haben die logische Form der Besonderung eines Allgemeinen. Deshalb erklären wir solche Vollzüge, indem wir »über die Handlung [genereller: den Vollzug] selbst hinausblicken«.[25] »[Aber] dieses Darüberhinausgehen ist nicht ein Hinter-die-Kulissen-Gehen im Sinn von Schlüssen auf okkulte Ursachen« (S. 63), sondern findet dadurch statt, daß der jeweilige Vollzug als Realisierung einer allgemeinen Form in einem besonderen Fall beschrieben wird. Daß der Vollzug der besondere Fall einer allgemeinen Form ist, besagt weiterhin, daß er in einer Situation geschieht, ohne die die Verwirklichung der Möglichkeit nicht eintreten würde. Diese Mitwirkung der Situation ist in den drei Klassen allgemeiner Verhaltensmöglichkeiten von unterschiedlicher Art. Die Aktualisierung der Dispositionen unbelebter Dinge wird durch das situative Eintreten von Ereignissen kausal bewirkt. Im Unterschied dazu ist die Verwirklichung der natürlichen Fähigkeiten von Lebewesen eine instinkthafte Reaktion auf Auslöser in der Umwelt. Geistige Fähigkeiten hingegen werden nicht so verwirklicht, daß sie von den Umständen einer Situation verursacht oder ausgelöst, sondern daß sie in einer Situation *ausgeübt* werden. Das geschieht aufgrund der Wahrnehmung der Situation. Als wahrnehmender ist der Situationsbezug ein Element *in* der Verwirklichung der geistigen Fähigkeiten; der Wahrnehmungsakt ist selbst Teil der Ausübung der geistigen Fähigkeit, die er begründet. Die Verwirklichung geistiger Fähigkeiten ist daher so auf die Situation, in der sie geschieht, bezo-

25 Ryle, *Der Begriff des Geistes*, S. 54.

gen, daß sie von ihr weiß. Das Wissen von der Situation ist Teil des praktischen Wissens, in dem die Ausübung geistiger Fähigkeiten besteht: Wissen darum, was zur Verwirklichung eines Zwecks in einer besonderen Situation zu tun ist. Das praktische Wissen in der Ausübung geistiger Fähigkeiten hat mithin zwei verschiedene »Stadien«: Es ist Wissen *vom* Allgemeinen *im* Besonderen; Wissen darum, was in einer Situation mit vielfältigen Aspekten und Bestimmungen zu tun gut ist.[26] Diese beiden Elemente – der allgemeine Gehalt und der besondere Gegenstand – »interagieren« so in der Ausübung geistiger Fähigkeiten, daß das allgemeine Wissen vom Guten in der – nicht: auf die[27] – Wahrnehmung der besonderen Situation angewandt wird.

Diese Erinnerung an die Struktur des praktischen Wissens erlaubt zu sagen, worin im Unterschied dazu das Mechanische der Gewohnheit besteht: Es besteht darin, daß in der Gewohnheit die allgemeine Orientierung und der Bezug auf die besondere Situation nicht miteinander »interagieren«. Die Gewohnheit ist keine Anwendung einer allgemeinen Überzeugung in der Wahrnehmung einer besonderen Situation; in der Gewohnheit findet keine Anwendung des Allgemeinen im Besonderen statt. Und zwar nicht deshalb, weil die Gewohnheit keinen allgemeinen Gehalt hätte. Sondern, genau umgekehrt, weil die Gewohnheit nur – *nichts als* – allgemeiner Gehalt ist. Die Gewohnheit ist bloße, daher abstrakte Allgemeinheit:

Das Allgemeine, auf welches sich die Seele in der Gewohnheit bezieht, ist jedoch – im Unterschiede von dem erst für das reine Denken vorhandenen, sich selbst bestimmenden, *konkreten Allgemeinen* – nur die aus der *Wiederholung vieler Einzelheiten* durch *Reflexion* hervorgebrachte *abstrakte Allgemeinheit.* Nur zu *dieser* Form des Allgemeinen kann die mit dem Unmittelbaren, also dem Einzelnen, sich beschäftigende natürliche Seele gelangen. Das auf die einander äußerlichen Einzelheiten bezogene Allgemeine ist aber das *Notwendige.* (*Enz* III, § 410 Z, S. 188 f.)

26 John McDowell, »Tugend und Vernunft«, in: ders., *Wert und Wirklichkeit*, S. 74-106, hier S. 99. – McDowell reformuliert damit die Struktur des praktischen Syllogismus ohne die übliche Trennung von »appetitiven« und »kognitiven« Einstellungen (ebd., S. 83-94).

27 Denn die Situationswahrnehmung ist selbst die Wahrnehmung des Guten und Schlechten – »eine Wahrnehmung hervorstechender Fakten [*saliences*]« (ebd., S. 99).

Die Gewohnheit ist das Tun des Immerselben, die genaue Wiederholung desselben Allgemeinen. »Es gehört zum Wesen der bloß gewohnheitsmäßigen Handlung, daß Einzelverrichtungen der Abklatsch ihrer Vorgänger sind.«[28] Was der Gewohnheit gegenüber der freien Ausübung geistiger Fähigkeiten fehlt, ist mithin nicht der allgemeine Gehalt, sondern der wahrnehmende Bezug aufs Besondere. Für die oder in der Gewohnheit gibt es keine Situation, die einer besonderen Wahrnehmung bedürfte. Oder: Die Situationswahrnehmung ist in der Gewohnheit gänzlich von der Zweckorientierung, das Besondere vom Allgemeinen determiniert. Das durch Übung eingewöhnte Selbst hat daher zwar »eine auch anderen zu überliefernde allgemeine Weise des Tuns, eine Regel« (*Enz* III, § 410 Z, S. 191) gewonnen, aber es kann diese Regel nicht *anwenden*, denn »anwenden« heißt: ein Allgemeines *im Besonderen* verwirklichen. Weil es einer allgemeinen Regel folgt, ist das Selbst der Gewohnheit weder von außen noch von innen determiniert, sondern ist frei, denn es will. Gerade am Willen mangelt es dem Selbst der Gewohnheit nicht: Es kann nur wollen, aber es kann nicht wahrnehmen.

Unbewußtsein

Weil es nicht wahrnehmen kann, hat das Selbst der Gewohnheit auch kein praktisches Wissen. Zwar weiß das Selbst der Gewohnheit stets genau und sicher, was es tun muß: genau dasselbe wie bisher. Was das war und verlangt, dessen ist das Selbst der Gewohnheit sich gewiß. Das Selbst der Gewohnheit will nur dasselbe sein und bleiben. Gerade so aber spaltet es sich in sich. Denn sein Wissen von dem, was es tun will oder muß – immer nur dasselbe wie bisher –, kann niemals zugleich ein Wissen davon sein, was es soeben tatsächlich tut; denn tatsächlich tut es immer etwas Besonderes. Genau das heißt aber: Sein Wissen von dem, was es tun will oder muß, ist kein praktisches Wissen. Denn praktisches Wissen ist durch die Einheit von Wissen und Praxis definiert. Praktisches Wissen heißt ebenso Wissen von der Praxis wie (beziehungsweise weil) Praxis durch Wissen. Diese Einheit zerfällt in der Gewißheit der Gewohnheit, weil das Selbst der Gewohnheit das Wissen da-

28 Ryle, *Der Begriff des Geistes*, S. 50.

von, was es hier und jetzt tun muß oder will, auf das Wissen davon reduziert, was es bisher immer schon getan hat. Es sieht seine Praxis so, daß sie in der überschaubaren und erfaßbaren Reihe seiner bisherigen Verrichtungen aufgeht. Damit macht das Selbst der Gewohnheit die Praxis zu einem Ding. Sein Wissen von seinem Tun ist theoretisches Wissen: Wissen um die allgemeinen, abstrakten Merkmale, die allen seinen bisherigen Verrichtungen gemeinsam sind. Die Welt der Gewohnheit ist eine Welt,

> deren strenge Gesetzlichkeit, sowohl im Werden wie im Sein, für das erkennende Subjekt notwendig evident wird, die aber bei all dieser Gesetzmäßigkeit sich weder als Sinn für das sinnsuchende Subjekt noch in sinnlicher Unmittelbarkeit für das handelnde darbietet. Sie ist eine zweite Natur; wie die erste nur als Inbegriff von erkannten, sinnesfremden Notwendigkeiten bestimmbar und deshalb in ihrer wirklichen Substanz unerfaßbar und unerkennbar.[29]

Ebendeshalb, weil das Selbstbewußtsein der Gewohnheit theoretisches Wissen vom Abstrakt-Allgemeinen ist, ist es ebenso wesentlich Unwissen. Für die Gewohnheit gilt, daß sie »in ein Bewußtes und ein Unbewußtes entzweit«[30] ist: Weil die Gewißheit der Gewohnheit das Wissen um die allgemeinen Merkmale seiner bisherigen Verrichtungen ist; und weil das Selbst der Gewohnheit diese beobachtend gewußten allgemeinen Merkmale zu dem (darin »abstrakten«) Kriterium für seine gegenwärtige Verrichtung macht, produziert die Gewohnheit mit jeder Handlung eine von den Umständen der Situation bestimmte *andere Seite*, die sie nicht kennen kann. In ihrer Handlung spaltet sich die Gewohnheit in Gewußtes – die Handlung als identische Instanz der beobachtend identifizierten, daher abstrakt definierten allgemeinen Kriterien – und Nichtgewußtes – die Handlung in ihrem Vollzug in der besonderen

29 Georg Lukács, *Die Theorie des Romans*, Darmstadt, Neuwied: Luchterhand 1971, S. 53. (Lukács schreibt dies über die »Welt der Konvention«.)

30 So beschreibt Hegel die wesentliche Unbewußtheit der »sittlichen Handlung«, die sich am tragischen Helden zeigt: siehe Georg Wilhelm Friedrich Hegel, *Phänomenologie des Geistes* (nachfolgend zitiert als *PhG*), Theorie-Werkausgabe, Bd. 3, S. 349. Diese Verbindung von Gewohnheit und Sittlichkeit ist keine äußerliche: Die Sittlichkeit ist wesentlich Gewohnheit. Oder genauer: Gewohnheit und Sittlichkeit sind die beiden Momente der zweiten Natur – das subjektive und das objektive Moment.

Situation. »Dem Handeln liegt nur die eine Seite des Entschlusses überhaupt an dem Tage; er ist aber *an sich* das Negative, das ein ihm Anderes, ein ihm, der das Wissen ist, Fremdes gegenüberstellt.« (*PhG*, 347) Durch die situationslose Gewißheit, mit der das Selbst der Gewohnheit handelt, bringt es seine Unbewußtheit gegenüber dem eigenen Tun oder das eigene Tun als ein ihm Fremdes hervor.

Diese hybride Struktur definiert die Gewohnheit als den »Mechanismus des Geistes«. Die Gewohnheit ist ein Mechanismus des *Geistes*, weil sie eine Verhaltensweise ist, in der sich ein künstlich gebildeter, daher gesetzter oder gewollter Zweck verwirklicht. Weil das Selbst der Gewohnheit deren Zweck will, weiß es auch um ihn. Dieses Wissen aber ist wie das Wissen von einem Ding: das Wissen um eine abgeschlossene Reihe von Vollzügen, die in abstrahierend identifizierten Merkmalen übereinstimmen. Was das Selbst der Gewohnheit will ist, dieser Reihe ein weiteres Element hinzuzufügen, das der Reihe nichts hinzufügt. Das Kriterium der Gewohnheit ist: abstrakt definierbare Identität. Mechanisch ist die Gewohnheit in der Art ihrer Wiederholung. Denn »Wiederholung« heißt in der Gewohnheit, ein Verhalten zu reproduzieren, das dasselbe Merkmal noch einmal aufweist. Das kann die Gewohnheit nur leisten, wenn sie nicht weiß, weil sie verdrängt, was das Verhalten in der Tat in jedem Fall verändert. Das Selbst der Gewohnheit abstrahiert von seiner Situation.

Weshalb tut das Selbst der Gewohnheit das? In der identischen Reproduktion seines Verhaltens geht es dem Selbst der Gewohnheit um *seine* Identität. Diese ist dem Selbst der Gewohnheit auf dieselbe Weise gegeben wie die Reihe der gewohnheitsmäßigen Verrichtungen: als ein erkennbares, identifizierbares Ding mit Eigenschaften. Die Identität des Selbst der Gewohnheit ist daher gerade das Äußerliche. »[So] *bin* ich«, sagt das Subjekt in der zweiten Natur, die »Wahl, Billigung [ist] identisch mit mir gesetzt« (*Rph*, § 147 N, S. 296), sie ist »auf Naturbestimmtheit« (§ 150 A, S. 299) gegründet. Die Identität des Selbst der Gewohnheit ist imaginär: Sie ist geworden, geistig gesetzt und *erscheint* als Sein oder Natur.

b. Endlich und unendlich

Der Begriff der zweiten Natur besagt: Indem der Geist sich von der Natur unterscheidet, sich von der Determinationsmacht natürlicher Antriebe befreit, bringt er eine Welt hervor, die ihm als eine Natur gegenübertritt. Ist die erste Natur, von der der Geist sich befreit, eine Ordnung, die dem Geist als eine Ordnung der Notwendigkeit äußerlich gegenübersteht, so die zweite Natur eine Ordnung der Notwendigkeit *im* Geist: Zweite Natur ist Geist, der wie Natur verfaßt ist (*nicht*: durch Natur determiniert ist). Weil der Geist seinem Begriff nach aber nichts anderes als die Wirklichkeit der Freiheit ist, ist die Selbsthervorbringung des Geistes als (zweiter) Natur ein Akt der Selbstverstellung oder Selbstverkehrung: Der Geist erscheint sich selbst *wie* oder *als* Natur; er *verkehrt* sich in Natur. Der Begriff der zweiten Natur ist daher ein kritischer Begriff. Er bezeichnet eine Gestalt des Geistes, die im Widerspruch zu seinem eigenen Begriff steht: Die zweite Natur ist in ihrem mechanischen Prozedieren »etwas dem freien Geiste Nichtentsprechendes« (*Enz* III, § 410 Z, S. 189). Der Begriff der zweiten Natur ist ein Begriff der Kritik, weil Kritik diejenige Erkenntnisform ist, die den Widerspruch zwischen dem Begriff und der Wirklichkeit einer Sache entfaltet, und weil es dem Begriff des Geistes widerspricht, daß seine Regeln die Gestalt der zweiten Natur annehmen.

Der Begriff der zweiten Natur ist aber nicht nur deshalb ein kritischer Begriff, weil er eine mangelhafte Gestalt des Geistes bezeichnet, sondern weil er diese mangelhafte Gestalt des Geistes zugleich *erklärt*. Der Begriff der zweiten Natur ist, als der einer *zweiten* Natur, ein Begriff der »wahrhaft philosophischen Kritik«, die Marx dadurch der »vulgären« gegenüberstellt, daß sie die Gestalt, die sie kritisiert, zugleich in ihrer Entstehung erfaßt: »[S]ie *erklärt* sie, sie begreift ihre Genesis, ihre Notwendigkeit. Sie faßt sie in ihrer *eigentümlichen* Bedeutung.«[31] Diese Genesis der zweiten Natur als mangelhafter Gestalt des Geistes kann nur im Geist selbst liegen; der Grund für die Naturhaftigkeit des Geistes ist nicht die Natur, sondern der Geist. »Zweite Natur« bedeutet: »Wiederholung

31 Karl Marx, »Zur Kritik der Hegelschen Rechtsphilosophie. Kritik des Hegelschen Staatsrechts (§§ 261-313)«, in: Karl Marx/Friedrich Engels, *Werke*, Bd. 1, Berlin: Dietz 1977, S. 201-336, hier S. 296.

der Natur«[32] *im* Geist, *gegen* den Geist und *durch* den Geist. Zweite Natur ist vom Geist selbst gesetzte Natur – nicht bloße Natur, aber bloß *wie* Natur. Deshalb gilt in Wahrheit erst für die zweite Natur, was Hegel über die erste schreibt: daß sie der »Abfall« des Geistes von sich, aber: durch den und im Geist selbst ist – so wie »Jakob Böhme sagt, Gottes erste Geburt sei Luzifer«.[33] Zweite Natur ist das aus dem Geist geborene Andere, ja Widrige des Geistes: Ausdruck des Widerspruchs des Geistes mit sich. Der Begriff der zweiten Natur soll gegen den Fall des Geistes »kämpfen« (Marx) *und* ihn erklären, also in seiner Notwendigkeit begreifen.

Etwas Anthropologisches

Der kritischen Bestimmung der Gewohnheit als zweiter Natur – die Gewohnheit ist »ein die Gestalt eines *Unmittelbaren* annehmendes *Gesetztes*« (*Enz* III, § 410 Z, S. 189) – fügt Hegel die Erläuterung an, daß sie »etwas bloß *Anthropologisches*« sei. Daß die zweite Natur etwas »Anthropologisches« ist, heißt, daß die Selbstverkehrung des Geistes, die seine Gestalt als zweite Natur hervorbringt, das Gesetz ist, das den Geist in seiner menschlichen Erscheinungsform beherrscht. Der im Menschen erscheinende Geist ist »endlicher« Geist, und der kritisch-genealogische Begriff der zweiten Natur gehört in die Theorie des endlichen Geistes (und zwar in beide ihrer Teile: die Theorie des subjektiven und die Theorie des objektiven Geistes[34]). Ebenso die Notwendigkeit wie der Mangel der zweiten Natur im Geist sind relativ auf die Notwendigkeit (und den Mangel) seiner endlichen, menschlichen Gestalt.

Das bedeutet zweierlei: Es bedeutet zum einen, daß der end-

32 Max Horkheimer/Theodor W. Adorno, *Dialektik der Aufklärung. Philosophische Fragmente*, in: Adorno, *Gesammelte Schriften*, hg. von Rolf Tiedemann, Bd. 3, Frankfurt/M.: Suhrkamp 1981, S. 38.

33 »So ist die Natur auch als der *Abfall* der Idee von sich selbst ausgesprochen worden.« (*Enz* III, § 248 A, S. 28) Das erläutert Hegel im Zusatz (S. 30) so weiter: »Die Natur ist das Negative, weil sie das Negative der Idee ist. Jakob Böhme sagt, Gottes erste Geburt sei Luzifer.«

34 Vgl. Adriaan Peperzak, »›Second Nature‹: Place and Significance of the Objective Spirit in Hegel's *Encyclopedia*«, in: *The Owl of Minerva*, 27:1 (1995), S. 51-66; Italo Testa, »Selbstbewußtsein und zweite Natur«, in: Klaus Vieweg/Wolfgang Welsch (Hg.), *Hegels Phänomenologie des Geistes*, Frankfurt/M.: Suhrkamp 2008, S. 286-307; Ranchio, *Dimensionen der zweiten Natur*, S. 95-133.

liche Geist, der Geist, wie er im Menschen ist, vom Gesetz seiner Selbstverkehrung in eine zweite Natur *durchgehend* beherrscht wird. Die Selbstverfehlung des Geistes in seiner Verkehrung in eine zweite Natur ist kein vermeidbarer Fehler, sondern sie definiert die Endlichkeit des menschlichen Geistes: Als endlicher ist der Geist nicht bloß – oder rein – Geist. »Unter dem anthropologischen Aspekt« gilt, daß »der Geist *niemals aufhört*, naturverfallener Geist zu sein«.[35] In seiner anthropologischen Theorie der zweiten Natur beschreibt Hegel daher nichts anderes als die irreduzible Naturhaftigkeit des endlichen Geistes. Damit beginnt in Hegels Theorie der zweiten Natur eine materialistische Revision – nicht: Reduktion – der Theorie des Geistes.

Daß die Notwendigkeit und der Mangel der zweiten Natur im Geist relativ auf die Notwendigkeit (und den Mangel) seiner endlichen Gestalt sind, bedeutet jedoch zugleich und zum zweiten, daß den Begriff der zweiten Natur zu denken die Perspektive auf deren Überwindung einschließt. Als Teil einer Theorie des *endlichen* Geistes verlangt der Begriff der zweiten Natur nichts weniger als eine Theorie des »absoluten« Geistes. Wenn Hegel im Sinne von Marx' »wahrhaft philosophischer Kritik« die zweite Natur auf ihren »Geburtsakt« in der Selbstverkehrung des Geistes zurückführt, dann macht er den Geist selbst als den Grund seiner – mangelhaften, endlichen – Wirklichkeit als zweiter Natur aus. Wie gese-

35 Michael Wolff, *Das Körper-Seele-Problem. Kommentar zu Hegel, Enzyklopädie (1830), § 389*, Frankfurt/M.: Klostermann 1992, S. 69; zur Erläuterung dieser These siehe oben, Kap. 1, S. 43-47. Daß der menschliche Geist wesentlich naturverfallen ist, heißt zugleich, daß *nur* der menschliche Geist naturverfallen sein kann: Naturverfallenheit ist etwas spezifisch Menschliches. Deshalb ist es *nicht* so – wie Matthias Haase (»Geist und Gewohnheit. Hegels Begriff der anthropologischen Differenz«, in: Kern/Kietzmann [Hg.], *Selbstbewusstes Leben*, S. 389-426) – annimmt, daß der Hinweis auf die unfreie, mechanische Seite der Gewohnheit mit der Behauptung einhergeht (oder sogar in ihr begründet ist), daß die menschliche Gewohnheit darin *wie die tierische* sei; Naturverfallenheit des Geistes heißt nicht Natürlichkeit. – Dem entspricht Hegels Erklärung dafür, daß der Geist hier – (nur) im Menschen – in eine zweite Natur umschlägt: weil er als endlicher in die Auseinandersetzung mit der ersten – als innerer – Natur verstrickt bleibt; dazu oben Kap. 3, S. 115 f. Nach Hegels enzyklopädischer Anthropologie ist die Gewohnheit die Antwort auf die Drohung der Entzweiung und Verrücktheit, der die menschliche Seele in ihrem primären Selbstbezug ausgeliefert ist; dazu oben, Kap. 1, S. 46 (mit Verweis auf die Deutungen von Catherine Malabou und Slavoj Žižek).

hen, bedeutet das zum einen, daß die Verkehrung des Geistes in eine zweite Natur ein Mangel oder Fehler ist, der dem Geist selbst eingeschrieben ist. Aber es bedeutet auch zum zweiten (und im Gegenzug), daß die Verkehrung des Geistes in eine zweite Natur durch ihn selbst hervorgebracht ist. Der Geist ist der Grund der Verfehlung des Geistes. Deshalb ist der Geist aber auch mehr als seine Verfehlung: Er ist als deren Grund über seine Verkehrung in die zweite Natur hinaus. Wenn der Geist selbst seine Verkehrung in die zweite Natur hervorbringt, dann ist er in diesem Hervorbringen mehr und anderes als endlicher Geist (der der Verkehrung in die zweite Natur *unterliegt*). Die materialistische Revision der Theorie des Geistes, die mit Hegels Begriff der zweiten Natur beginnt, bedeutet daher keinen anthropologischen Pessimismus. Gemäß dem Programm der wahrhaft philosophischen Kritik den »Geburtsakt« der zweiten Natur zu beschreiben heißt, sie aus der *Selbst*verkehrung des Geistes zu erklären. In der Perspektive einer genealogischen Kritik der zweiten Natur ist der Geist daher immer schon mehr als der endliche Geist, in den er sich verkehrt. Dieses Mehr – das als Grund seiner Verkehrung ins Endliche kein Jenseits sein kann – heißt »absoluter Geist«.

Dieselbe These läßt sich auch so formulieren, daß der Begriff der zweiten Natur *zwischen* der Theorie des endlichen und des absoluten Geistes steht. Der endliche Geist ist Geist, der seiner Selbstverkehrung in die zweite Natur unterliegt, dem Gesetz seiner Selbstverkehrung unterworfen ist. Der absolute Geist ist demgegenüber *nicht* der Geist, der von diesem Gesetz frei ist. Im Gegenteil: Er ist der Geist, dessen *eigenes* Gesetz die Selbstverkehrung ist. Der absolute Geist ist der Geist, der seine Selbstverkehrung in die zweite Natur in Freiheit oder als freie vollzieht. Es ist daher das eigene Bewegungsgesetz des absoluten Geistes, in den endlichen Geist zu fallen. Die zweite Natur, die er hervorbringt, ist der Umschlagspunkt zwischen ihnen – das unentscheidbare Zwischen von absolutem und endlichem Geist.

Die Manifestation des Geistes

Das zeigt sich daran, wie Hegel die zweite Natur als ein Moment in der »Manifestation« des Geistes beschreibt. »Das *Wesen* des Geistes ist [...] die *Freiheit.*« (*Enz* III, § 382, S. 25) Zur »Bestimmtheit«

gelangt sie in der »*Manifestation*« des Geistes: »seine Bestimmtheit und Inhalt ist [sein] Offenbaren selbst« (§ 383, S. 27). Dieses Sichoffenbaren, in dem der Geist besteht, hat die folgende formale Struktur:

Das *Offenbaren* [...][36] ist als Offenbaren des Geistes, der frei ist, *Setzen* der Natur als *seiner* Welt; ein Setzen, das als Reflexion zugleich *Voraussetzen* der Welt als selbständiger Natur ist. (*Enz* III, § 384, S. 29)

Das Sichmanifestieren des Geistes als Praxis der Freiheit ist das (Voraus-)Setzen von Natur. Diese allgemeine Bestimmung bezieht sich ebenso auf das, was *wir* »Natur« – als das Andere des Geistes – nennen, wie auf die Welt des Geistes selbst. In bezug auf die erste, äußere Natur besteht das Sichmanifestieren des Geistes darin, sie als »seine Welt« zu setzen: sie sich anzueignen, als eine »Welt« zu setzen, die »seine« eigene ist. Zugleich aber besteht das Sichmanifestieren des Geistes darin, sich seine Welt, die er hervorgebracht hat, als eine selbständige Natur gegenüberzustellen oder vorauszusetzen: sie sich ihm gegenüber zu verselbständigen. Hegel beschreibt das Sichmanifestieren des Geistes also durch zwei unterschiedliche Operationen: in bezug auf die äußere Natur als eine Operation der Aneignung – Setzen der Natur als Welt; und in bezug auf seine ei-

36 In der Auslassung heißt es: »welches als Offenbaren der *abstrakten* Idee unmittelbarer Übergang, *Werden* der Natur ist«. Das ist die erste und unmittelbare Weise des Sichoffenbarens der Idee: der Übergang der abstrakten Idee der Freiheit – oder der Freiheit *als* Idee – in die erste, äußere Natur. Die »abstrakte Idee« der Freiheit, mit der die Logik endete, unterlag einem »*unmittelbaren* Übergang« in die Natur, weil sie unvermittelt in ihr Gegenteil umschlug: Das Sichoffenbaren der Idee war das »Umschlagen der Idee in die Unmittelbarkeit äußerlichen und vereinzelten Daseins« (*Enz* III, § 384 Z, S. 30). Im Geist dagegen bleibt »die *Setzung* der Natur als Modus des Anders- und Außersichseins der Idee [...] als immanente *Voraussetzung* erhalten« (Michael Quante, »Die Natur als Setzung und Voraussetzung des Geistes«, in: ders., *Die Wirklichkeit des Geistes*, Berlin: Suhrkamp 2011, S. 116-139, hier S. 136). Natur und Geist sind »Reflexionsbestimmungen« (ebd., S. 137). Dabei bilden sie nach Quante dann aber doch wieder ontologische Bezirke. Deshalb kommt unter den Naturbestimmungen, die der Geist sich nach Quante voraussetzt (ebd.), die zweite Natur nicht vor: Quante sieht nicht, daß die Formulierung aus *Enz*, § 381 – in der die Natur die Voraussetzung genannt wird, die der Geist »hat« – im Sinn der Formulierung in § 384 – nach der der Geist sich die Welt als selbständige Natur voraussetzt – reinterpretiert und auf die eigene Wirklichkeit des Geistes bezogen werden muß.

gene Welt als eine Operation der Verselbständigung – Voraussetzen der Welt als Natur.

Hegel unterscheidet diese beiden Operationen strukturell, aber er scheint sie zugleich zwei ontologischen Bereichen zuzuordnen: der Natur und dem Geist. Es ist aber umgekehrt: Durch seine beiden strukturell verschiedenen, ja gegeneinandergerichteten Operationen – Setzen und Voraussetzen – bringt der Geist die Differenz von Natur und Geist selbst und daher überhaupt erst hervor.[37] Die beiden Operationen in der Manifestation des Geistes lassen sich daher nicht nach einem dualistischen Schema trennen. Sie werden vielmehr in jedem Manifestationsakt des Geistes zugleich ausgeführt werden. Die Selbstverwirklichung des Geistes hat eine Doppelstruktur: Sie ist »*Setzen* (der Natur als) *seiner Welt*« und »*Voraussetzen* (der Welt als) *selbständiger Natur*«. Auch wenn Hegel jeweils einen dieser Züge, das Setzen und das Voraussetzen, für die beiden Manifestationsweisen des Geistes – in bezug auf die äußere Natur und in bezug auf seine eigene Welt – besonders hervorhebt, so ist doch keine von beiden möglich, ohne zugleich auch den anderen Zug zu machen. Das »Voraussetzen der Welt als selbständiger Natur« muß zugleich ein Setzen sein, weil es sonst nicht das Voraussetzen einer *Welt* ist. Aber ebenso muß das »Setzen der Natur als seiner Welt« zugleich ein Voraussetzen sein, weil es sonst nicht ein Setzen von *Natur* ist: Das Setzen ist (Voraus-)Setzen, weil es das, was es setzt, zugleich als selbständig gegenüber dem Setzen setzt. Das Gesetzte wird als Nichtgesetztes gesetzt – als Sein.

Die Doppelbewegung von Setzen (»der Natur als *seiner* Welt«) und Voraussetzen (»der Welt als *selbständiger* Natur«) definiert den begrifflichen Ort der zweiten Natur in der Selbstverwirklichung des Geistes. Dieser Ort ist doppelt bestimmbar. Der Begriff der zweiten Natur bezeichnet ebenso das selbständige Sein (oder das Selbständigsein) des durch den Geist Gesetzten wie das geistige

37 Hegel teilt die programmatische These von Schelling, daß der »Gegensatz von Natur und Geist« oberflächlich und daher abgeleitet und es »Zeit [ist], daß der höhere oder vielmehr eigentliche Gegensatz hervortrete, der von Nothwendigkeit und Freiheit, mit welchem erst der innerste Mittelpunkt der Philosophie zur Betrachtung kommt« (Friedrich Wilhelm Joseph Schelling, *Philosophische Untersuchungen über das Wesen der menschlichen Freiheit und die damit zusammenhängenden Gegenstände*, in: *Schriften von 1806-1813*, Darmstadt: Wissenschaftliche Buchgesellschaft 1976, S. 275-360, hier S. 279).

Gesetztsein des selbständig Seienden. »Das Offenbaren im Begriffe ist Erschaffen derselben [sc. der Natur] als seines [sc. des Geistes] Seins.« (*Enz* III, § 384, S. 29) Darin, so fährt Hegel fort, gibt sich der Geist »die *Affirmation* und *Wahrheit* seiner Freiheit« (ebd.), denn darin verwirklicht sich der Geist als das, was er ist. Das Setzen von Sein, also die Schaffung einer zweiten Natur, ist die »Affirmation« des Geistes.

Ist der Begriff der zweiten Natur bei Hegel also gar nicht – wie es bisher erschien – ein Begriff der Kritik? Der Begriff der zweiten Natur ist beides: Er ist ein Begriff der Affirmation *und* ein Begriff der Kritik. Ja, »zweite Natur« ist bei Hegel zugleich der Begriff der höchsten Affirmation und der tiefsten Kritik, und das eine nur, weil er das andere ist. Man kann die Kritik, die der Begriff der zweiten Natur leistet, und die Affirmation, die er ausdrückt, nur zusammen verstehen.

Affirmativ ist der Begriff der zweiten Natur, weil er die Einheit von Setzen und Sein denkt: Die im Geist verwirklichte Freiheit steht dem natürlich-selbständigen Sein nicht mehr äußerlich gegenüber, sondern *der Geist kann Sein setzen.* Einen tieferen Grund für die Affirmation des Geistes als diese Macht, Sein zu setzen, gibt es nicht. Deshalb bezeichnet die Struktur der zweiten Natur – gesetztes Sein – die Struktur des von Hegel »absolut« genannten Geistes. Absolut ist der Geist, wenn er sich so manifestiert, daß er das von ihm Gesetzte zugleich als unmittelbares, selbständiges Sein voraussetzt:

> Die Welt muß vom Geiste wieder frei entlassen werden, das vom Geist Gesetzte zugleich als ein unmittelbar Seiendes gefaßt werden. Dies geschieht auf der *dritten* Stufe des Geistes, auf dem Standpunkt des *absoluten* Geistes, d. h. der Kunst, der Religion und der Philosophie. (*Enz* III, § 385 Z, S. 34; vgl. § 443)

Das Schaffen eines Kunstwerks ist das Schaffen von etwas, das, als Werk der Schönheit, über sein Geschaffensein hinausgeht; das Denken eines philosophischen Gedankens ist das Denken von etwas, das, als Gedanke der Wahrheit, über sein Gedachtwordensein hinausgeht. Die Schönheit der Kunst und die Wahrheit des Gedankens sind das Produkt eines Akts des Schaffens oder Denkens *und* diesem Akt gegenüber selbständig – für sich stehend. Der absolute Geist ist diejenige Manifestation des Geistes, die zugleich Setzen *und* Sein ist, weil das Setzen des absoluten Geistes Voraussetzen des Seins ist. Der absolute Geist *ist* zweite Natur.

In der Macht, selbständiges Sein zu setzen, erweist sich die Absolutheit des Geistes. Indem er diese Macht ausübt, bringt er jedoch notwendig eine Realität hervor, die seinem Begriff nicht entspricht – die zweite Natur als Gegenstand der Kritik. Die zweite Natur im kritischen Sinn des Begriffs definiert den endlichen Geist. Der endliche Geist ist bestimmt durch den Widerspruch zwischen der Realität und dem Begriff des Geistes. Dieser Widerspruch läßt sich nun genauer fassen als Unvereinbarkeit der beiden Aspekte, die zusammen das Sichmanifestieren des Geistes ausmachen: der Aspekte des Setzens und des Voraussetzens oder von Setzen und Sein. Setzen und Sein fallen im endlichen Geist auseinander; seine Manifestationen erscheinen niemals *zugleich* als durch den Geist gesetzt *und* als selbständig Seiendes (wie die Manifestationen des absoluten Geistes). Der endliche Geist erscheint als Gegensatz von Setzen und Sein. Gerade darin setzt der endliche Geist aber die Einheit von Setzen und Sein voraus, die den absoluten Geist definiert. »Zweite Natur« im kritischen Sinn, als Definiens des endlichen Geistes, heißt nicht bloß: selbständiges Sein gegenüber den Setzungen des Geistes. Sondern »zweite Natur« meint ein selbständiges Sein gegenüber den Setzungen des Geistes, das *durch* die Setzungen des Geistes selbst hervorgebracht worden ist. Der Geist, der als endlicher in der Alternative von Setzung *oder* Sein erscheint, ist daher in Wahrheit, seinem Begriff nach, die Setzung *des* Seins. Der endliche Geist erscheint als Gegensatz von Setzen und Sein. Um so erscheinen zu können, muß der endliche Geist aber der Gegensatz von Setzen und Sein *und* die Einheit von Setzen und Sein sein. Der Widerspruch des endlichen Geistes besteht darin, zugleich Sein *gegen* Setzung (oder Setzung *gegen* Sein) und Sein *durch* Setzung (oder Setzung *von* Sein) zu sein. Nichts anderes als diese Doppelkonstellation von Setzung und Sein bezeichnet der Begriff der »zweiten Natur«.

Der Geist kann nur endlicher, in zweite Natur verkehrter, sein, wenn er absoluter Geist, die zweite Natur hervorbringender, war. Endlicher Geist zu sein heißt, absoluter Geist gewesen zu sein. Aber ebenso notwendig heißt, absoluter Geist zu sein, endlicher Geist zu *werden*. Denn der Umschlag geistiger, freier Setzung in selbständiges Sein, der den kritischen Begriff der zweiten Natur ausmacht, ist durch ihren affirmativen Begriff der zweiten Natur, die freie Setzung von selbständigem Sein, selbst vorgeschrieben: Sie ist die freie Setzung von selbständigem Sein nur, wenn das Sein gegenüber der Setzung selbständig ist, wenn also das freie Setzen sich gegen sich selbst verselbständigt und zum notwendigen Umschlagen in Sein wird; ein Setzen, das ebenso Sichselbstentgegensetzen, also Verselbständigung gegenüber dem Setzen zum Sein ist.

c. Kritik und Affirmation

Wenn das unauflösbare Ineinander von endlichem und absolutem Geist den logischen Ort der zweiten Natur definiert – so das Argument in Abschnitt (b) –, dann muß dies auch zu einer Neubestimmung ihrer Struktur führen. Die Struktur der zweiten Natur – so die These in Abschnitt (a) zum Begriff der Gewohnheit – besteht in dem Hybrid des geistigen Mechanismus. Dessen beide Seiten wurden so beschrieben, daß die Gewohnheit als zweite Natur geistig oder frei ist, sofern sie ein Ausdruck des Wollens (oder eine Setzung) ist, und daß sie mechanisch oder unfrei ist, weil sie, einmal gesetzt, selbständig und unbewußt wirkend ist. Das unauflösbare Ineinander von endlichem und absolutem Geist, das den logischen Ort der zweiten Natur definiert, besteht jedoch eben darin, daß die Verselbständigung des Gesetzten, der Umschlag des Setzens in Sein, in sich selbst zweideutig ist: Sie beschreibt zugleich – affirmativ – die Verwirklichung *und* – kritisch – den Fall des Geistes. Was der kritischen Theorie der Gewohnheit bloß als Mechanismus des Freiheitsverlustes erscheint, ist in Wahrheit zugleich der Vollzug der Selbstüberschreitung: derjenigen Selbstüberschreitung, durch die die Schönheit eines Werks aus und gegenüber dem Schaffen, die Wahrheit des Gedankens aus und gegenüber dem Denken hervorgeht. Der Mechanismus, zu dem sich das geistige Wollen oder Setzen in der Gewohnheit verselbständigt, ist selbst zweideutig: Freiheitsverlust und Selbstüberschreitung in einem.[38] Die Theorie der

38 Vgl. Thomas Khurana, »›Life‹ and ›Autonomy‹. On Two Forms of Self-Grounding Order in Kant and Hegel«, in: ders. (Hg.), *The Freedom of Life. Hegelian Perspectives* (Freiheit und Gesetz III), Berlin: August Verlag 2012, S. 155-193. Diese Zweideutigkeit werde ich in Kap. 5 an dem Verhältnis zwischen Zeichen und

zweiten Natur, die dieser unentscheidbaren Zweideutigkeit gerecht werden will, kann mithin nicht bloß eine kritische Theorie sein. Eine Theorie der zweiten Natur muß zugleich und in einem eine kritische Theorie *und* eine affirmative Theorie sein. Die Verfassung einer solchen Theorie läßt sich programmatisch so skizzieren:

(1) Die *Kritik der zweiten Natur* als Selbstverfehlung des Geistes: Die Regelhaftigkeit der Gewohnheit geht aus der Freiheit des Geistes hervor (denn sie verkörpert einen geistigen Zweck, der ihm nicht vorgegeben ist, sondern den er sich selbst gesetzt hat), aber diese Freiheit ihres Ursprungs geht in ihrer Wirklichkeit verloren. Sie wird zum »geistigen Mechanismus« der Wiederholung, der sekundären Naturalisierung einer darin imaginären, abstrakten Identität.[39]

(2) Die *Affirmation der zweiten Natur* als Selbstverwirklichung des Geistes: Die Freiheit des Geistes manifestiert sich nicht in seiner Entgegensetzung zur (oder Erhebung über die) Welt, sondern in der doppelten Hervorbringung der Natur als seiner Welt und seiner Welt als einer Natur. Wirklichkeit kann der freie Geist nur in einer Gestalt gewinnen, die ihn ebenso ausdrückt wie sich ihm gegenüber verselbständigt, die also Setzen und Sein, von ihm gesetzt und nicht gesetzt in einem ist.

Die Kritik und die Affirmation der zweiten Natur beziehen sich daher auf dasselbe: die Selbsthervorbringung des Geistes als einer selbständigen Natur. Darin besteht zugleich, in der einen Lesart, die (Selbst-)Verfehlung – der »Abfall« – des Geistes und in der anderen seine Vollendung. Wie ist diese Einheit von Verfehlung und Vollendung, von Mißlingen und Gelingen, von Kritik und Affir-

Kunstwerk als zentraler Bestimmung von endlichem und absolutem Geist in Hegels *Enzyklopädie* weiter erläutern.

39 Nach Marx' Bestimmung (siehe oben, S. 137) gehört zur »wahrhaft philosophischen« Kritik der zweiten Natur das Begreifen ihrer »inneren Genesis«. Wie gesehen, ist dieser »Geburtsakt« der zweiten Natur nichts anderes als die freie Selbstverwirklichung des Geistes – sofern er »etwas bloß *Anthropologisches*« ist. Die genealogische Erklärung der Verkehrung des Geistes in die zweite Natur hat die Gestalt einer Anthropologie. Dabei heißt, den Geist anthropologisch zu betrachten, ihn daraufhin zu untersuchen, wie er im Menschen, der noch nicht Geist, also natürlich ist, hervorgebracht wird. Die genealogische These lautet daher: Der Geist wendet sich ins Mechanische, wenn er im Menschen hervorgebracht wird.

mation im Begriff der zweiten Natur zu verstehen? Die Einheit von Fehler und Gelingen ist eine dialektische Einheit. Sie stehen weder einander äußerlich gegenüber, noch sind sie dasselbe. Das heißt, in umgekehrter Formulierung: Ihr Verhältnis muß so bestimmt werden, daß sie zugleich miteinander untrennbar verbunden und einander strikt entgegengesetzt sind.

Die Verfehlung und die Vollendung im Begriff der zweiten Natur sind einerseits untrennbar verbunden, weil die Verwirklichung des Geistes gerade in seiner Vollendung seine Verfehlung hervorbringt: Die Selbstverfehlung des Geistes setzt seine Selbstverwirklichung voraus. Denn die Vollendung seiner Selbstverwirklichung besteht eben darin, etwas zu setzen, das unmittelbar da ist – also ihm gegenüber selbständig: wie eine (zweite oder andere) Natur.

Aber zugleich spaltet sich andererseits die Verselbständigung des Geistes sich selbst gegenüber – das Sein, das er setzt – in zwei scharf einander entgegengesetzte Weisen. In der zweiten Natur verdrängt die eine die andere Verselbständigung und kämpft die andere gegen die erste: Die Verselbständigung als geistiger Mechanismus verdrängt die Verselbständigung im geistigen Schaffen; das plötzliche Hervortreten des Werks, des Gedankens, der Tat bekämpft die immer gleiche Wiederholung abstrakt-imaginärer Identitäten.

Der Moment der Selbstverwirklichung des Geistes ist der seiner Selbstverfehlung – so sind sie unlösbar verbunden –, aber zugleich durchbricht die Vollendung des Geistes seinen mechanischen Selbstverlust – so sind sie einander entgegengesetzt. Darin besteht die Einheit, die die Wirklichkeit des Geistes als zweite Natur definiert.

Das bestimmt, in welchem Sinn die Theorie der zweiten Natur Kritik und Affirmation – und in welchem Sinn sie es nicht ist. Für die Seite der Kritik heißt dies, daß die Theorie der zweiten Natur keine »dogmatische« Kritik sein kann. »Dogmatisch« nennt Marx eine Kritik, »die mit ihrem Gegenstand *kämpft,* so wie man früher etwa das Dogma der heiligen Dreieinigkeit durch den Widerspruch von eins und drei beseitigte«.[40] Die dogmatische Kritik stellt das Eine, Richtige, dem Anderen, Falschen, äußerlich gegenüber. Sie erkennt nicht die »Antinomie«, *in* der das von ihr behauptete Eine

40 Marx, »Zur Kritik der Hegelschen Rechtsphilosophie«, S. 296. Dazu ausführlicher Christoph Menke, »Die Kritik des Rechts und das Recht der Kritik«, in: *Deutsche Zeitschrift für Philosophie,* Bd. 66 (2018), Heft 2, S. 143-161.

und das von ihr bekämpfte Andere nur eine Seite sind.[41] Sie trennt sie voneinander. Die »wahrhaft philosophische Kritik«, die Marx der dogmatischen entgegensetzt, hingegen begreift, wie beide, das Richtige *und* das Falsche, notwendig aus derselben Struktur entstehen – weshalb sie daher eine Einheit bilden, die nicht durch eine richtende Entscheidung aufgelöst werden kann.[42]

Aber ebenso wie die Kritik der zweiten Natur nicht »dogmatisch«, also richtend sein kann, kann ihre Affirmation nicht positiv sein. Die Affirmation ist positiv, wenn sie das, was sie affirmiert, als Gegebenes begreift: wenn sie das bejaht, was ist, bloß weil es ist. Was bloß ist, ist aber die zweite Natur als Mechanismus der Wiederholung der immergleichen Identität. Die Affirmation der zweiten Natur gilt jedoch ihrer Selbständigkeit als Gelingen. Sie setzt die Zerstörung der falschen zweiten Natur voraus. Die Affirmation ist nicht positiv, sondern zerstörerisch: Sie negiert den geistigen Mechanismus. Die Affirmation gilt dem Augenblick, in dem sich das geistige Sein soeben bereits gegenüber dem geistigen Setzen verselbständigt hat und noch nicht in die Logik mechanischer Wiederholung eingetreten ist. Indem die Affirmation negativ und nicht positiv ist, ist sie die Rettung der zweiten Natur.[43]

Die Theorie der zweiten Natur ist genealogische Kritik und rettende Affirmation. Indem sie beides in einem ist, denkt sie die zweite Natur als die Einheit und den Gegensatz der Vollendung und der Verfehlung des Geistes; sie denkt die Einheit der zweiten Natur *als* ihren Gegensatz. Das gilt für beide Seiten: Die Vollendung und die Verfehlung des Geistes sind beide das Andere ihres Anderen. Beide müssen daher anders gedacht werden als in ihrer äußerlichen Gegenüberstellung. Die Verfehlung ist die Vollendung, die von sich abgefallen ist; die Vollendung ist die Verfehlung, die gerettet worden ist.

41 Georg Wilhelm Friedrich Hegel, *Differenz des Fichteschen und Schellingschen Systems der Philosophie*, Theorie-Werkausgabe, Bd. 2, S. 49. Weil das auch für den »Kritizismus« gilt, ist er selbst eine dogmatische Figur; siehe Friedrich Wilhelm Joseph Schelling, »Philosophische Briefe über Dogmatismus und Kriticismus«, in: *Schriften von 1794-1798*, Darmstadt: Wissenschaftliche Buchgesellschaft 1975, S. 161-222.

42 Siehe unten, Kap. 5.

43 Siehe unten, Kap. 6.

5.
Setzen von Sein
Vom Zeichen zum Werk

Die Tätigkeit des Geistes besteht in seiner Befreiung. So lautet die Grundbestimmung (die deshalb auch am Anfang von Hegels Theorie des Geistes steht[1]). Der Geist ist auf dem Weg der Befreiung. Das ist seine Geschichte; eine andere hat er nicht. Die Geschichte, die Geschichte im ganzen, ist die Tätigkeit der Selbstbefreiung; wo diese nicht – noch nicht oder nicht mehr – unternommen wird, gibt es daher keine Geschichte und damit auch keinen Geist (sondern etwas anderes als Geist oder der Geist in anderer, naturverfallener Gestalt).

Daß der Geist auf dem Weg ist und daß dieser Weg der Weg der Befreiung ist, läßt sich aber erst von seinem Ende her erkennen. Vom »Weg« der Befreiung kann nur im Rückblick – oder im Vorblick auf das Ende – gesprochen werden (daß der »subjektive und der objektive Geist [...] als der Weg anzusehen« sind, weiß daher erst der Geist, der den Weg durchlaufen hat: der »absolute« Geist: *Enz* III, § 553). Der endliche Geist ist auf dem Weg – oder er ist der Weg –, solange er noch dabei ist, sich zu befreien. Dieser Weg aber hat nicht nur ein Ziel, sondern auch ein Ende. Er ist als Weg der Befreiung begrifflich, in seiner Möglichkeit auf sein Ende bezogen; bevor er nicht zum Ende gekommen ist, ist er gar nicht als Weg der Selbstbefreiung erkennbar. Er geht nicht unendlich weiter, ist kein bloßer »Progreß ins Unendliche« (§ 386 Z, S. 37). Wenn der Geist sich, also das, was er ist und tut, *als* sich selbst befreiend (und damit als endlichen Geist) beschreibt, dann beschreibt er dies damit immer schon als den Prozeß, der »notwendig« ist, damit er »befreit *sei*« (§ 553; meine Hervorh., C.M.). Die Befreiung, also die Geschichte zu denken heißt, ihr Ende durch ihre Vollendung zu denken. Ohne diesen Gedanken der Vollendung ist der Begriff der Befreiung sinnlos – kann er gar nicht *gedacht* werden.

1 Georg Wilhelm Friedrich Hegel, *Enzyklopädie der philosophischen Wissenschaften* (nachfolgend zitiert als *Enz*), Theorie-Werkausgabe, hg. von Eva Moldenhauer/Karl Markus Michel, Frankfurt/M.: Suhrkamp 1969-70, Bde. 8-10 (= *Enz* I-III), hier *Enz* III, § 386.

Das begründet die Notwendigkeit einer Theorie des absoluten oder unendlichen Geistes. Sie ist eine Konsequenz aus dem (Selbst-) Verständnis des endlichen Geistes als der Weg seiner Selbstbefreiung. Absoluter oder unendlicher Geist heißen die Gestalten, in denen sich diese Selbstbefreiung vollendet. »Absolut« und »unendlich« bezeichnen daher nicht Eigenschaften des Geistes, sondern Modalitäten seines Vollzugs. »Absolut« heißt: der Geist »befreit sich absolut«; »unendlich« heißt: der Geist »macht sich wahrhaft unendlich« (*Enz* III, § 386 Z, S. 37). Deshalb auch nennt Hegel die höchste Gestalt des Geistes sein *Befreit*sein und nicht seine Freiheit (das heißt, er bestimmt sie nicht als den Zustand seines Freiseins): weil sie nur durch seine Selbstbefreiung hervorgebracht und von dieser Hervorbringung her verstanden werden kann. Und deshalb ist die höchste Gestalt des Geistes zugleich seine höchste »Stufe«. Das Ende des Weges ist der letzte Schritt – ein Schritt auf dem Weg, aber zugleich, als letzter, mit dem der Weg zu Ende kommt, anders als jeder vorige. Die vollendende Überschreitung der Tätigkeit der Befreiung ist selbst die letzte und höchste Tat der Befreiung.

So beschreibt Hegel das Verhältnis der drei Gestalten des Geistes – des subjektiven, des objektiven und des absoluten Geistes – zur Welt. Der erste Schritt besteht in dem »*Vorfinden* einer Welt als einer entgegengesetzten«; das ist der subjektive Geist, der sich erkennend auf die Welt bezieht. Der zweite Schritt ist das »*Erzeugen* derselben [der Welt] als eines von ihm [dem Geist] Gesetzten«: der objektive Geist, der sich handelnd eine Welt schafft. Darauf folgt als Drittes »die Befreiung von ihr [der Welt]«, die aber nur die Befreiung »in ihr« sein kann, also in der Welt, die (subjektiv) vorgefunden und (objektiv) erzeugt wird (*Enz* III, § 386).[2] Das ist der Schritt zum, oder genauer, *im* absoluten Geist: der Schritt, der der absolute Geist ist. Der absolute Geist ist nichts anderes als der Schritt, in dem das Vorfinden einer Welt, das Erzeugen einer Welt und die Befreiung von ihr und in ihr als »eins und dasselbe« (ebd.)

2 Die Passage lautet vollständig: »Die verschiedenen Stufen dieser Tätigkeit, auf welchen als dem Scheine zu verweilen und welche zu durchlaufen die Bestimmung des endlichen Geistes ist, sind Stufen seiner Befreiung, in deren absoluter Wahrheit das *Vorfinden* einer Welt als einer entgegengesetzten, das *Erzeugen* derselben als eines von ihm Gesetzten und die Befreiung von ihr und in ihr eins und dasselbe sind, – einer Wahrheit, zu deren unendlicher Form der Schein als zum Wissen derselben sich reinigt.« (*Enz* III, § 386.)

erkannt werden, als der Schritt, in dem erkannt wird, daß das endliche Vorfinden und Erzeugen die Befreiung *sind*. Der letzte, höchste Schritt, den der unendliche über den endlichen Geist hinaustut, ist *die Befreiung zur Befreiung* – die Befreiung dazu, das Vorfinden und Erzeugen *als* Befreiung zu erkennen.

Erkennen aber heißt hier *Tun*; die Theorie ist Praxis. Das Vorfinden und Erzeugen *als* Befreiung zu erkennen heißt, sie jetzt erst als das, was sie wahrhaft sind – also die Befreiung –, zu vollziehen. Es heißt, das Vorfinden und Erzeugen zu befreien. Der absolute Geist tut nicht etwas anderes als der endliche Geist, er tut es anders. Der absolute Geist ist selbst eine Weise des Vorfindens und Erzeugens, die nicht mehr nur befreiend, sondern befreit sind. Und nur in diesem anderen, befreiten Tun kann er sich als befreit erkennen oder wissen. Befreitsein und Sich-als-befreit-Wissen fallen in eins. Es gibt das eine nur durch das andere.[3]

Das Verhältnis von endlichem und unendlichem Geist ist zweifach bestimmt:

> *Einerseits* gilt: Der Weg der Befreiung im endlichen Geist geht dem Befreitsein im unendlichen Geist vorher (ohne Exodus kein Gelobtes Land).
>
> *Andererseits* gilt: Das Befreitsein im unendlichen Geist ist die Voraussetzung für die Befreiung im endlichen Geist (ohne Gelobtes Land kein Exodus).

Diese zweifache Verhältnisbestimmung vollzieht sich überdies in zwei Dimensionen; sie ist zugleich theoretisch, also erkennend, und praktisch, also verändernd.

3 »Denn Verwirklichung der Freiheit heißt Verwirklichung in der Welt.« (Michael Theunissen, *Hegels Theorie des absoluten Geistes als theologisch-politischer Traktat*, Berlin: de Gruyter 1970, S. 114) Die Einheit von Theorie und Praxis im absoluten Geist ist also nicht nur nicht so zu verstehen, daß die praktische Vollendung der Befreiung in einem vorgängigen Wissen von ihr begründet ist. Sie bedeutet auch nicht, daß die Theorie – in Differenz zum Vorfinden und Erzeugen einer Welt – die einzige und ausgezeichnete Praxis ist, in der die Befreiung sich vollenden kann. Das kann jede Praxis, die sich den absoluten Begriff des Gelingens – den Begriff des Gelingens, der den absoluten Geist definiert (dazu unten, S. 177 f.) – zu eigen macht.

Theoretisch: Der unendliche Geist ist die *Erkenntnis* der Befreiung. Der endliche Geist wird zum unendlichen, indem er sein Vorfinden und Erzeugen als den Prozeß seiner Befreiung *versteht.*

Praktisch: Der unendliche Geist ist die *Vollendung* der Befreiung. Der endliche Geist wird zum unendlichen, indem er sein Vorfinden und Erzeugen in den Prozeß seiner Befreiung *verwandelt.*

Vollendung der Tätigkeit des Geistes durch seine Selbsterkenntnis, Selbsterkenntnis der Tätigkeit des Geistes durch ihre Vollendung: Das ist die Einheit von Theorie und Praxis im Verhältnis des unendlichen zum endlichen Geist.

Aufriß

Wie die Befreiung im Verhältnis von endlichem und unendlichem Geist gedacht wird, und damit auch, weshalb die Befreiung nur im Verhältnis von endlichem und unendlichem Geist gedacht werden *kann*, ist die Frage, die ich in diesem Kapitel durch eine Untersuchung des Verhältnisses klären möchte, in dem das Zeichen und das Kunstwerk zueinander stehen. Daß das Kunstwerk im Verhältnis zum Zeichen steht und aus diesem Verhältnis begriffen werden muß, sagt Hegel deutlich, wenn er das Kunstwerk selbst als eine Art von Zeichen und das Zeichen als eine Art von Kunstwerk bestimmt. Die Definition des Ideals oder der Schönheit lautet, diejenige »Gestalt« zu sein, »in welcher die natürliche Unmittelbarkeit nur *Zeichen* der Idee« ist (*Enz* III, § 556); der Körper ist als angeeigneter das erste Zeichen und darin ein »Kunstwerk der Seele« (§ 411). Zugleich aber gehören das Zeichen und das Werk der (schönen) Kunst den beiden Feldern des endlichen und des unendlichen Geistes an. Die Kunst ist die erste Gestalt des absoluten Geistes; das Zeichen behandelt Hegel im ersten Teil der Psychologie, im theoretischen Abschnitt der Lehre vom subjektiven Geist. Hier steht das Zeichen, das Hegel »für etwas Großes erklärt« (§ 457 Z, S. 269), buchstäblich im Mittelpunkt der »Mitte« (§ 451), die die Aktivität der »Vorstellung« im Bereich des theoretischen Geistes bildet. Das

Zeichen ist groß und steht in der Mitte, weil jedes Zeichen zugleich ein Zeichen der Endlichkeit des Geistes ist: Indem es etwas bezeichnet, bezeichnet das Zeichen zugleich, daß der Geist, der es produziert und reproduziert, endlich ist (a).

Was aber bedeutet es dann, daß in der Schönheit (nach der zitierten Formulierung) »die natürliche Unmittelbarkeit nur *Zeichen* der Idee« ist? Es bedeutet zum einen, daß die natürliche Unmittelbarkeit im Schönen nur die Idee, also den Begriff des Geistes, bezeichnet – und nicht irgend etwas anderes (irgendwelche Vorstellungen, Ansichten oder Weltanschauungen). Es bedeutet zum anderen aber auch, daß die natürliche Unmittelbarkeit im Schönen die Idee *nur bezeichnet* – also nur in der endlichen Weise des Zeichens zur Vorstellung bringt. Daß die Schönheit des Ideals eine Art von Zeichen ist, markiert ihre Grenze. Die Kunst ist als Zeichen zwar nicht vorstellend, sondern »verklärend« (*Enz* III, § 556). Aber weil sie darin immer noch und *nur* Zeichen produziert, ist die schöne Kunst nach Hegel zugleich beschränkt[4] – und zwar so, daß Hegel über die schöne Kunst schreibt: »[E]s ist nicht der absolute Geist, welcher in dies Bewußtsein tritt.« (§ 557) Als eine besondere Art von Zeichen kann die schöne Kunst nicht leisten, was den unendlichen Geist seinem Begriff nach ausmacht: die Befreiung des endlichen Geistes zu vollenden. Oder ist es Hegels Verständnis des Kunstwerks als bloß eines verklärenden und damit verklärten, transfigurierten Zeichens, das beschränkt und mangelhaft ist? Wie muß die Schönheit der Kunst anders gedacht werden, um wahrhaft als eine Gestalt des unendlichen Geistes begriffen zu werden? Um die Befreiung zu vollenden, darf die Schönheit der Kunst die Zeichenstruktur nicht bloß verklärend verwandeln, sie muß sie radikal *um*wandeln und mit jeder Relation der Vorstellung brechen (b).

In dem Verhältnis von Zeichen und Werk geht es um die Freiheit des Geistes. Der Geist besteht darin, sich zu manifestieren, zu äußern oder zu offenbaren: sich zu verwirklichen, indem er die Wirklichkeit als seine Welt erschafft (*Enz* III, §§ 383 f.). Das

4 »Sie [die schöne Gestalt als Ideal] bleibt wegen ihrer Äußerlichkeit nur ›Zeichen‹ (§ 556; 10, 367) der Idee, ist damit – wie sich aus Hegels Definition des Symbols zwingend nahelegt – weder der Form noch dem Inhalt nach mit der Idee gleichzusetzen.« (Annemarie Gethmann-Siefert, in: Hermann Drue u. a., *Hegels »Enzyklopädie der philosophischen Wissenschaften« (1830). Ein Kommentar zum Systemgrundriß*, Frankfurt/M.: Suhrkamp 2000, S. 339.)

Zeichen und das Werk sind zwei Weisen der Welterschaffung, der Hervorbringung einer zweiten Natur. Das Zeichen und das Werk leisten dasselbe. Als Hervorbringungen einer zweiten Natur sind das Zeichen und das Werk Weisen, in denen der Geist seine Freiheit verwirklicht und sie dadurch hervorbringt, Weisen, in denen der Geist sich befreit. Das ist die Frage, die im Verhältnis von Zeichen und Werk verhandelt wird: Wie kann die Freiheit des Geistes Wirklichkeit werden? Genauer: Die Frage, die im Verhältnis von Zeichen und Werk verhandelt wird, lautet: Wie kann die Freiheit des Geistes Wirklichkeit werden, wenn dies bedeutet, daß der Geist eine zweite Natur hervorbringt, und wenn dies die unauflösbar doppelte, ja gegensinnige Bedeutung hat, daß damit die Selbstmanifestation des Geistes – als oder wie eine Natur – immer schon äußerlich und selbständig gegenüber dem Geist ist: weil der Geist als *zweite* Natur zugleich eine zweite *Natur* ist?[5] Um diese Frage richtig formulieren zu können, bedarf es zunächst einer knappen Bestimmung des Begriffs des Geistes und seiner Tätigkeitsform.

Die Erfahrung der Selbständigkeit

Das Problem, das sich im Verhältnis von Zeichen und Werk stellt, folgt aus der Grundbestimmung des Geistes. Im Begriff des Geistes denkt Hegel eine radikale Umwandlung, eine Revolution im Selbstverständnis, das sich bis dahin in Ausdrücken wie »Selbstbewußtsein«, »Ich« oder »Begriff« artikuliert hat. Diese Ausdrücke bezeichnen eine spezifische Form der Einheit: eine regelhafte oder normative Einheit. Diese Einheit hat die Struktur der Ganzheit oder Totalität, weil sie nicht nur die Einheit aller Regeln, sondern die der Regeln und ihrer Verwirklichungen ist. Das Selbstbewußtsein, das Ich oder der Begriff, existiert nur in seinen Realisierungen. Indem das Selbstbewußtsein sich realisiert, macht es eine Erfahrung, die Hegel seit der *Phänomenologie des Geistes* die »Erfahrung der Selbständigkeit« nennt:

Das Selbstbewußtsein, welches schlechthin *fürsich* ist und seinen Gegenstand unmittelbar mit dem Charakter des Negativen bezeichnet oder zu-

5 Diese Doppelbestimmung erläutert Kap. 4.

nächst *Begierde* ist, wird daher vielmehr die Erfahrung der Selbständigkeit desselben machen.[6]

Diese Erfahrung ist der »Wendungspunkt« zum Geist (*PhG*, S. 145). Dabei lautet der Grundgedanke in der *Phänomenologie des Geistes*, daß das Selbstbewußtsein seine Einheit nicht unmittelbar hat, sondern nur durch die Negation des Gegenstands gewinnt, daß seine Einheit also nur durch (oder *als*) eine »Bewegung« wird – und in diesem Werden, das heißt in der Negation des Gegenstands diesen zugleich sich gegenüber verselbständigt.[7] Für die Logik des Begriffs (oder des Begreifens) heißt das: Wenn die Realisierung des Begriffs nichts anderes als die Realität ist,[8] dann setzt sich der Begriff, durch die Bewegung seiner (Selbst-)Realisierung, sich notwendig zugleich sich selbst entgegen. Denn die Realität ist das Andere des Begriffs: Die »Realität des Begriffs« ist »der Begriff in Form selbständiger Besonderung und realer Unterscheidung aller Momente«.[9] Der Begriff ist – wie das Selbstbewußtsein – selbst die Bewegung, die

6 Georg Wilhelm Friedrich Hegel, *Phänomenologie des Geistes* (nachfolgend zitiert als *PhG*), Theorie-Werkausgabe, Bd. 3, S. 140 f. Die Erfahrung der Selbständigkeit im und gegenüber dem Selbstbewußtsein ist das Moment seiner Rezeptivität. Siehe John McDowell, »The Apperceptive I and the Empirical Self. Towards a Heterodox Reading of ›Lordship and Bondage‹ in Hegel's *Phenomenology*«, in: ders., *Having the World in View. Essays on Kant, Hegel, and Sellars*, Cambridge, Mass., London: Harvard University Press 2009, S. 147-165, hier S. 160 f.

7 Und damit sich in sich selbst verdoppelt: in das Selbstbewußtsein und das »Leben«, das als das Leben des Gegenstands zugleich das eigene Andere des Selbstbewußtseins – das Selbstbewußtsein in anderer Gestalt – ist. Siehe Pirmin Stekeler-Weiterhofer, *Philosophie des Selbstbewußtseins. Hegels System als Formanalyse von Wissen und Autonomie*, Frankfurt/M.: Suhrkamp 2005, S. 407-419. Daran schließt sich die Frage an, wie daraus der Schritt zum anerkennenden Bezug auf ein anderes Selbstbewußtsein folgt. Zu dieser Frage siehe Axel Honneth, »Von der Begierde zur Anerkennung«, in: ders., *Das Ich im Wir. Studien zur Anerkennungstheorie*, Berlin: Suhrkamp 2010, S. 15-32; Robert B. Pippin, *Hegel on Self-Consciousness. Desire and Death in the* Phenomenology of Spirit, Princeton, Oxford: Princeton University Press 2011, S. 40 u. S. 60 f.

8 Denn nur das heißt Denken: »Diejenigen, welche von der Philosophie nichts verstehen, schlagen zwar die Hände über dem Kopf zusammen, wenn sie den Satz vernehmen: Das *Denken* ist das *Sein*. Dennoch liegt all unserem Tun die Voraussetzung der Einheit des Denkens und des Seins zugrunde. Diese Voraussetzung machen wir als vernünftige, denkende Wesen.« (*Enz* III, § 465 Z, S. 284.)

9 Georg Wilhelm Friedrich Hegel, *Vorlesungen über die Ästhetik* (nachfolgend zitiert als *Ä*), Theorie-Werkausgabe, Bde. 13-15 (= *Ä* I-III), hier *Ä* I, S. 150.

im Übergreifen über die Realität die Selbständigkeit der Realität *gegenüber* dem Begriff hervorbringt.

In der Form des Begriffs ist dies die Erfahrung eines »Mangels« – des Mangels, mit dem der Begriff »behaftet« ist (*Ä* I, S. 149). Weil »der Begriff selbst noch in der Einseitigkeit stehen[bleibt]« und »nur der Seite der Einheit und Allgemeinheit das Recht freier Entwicklung vergönnt«, »negiert [er] sich als diese ideelle Einheit und Allgemeinheit und entläßt nun, was dieselbe in ideeller Subjektivität in sich schloß, zu realer selbständiger *Objektivität*« (ebd.). »Geist« ist der Name für diejenige Form der normativen Einheit, die diesen Mangel behebt.[10] Das kann nicht so geschehen, daß die Verselbständigung der Realität zurückgenommen wird. Sie muß vielmehr *anders* vollzogen – das heißt: anders *vollzogen* – werden. Daher ist die Grundbestimmung des Geistes, die Erfahrung der Selbständigkeit, die dem Begriff *wider*fährt, in die eigene Tat zu verwandeln: die Selbständigkeit der Realität gegenüber dem Begriff aus der normativen Einheit des Begriffs selbst hervorzubringen. Der Geist ist also *nicht* die expansive, totalisierte Gestalt des Begriffs, sondern dessen Selbstüberschreitung: »Die Welt muß vom Geist wieder frei entlassen, das vom Geist Gesetzte zugleich als ein unmittelbar Seiendes gefaßt werden.« (*Enz* III, § 385 Z, S. 34) Geist ist nicht die Auflösung, Vermittlung oder Aufhebung, sondern das (Wieder- und damit *Wider-*)Setzen von Sein.

Das definiert die Weise, wie es Bestimmtheit im und für den Geist gibt: Die »Bestimmtheit« des Geistes ist »die gedoppelte, die des *Seienden* und die des *Seinigen*« (§ 443): Sie ist durch den Geist selbst gesetzt, daher durch sein Tun vermittelt und zugleich von

10 In Hegels Logik heißt die höhere Gestalt, die aus der Erfahrung der »objektiven Selbständigkeit« (*Enz* I, § 212) hervorgeht, die »Idee« (§ 213). Die Idee ist dadurch definiert, daß sie die objektive Selbständigkeit zum »Schein« (§ 212) depotenziert und darin ihre »Macht« beweist (§ 213). Michael Theunissen hat dies als das Modell des »Übergreifens« beschrieben, in dem der Begriff seine »Macht« über die Realität zeigt. Demgegenüber entfaltet das Modell ihrer »Entsprechung« die »Selbständigkeit« der Realität; siehe »Begriff und Realität. Hegels Aufhebung des metaphysischen Wahrheitsbegriffs«, in: Rolf-Peter Horstmann (Hg.), *Seminar: Dialektik in der Philosophie Hegels*, Frankfurt/M.: Suhrkamp 1978, S. 324-359, hier S. 349-356. Ich werde an Hegels Theorie der Kunst zeigen, daß der freie Umgang mit der Selbständigkeit, der den (absoluten) *Geist* auszeichnet, nicht darin besteht, die Selbständigkeit der Realität zum Schein herabzusetzen (dazu unten, S. 202 f.).

selbst seiend, also unmittelbar, nur in Beziehung auf sich selbst. Deshalb ist auch das Bestimmen im Geist in sich »gedoppelt«. Es heißt, etwas »nur als das Seinige zu setzen« *und* es »als seiend in sich zu finden« (ebd.). Das Bestimmen des Geistes ist aktiv und passiv, spontan und rezeptiv. Das Setzen seiner eigenen Bestimmung ist *zugleich* das Voraussetzen dieser Bestimmung als unmittelbar seiender (die der Geist daher auffindet und aufnimmt). Daß Hegel der »große Feind der ›Unmittelbarkeit‹«[11] sei, ist nur die halbe Wahrheit. Die Negativität des Geistes richtet sich gegen alle bloß (vor-) gegebene Unmittelbarkeit. Sie ist aber zugleich der Grund neuer, eigener, selbstgesetzter Unmittelbarkeit: Der Geist vollzieht selbst die Verselbständigung des von ihm Gesetzten gegenüber seinem Setzen.

Das ist die Form der Freiheit des Geistes: Der Geist ist frei, indem er eine Welt hervorbringt, die sich ihm – seinem Hervorbringen – gegenüber zu einer zweiten Natur verselbständigt. Nur so kann der Geist dem Schicksal des Begriffs (wie des Selbstbewußtseins) entgehen, dem die Konfrontation mit der »objektiven Selbständigkeit« der Realität, ihrer Besonderung und Unmittelbarkeit, widerfährt. Der Geist ist die Befreiung von diesem Schicksal durch dessen affirmativen Nach-, also Selbstvollzug. Er erleidet die Verselbständigung nicht, sondern tut sie selbst. Genauer: Sein freies Tun besteht darin, sich selbst zu dem zu machen, der sie passiv erleidet. Darin besteht seine Kraft der »*Affirmation*« (*Enz* III, § 384).

Daß der Geist sich so setzt, daß er sich darin sich selbst als Unmittelbares entgegensetzt; daß er sich so verwirklicht, daß er die Welt als zweite Natur, in der er anwesend und wirksam ist, darin »zu etwas Geistverlassenem« macht (*Enz* III, § 463 Z, S. 280) – diese Bestimmungen formulieren ein Paradox. Wie kann aber die Affirmation des Geistes verstanden werden, wenn sie die Behauptung

11 Wilfrid Sellars, *Empiricism and the Philosophy of Mind*, Cambridge, Mass., London: Harvard University Press, S. 14. Die Gegenposition hat Dieter Henrich in seiner Theorie der »autonomen Negation« entwickelt: Die Negation ist autonom, wenn sie sich auf sich selbst bezieht und damit eben das andere der Beziehung – das Beziehungslose, Unmittelbare – hervorbringt. Siehe Dieter Henrich, »Hegels Grundoperation«, in: Ute Guzzoni u. a. (Hg.), *Der Idealismus und seine Gegenwart*, Hamburg: Meiner 1976, S. 208-230; ders., »Formen der Negation in Hegels Logik«, in: Horstmann (Hg.), *Seminar: Dialektik in der Philosophie Hegels*, S. 213-229. Dazu unten, Kap. 6, S. 171-175.

oder der Vollzug eines Paradoxes ist? Wie kann ein Paradox affirmiert werden?

Auf diese Frage gibt es nur eine Antwort, wenn es zwei Antworten gibt: durch die Unterscheidung zweier verschiedener Gestalten, in denen der Geist das Setzen des Seins vollzieht. Das sind der endliche und der unendliche Geist. Diese beiden Gestalten des Geistes unterscheiden sich grundlegend darin, wie sie sich zu der Verselbständigung des Gesetzten gegenüber seinem Setzen verhalten.

Der *endliche Geist* erfährt sie negativ, als seinen Selbstverlust; der endliche Geist versucht daher, die Verselbständigung des Gesetzten zum Sein so weit als möglich zurückzunehmen, sie zu begrenzen und zu kontrollieren. Das kann immer nur partial gelingen. Aufgrund dieser Partialität seines Gelingens heißt er »endlich«.

Der *unendliche Geist* dagegen ist derjenige, der die Verselbständigung des Gesetzten zum Sein zu bejahen vermag. »Unendlich« heißt also *nicht* der Geist, dem das gelingt, woran der endliche Geist scheitert. Sondern unendlich ist er, weil er einen anderen Begriff des Gelingens hat: Das Gelingen des Geistes unendlich zu verstehen heißt, die Verselbständigung gegenüber seinem Setzen, also das Unmittelbare, als Bedingung des Setzens und damit seiner Freiheit zu begreifen. Darin besteht die Kraft der Affirmation, die den unendlichen Geist vom endlichen unterscheidet. Diese Kraft besteht nicht darin, sich über das Endliche zu erheben, sondern es auf andere Weise zu *sein*. Der Geist ist unendlich, indem er »*sowohl* unendlich *als* endlich und *weder* nur das eine *noch* nur das andere« ist (*Enz* III, § 386 Z, S. 37). Der unendliche Geist geht also genau dadurch über den endlichen Geist hinaus, daß er »in sich selber das Endliche als ein Moment in sich enthält« (§ 386 Z, S. 36).[12] Er ist unendlich, indem er im Moment endlich ist; indem er also momentan, vorübergehend endlich ist. Unendlich zu sein heißt, endlich endlich zu sein. Der unendliche Geist geht durch nichts anderes über den endlichen hinaus, als daß er das Endliche affirmiert. Das zeigt sich am Verhältnis von Zeichen und Werk.

12 Diese Struktur entfaltet Dieter Henrich in »Andersheit und Absolutheit des Geistes. Sieben Schritte auf dem Wege von Schelling zu Hegel«, in: ders., *Selbstverhältnisse. Gedanken und Auslegungen zu den Grundlagen der klassischen deutschen Philosophie*, Stuttgart: Reclam 1982, S. 142-172, hier S. 163-169.

a. Das Zeichen

Das Zeichen ist die zentrale Etappe auf dem »Weg der Intelligenz« (*Enz* III, § 451). Dieser Weg führt von der Anschauung zum Denken. Es ist der Weg, auf dem wir intelligent werden: dazu gelangen, Gedanken auszubilden. Dieser Weg führt vom »unmittelbaren Bestimmt-sich-Finden« im Fühlen zum freien Sichbestimmen des Verstandes, dessen höchste Form das Schließen ist; denn »im *Schlusse* [...] *bestimmt* er aus sich *Inhalt*« (§ 467). Dieser Weg kann nicht ein für allemal gegangen werden, so daß die Intelligenz sich permanent an ihrem Ziel aufhalten könnte. Er muß vielmehr in jedem Erkennen wiederholt werden – das Erkennen muß stets wieder bei Gefühl und Anschauung beginnen –, weil es sonst leer würde. Die Intelligenz ist nicht im Denken, sondern kommt erst zu ihm. Dieser Weg zum Denken ist das Denken. Das Denken ist immer schon, und also auch immer nur, auf dem Weg zum Denken.

Dieser Weg geht aber nicht nur in eine Richtung. Das Denken kann nicht als die Bewegung von der Unmittelbarkeit (in Gefühl und Anschauung) zur Vermittlung (im schließenden Erkennen), also von der Äußerlichkeit zum Selbstgesetzten definiert werden. Der Weg der Intelligenz ist vielmehr durch seine Gegenstrebigkeit bestimmt:

> Der Weg der Intelligenz in den Vorstellungen ist, die Unmittelbarkeit ebenso innerlich zu machen, *sich in sich selbst anschauend* zu setzen, als die Subjektivität der Innerlichkeit aufzuheben und in ihr selbst ihrer sich zu entäußern und in ihrer *eigenen Äußerlichkeit in sich zu sein*. (*Enz* III, § 451)

Der Weg der Intelligenz beginnt mit der Arbeit der Erinnerung: damit, daß das Gefühl und die Anschauung als »eigene« gesetzt werden (*Enz* III, § 445); daß erkannt wird, daß sie – die von außen bestimmt erscheinen – bereits die eigene Tätigkeit sind. Aber gerade im Erinnern und Aneignen führt der Weg der Intelligenz zur (oder durch die) »Entäußerung, in der sie [sc. die Intelligenz] innerhalb ihrer selbst sich setzt« (§ 462). Das Sicherinnern im Äußerlichen ist zugleich die Selbstentäußerung der Intelligenz. Sie bringt sich als sich selbst gegenüber äußerliche hervor. Das geschieht im Zeichen, das ebendeshalb nicht irgendwo »im Anhang« abgehandelt werden darf (§ 458 A, S. 270). Seine »wahrhafte Stelle« ist in der Mitte der Intelligenz. Denn »in dessen Einheit des inneren Gehalts und des Stoffes ist die Intelligenz ebenso zur identischen Beziehung als Unmittelbarkeit *an sich* zurückgekehrt« (§ 457). Das Zeichen ist selbstgesetzte Unmittelbarkeit. Hegel interessiert am Zeichen dessen Materialität (und *deshalb* fehlt hier in seiner Sprachtheorie »völlig das Moment der Intersubjektivität«[13]). Ihn interessiert die konstitutive Rolle der Materialität in der Freiheit des Geistes.

Hegel diskutiert das Zeichen im Rahmen seiner Theorie der produktiven Einbildungskraft. Das ist die Kraft, Bilder hervorzubringen, und ein Bild ist dadurch gekennzeichnet, daß es »Sein« oder »Stoff« mit »Allgemeinheit« verbindet – das Allgemeine verstofflicht (*Enz* III, § 455 A, S. 263). Dabei unterscheidet Hegel zwei Formen der Einbildungskraft: eine niedere und eine höhere, freie. Die niedere bringt das Symbol hervor, die höhere das Zeichen. Für beide gilt, daß in ihnen eine Vorstellung »Dasein« gewinnt (§ 456); dadurch wird die Vorstellung zur Darstellung. Das geschieht im Symbol so, daß eine Vorstellung mit einem Bild verknüpft wird, das es in der Erinnerung vorfindet. Das Symbol schöpft also bei der Darstellung eines Allgemeinen aus dem »Vorrat der ihr [der Intelligenz] angehörigen Bilder und Vorstellungen« (ebd.); das Symbol operiert im Inneren. Gerade damit bleibt aber das Symbol an einen »Stoff« gebunden, der »von dem Gefundenen der Anschauung herkommt« (ebd.) und in der Erinnerung aufbewahrt wurde.

Im Zeichen dagegen ist die Intelligenz »sich *äußernd, Anschauung* produzierend« (*Enz* III, § 457). In anderer Betonung: Die Intelligenz ist hier Anschauung *produzierend*. Das ist der entscheidende Unterschied. Im Symbolisieren sucht die Intelligenz im »Vorrat der ihr angehörigen Bilder« nach einer inneren, von ihr erinnerten Anschauung, mit der sie die allgemeine Vorstellung verbinden kann. Im Signifizieren dagegen *schafft* die Intelligenz die Anschauung eines Äußeren, die eine allgemeine Vorstellung darzustellen vermag. So wird die »Stärke Jupiters« durch das erinnerte Bild eines Adlers symbolisiert; die Nation dagegen wird durch den bildlosen, nicht erinnerten, sondern nur dafür neu geschaffenen Gegenstand – »eine *Kokarde* oder eine *Flagge*« – bezeichnet (§ 467 Z, S. 269).

Das Große des Zeichens gegenüber dem Symbol ist darin doppelt bestimmt. Das Symbol bleibt nur im Inneren und verknüpft

13 Wie Vittorio Hösle zu Recht feststellt: *Hegels System. Der Idealismus der Subjektivität und das Problem der Intersubjektivität*, 2 Bde., Hamburg: Meiner 1987, Bd. 2, S. 405.

die Vorstellung und ihr bildliches Dasein auch nur innerlich; sie »entsprechen« sich oder sind sich inhaltlich ähnlich. Scharf begrenzt wird dadurch das Feld des Symbolisierbaren: Symbolisiert werden kann nur ein Allgemeines, das in der erinnerten Anschauung bereits vorgeprägt ist. Die Bestimmtheit der Anschauung ist schon »mehr oder weniger der Inhalt [...], den sie als Symbol ausdrückt« (*Enz* III, § 458 A, S. 270). Das Symbol ist daher unfrei. Das Zeichen dagegen operiert frei, denn es »tilgt« die unmittelbar gegebene Bedeutung und »gibt« dem Sinnlichen der Anschauung »einen anderen Inhalt zur Bedeutung« (ebd.). Aber gerade indem das Signifizieren sich vom unmittelbar Gegebenen frei macht, macht oder setzt das Zeichen selbst *sein* Unmittelbares; genauer (und mehr noch): macht oder setzt die Intelligenz sich im Zeichen *als* Unmittelbares; ihre Vermittlung »schlägt [...] in die Form der *Unmittelbarkeit* um« (§ 457 A, S. 269). Darin also liegt das Große des Zeichens: daß die Intelligenz sich darin frei und – das heißt: *indem* sie – »sich zur *Sache*« oder »*seiend*« macht (§ 457 A, S. 268). Die Selbstbefreiung des Geistes zur Allgemeinheit *ist* seine Selbstverwandlung in eine Sache.[14]

Das Zeichen hat damit zwei Seiten: Die Intelligenz gewinnt die Freiheit, wahrhaft allgemeine Vorstellungen hervorzubringen, nur, wenn sie diese nicht mehr in einem sinnlichen, anschaubaren Dasein symbolisch präsentiert, also positiv *anwesend* macht. Erst in der willkürlichen Beziehung des Zeichens zum Anschaubaren erhebt sich die Intelligenz zu Vorstellungen, die von dessen Bestimmungen frei sind. Das ist die eine Seite. Die andere Seite besteht darin, daß sich die befreiende Erhebung der Intelligenz über das sinnliche Dasein nur im dauernden Bezug *auf* es vollziehen kann: indem sie Zeichen für ihre Vorstellungen hervorbringt, also ihre Vorstellungen an äußerliche Träger bindet (und die Vorstellungen dadurch zu »Bedeutungen« macht). Das Zeichen ist in der Intelligenz die »*Äußerlichkeit* ihrer selbst in ihr« (*Enz* III, § 462): Das Zeichen, das »Dasein, welches das Produkt der Intelligenz selbst ist«,

14 Die Logik der Selbstversachlichung des Geistes analysiert ausführlich Dirk Quadflieg, *Vom Geist der Sache. Zur Kritik der Verdinglichung*. Frankfurt/M., New York: Campus 2018, Kap. 2. Zu dieser Logik in der spezifischen Gestalt des Zeichens siehe Jacques Derrida, »Schacht und Pyramide. Einführung in die Hegelsche Semiologie«, in: ders., *Randgänge der Philosophie*, Wien: Passagen 1988, S. 85-118, v. a. S. 93 f.

ist das »Auswendig[e], welches in das Inwendige der Intelligenz eingeschlossen bleibt und nur innerhalb ihrer selbst deren auswendige, existierende Seite ist« (§ 462 A, S. 279). Diese Auswendigkeit ist der Intelligenz wesentlich. Sie ist nicht instrumentell definiert.

Wir wissen von unseren Gedanken nur dann, haben nur dann bestimmte, wirkliche Gedanken, wenn wir ihnen die Form der Gegenständlichkeit, des Unterschiedenseins von unserer Innerlichkeit, also die Gestalt der Äußerlichkeit geben. (*Enz* III, § 462 Z, S. 280)

Nur in der Bindung an die äußerliche, in der Anschauung gegebene Bestimmtheit des materiellen Zeichenkörpers gewinnen die selbsthervorgebrachten Vorstellungen der Intelligenz *ihre* Bestimmtheit. Die Erhebung der Intelligenz über das sinnliche Dasein (an das das Symbol noch gekettet ist) kann sich nicht so vollziehen, daß sie sich aus dem Äußerlichen in das bloß oder rein Innerliche zurückzieht; »das Unaussprechliche [ist] in Wahrheit nur etwas Trübes« (ebd.). »Es ist in Namen, daß wir denken.« (§ 462 A, S. 278)

Die beiden Seiten des Zeichens sind: Einerseits keine Anwesenheit der Intelligenz in ihrem sinnlichen Dasein; darin liegt ihre Freiheit. Andererseits Angewiesenheit der Intelligenz auf ihr sinnliches Dasein; darin liegt ihre Bestimmtheit. Im Zeichen verwirklicht sich die Freiheit zugleich mit der Bestimmtheit der Intelligenz, weil es ihre *Angewiesenheit* auf das sinnliche Dasein mit ihrer *Unabhängigkeit* von dessen Bestimmungen vereint. Wie geht das zusammen?

Es geht zusammen, weil nicht nur die erstmalige Hervorbringung, sondern auch die auf Dauer gestellte, stets wieder reproduzierte Verknüpfung von Vorstellung und Anschauung im Zeichen eine eigentümliche Tätigkeit des Geistes ist: eine Tätigkeit, die der Geist *selbst* vollzieht, in der er aber zugleich *außer sich* ist. Das ist die Tätigkeit des »auswendigen« Gedächtnisses:

Indem sich daher die Intelligenz mit dem Wort erfüllt, nimmt sie die Natur der Sache in sich auf. Diese Aufnahme hat aber zugleich den Sinn, daß sich die Intelligenz dadurch zu einem *Sächlichen* macht, dergestalt daß die Subjektivität, in ihrem Unterschied von der Sache, zu etwas ganz Leerem, zum geistlosen Behälter der Worte, also zum *mechanischen* Gedächtnis wird. Auf diese Weise schlägt sozusagen das *Übermaß der Erinnerung* des Wortes in die höchste *Entäußerung* der Intelligenz um. (*Enz* III, § 462 Z, S. 280)

Durch die mechanische Tätigkeit des Gedächtnisses wird die freie Willkür der Verknüpfung von Vorstellung und Anschauung im Zeichen mithin gerade so verwirklicht, daß sie mit der unmittelbaren, bruchlosen Identität von Bezeichnendem und Bezeichnetem, Namen und Gedanken einhergeht. »[In] der Funktion des Zeichens im sprachlichen Vollzug ist immer nur das Bezeichnete, nicht aber das Zeichen [d.i. das Bezeichnende] oder dessen Beziehung zum Bezeichneten gegenwärtig.«[15] Es gibt keinen Grund für die Verknüpfung – das »Band« des Namens ist »leer« (*Enz* III, § 463) –, sie ist also nicht geistig verfaßt und doch konstitutiv für die Bestimmtheit der geistigen Vorstellungen. In der auswendig reproduzierten Verknüpfung von Vorstellung und Anschauung, von Gedanke und Name operiert der Geist selbst, aber nicht auf geistige, freie Weise. Diese Verknüpfung ist »seine Tätigkeit als ein Mechanismus« (§ 463 A, S. 281). Sie gehört zu den Gewohnheiten, ohne die der Geist nicht frei operieren kann, in denen er, das heißt: seine Freiheit, aber zugleich nicht *da* ist. Daß der Geist sich im Zeichen selbst zur Sache macht, besagt daher nicht nur, daß er sein Vorstellen und Denken an die äußerliche Bestimmtheit der Sache bindet, sondern *wie* er das allein tun kann: durch die Selbstentäußerung zu einem Sächlichen im mechanisch-auswendigen Verbinden. Die Verwirklichung des Geistes ist geistlos. Er macht sich selbst »zu etwas Geistverlassenem«.[16]

Erkennendes Denken

Mit dem Gedächtnis beginnt das Denken. »Das *Gedächtnis* ist [...] der Übergang in die Tätigkeit des *Gedankens*.« (*Enz* III, § 464) Deshalb ist alles Denken »wiedererkennend« (§ 465). Das Denken ist

15 Josef Simon, *Das Problem der Sprache bei Hegel*, Stuttgart u.a.: Kohlhammer 1966, S. 172. In der mechanischen Operationsweise des Gedächtnisses scheint, d.h. ist es so, daß das Zeichen die Sache *ist* (und daher die Sache das Zeichen: Das Grünweißrot des Nudelgerichts ist Italien, so daß man im Verzehr der Nudeln – wie die Werbung zeigt – zum Italiener wird); vgl. Paul de Man, »Zeichen und Symbol in Hegels *Ästhetik*«, in: ders., *Die Ideologie des Ästhetischen*, Frankfurt/M.: Suhrkamp 1993, S. 39-58, hier S. 45 f. Deshalb spricht Hegel auch davon, daß die »erlangte Gewohnheit« die Buchstaben- zu einer »Hieroglyphenschrift« macht: *Enz* III, § 459 A, S. 276 f.

16 Siehe oben, S. 157.

das *Nach*denken über die Zeichen, Namen, Wörter, die das Gedächtnis auswendig kennt und reproduziert. Daß das Denken nur »in Namen« geschehen kann, heißt, daß es das Nachdenken *über* Namen ist. Das Denken ist das Denken der Sprache: in der Sprache über die Sprache. Es ist die Anstrengung, die auswendigen Bestimmungen zu eigenen und damit inneren zu machen. Das heißt, sie – nicht in ihrem Inhalt, sondern in ihrer Seinsweise – zu verwandeln; das Denken ist die Transformation des Gedächtnisses in Gedanken. Es wiederholt die Bestimmungen nicht mehr auswendig, sondern entfaltet sie selbsttätig; das Denken ist Selberdenken. Das geschieht, indem die Bestimmung in einem Schluß – oder einer Serie von Schlüssen – selbst hervorgebracht wird. Denn im Schluß »*bestimmt* [der Verstand] aus sich *Inhalt*« (§ 467). Indem sie zu einem Moment in einem durch Schlüsse repräsentierten Netz von Urteilen und also erkennend gedacht wird, gewinnt die Bestimmung die Form der Selbstbestimmung.[17]

Das definiert das erkennende Denken als Befreiung: Im Denken vollzieht sich die Emanzipation vom Lernen, die Überschreitung der Position des (auswendig) Lernenden. Das Denken ist das Ende des Lernens.[18] Zugleich aber bleibt das Denken gebunden an das auswendig Gelernte. Es kann ihm nur nach-, also hinterherdenken. Eben darin bleibt die Befreiung durchs erkennende Denken endlich. Es kann immer nur *dieses* Zeichen, *diesen* Namen durchdenken und seinen Inhalt in einem Schluß selbst hervorbringen. Die Befreiung durch das endliche Denken ist daher notwendig partial. Es kann keine vollständige Verwandlung *aller* zeichenge-

17 Die Selbstbestimmung ist die wahre Form, die die Bestimmung als Resultat der Negation gewinnt. Dazu unten, Kap. 6, S. 183-185.

18 Stanley Cavell verweist für den Übergang vom Lernen zum Denken auf das Bild, in dem Henry David Thoreau das Verhältnis von gesprochener und geschriebener Sprache erläutert hat. »Die eine ist gewöhnlich etwas Vorübergehendes – ein Ton, Laute, ein blasser, fast roher Dialekt, den wir unbewußt, wie die Tiere von unseren Müttern lernen. Die andere ist die Reife und das Ergebnis der ersteren. Ist jene unsere Muttersprache, so ist diese unsere Vatersprache« (zitiert in: Stanley Cavell, *Die andere Stimme. Philosophie und Autobiographie*, Berlin: Diaphanes 2002, S. 74) – unsere Vatersprache, weil wir uns darin zum Vater der Sprache gemacht haben, weil sie also unsere (Kopf-)Geburt geworden ist. Aber das kann die erste Geburt der Sprache, durch ihre Mutter, niemals auslöschen. Thoreaus Bild beschreibt nicht einen Sieg der einen über die andere Sprache, sondern es ist ein Bild ihres »unablässigen Kampfes« (S. 75).

bundener, mechanisch-auswendig vollzogener Bestimmtheit *zugleich* in Elemente geistiger, transparenter, normativer, rationaler Schlüsse geben.[19] Das erkennende Denken kann nicht die *Form* der Bestimmtheit auflösen und in Selbstbestimmung transformieren. Es bleibt an seine Auswendigkeit als aufzuhebende gebunden, denn es reproduziert sich durch ihre Aufhebung. Die Befreiung im erkennenden Denken bleibt daher an den Gedanken gebunden, *daß* die Form der Auswendigkeit *aufzuheben ist*. Es kann vielleicht bis zur Einsicht in die Notwendigkeit dieser Auswendigkeit gelangen, aber es kann sie nicht affirmieren. Es anerkennt sie als die Voraussetzung und »Schranke« (*Enz* III, § 386) seines Gelingens – als eine Voraussetzung seines Gelingens, die dessen Schranke, und als eine Schranke seines Gelingens, die dessen Voraussetzung ist. Aber das erkennende Denken kann sie nicht als die *Bedingung*, als die Kraft seines Gelingens anerkennen. Es hat nur einen endlichen Begriff des Gelingens.

b. Das Kunstwerk

In der Form der zeichenproduzierenden und -verwendenden Intelligenz führt die befreiende Transformation der passiv erlittenen »Erfahrung der Selbständigkeit« in die eigene Tat des Geistes dazu, daß er die Selbständigkeit des Äußeren in sich selbst reproduziert: Der zeichenverwendende Geist verselbständigt sich sich selbst gegenüber. In dem Mechanismus des Gedächtnisses, den er um seiner Freiheit willen ausbildet, operiert er unfrei. Das ist die Dialektik der Befreiung, der der endliche Geist *unterliegt* und der er mit sei-

19 Deshalb kann es nach Brandom keinen »starken«, also totalen Holismus geben: Im denkenden Erkennen müssen wir immer schon von einer Bestimmung ausgehen, die wir darin als Anfang voraussetzen. »One intension is taken as already specified, apart from its [inferential] relations to others.« (Robert B. Brandom, »Holism and Idealism in Hegel's *Phenomenology*«, in: ders., *Tales of the Mighty Dead. Historical Essays in the Metaphysics of Intentionality*, Cambridge, Mass., London: Harvard University Press 2002, S. 178-209, hier S. 200.) Das erkennende Denken kann daher nach Brandom immer nur ein Explizieren (»making explicit«) sein. Darin zeigt sich seine Endlichkeit: Die Freiheit des erkennenden Denkens beginnt mit einer Abhängigkeit (»*asymmetric* sense dependence«; ebd.), die es nicht einholen kann.

nen Mitteln nicht zu entgehen vermag.[20] Indem er sich aus dem Mechanismus äußerlicher Verknüpfungen an der einen Stelle befreit, setzt er ihn dort, an anderen Stellen, voraus: Indem er ihn auflöst, reproduziert er ihn. So setzt das erkennende Denken die Befreiungsarbeit der Intelligenz fort, aber es kann sie nicht vollenden.

Diese Vollendung der Befreiung gelingt erst dem absoluten Geist. Seine zentrale Bestimmung ist, daß sich der Geist auf sich selbst richtet und zum »*Wissen* der absoluten Idee« wird (*Enz* III, § 553); das heißt zum Wissen des Geistes davon, was er seinem Begriff nach ist (denn die absolute Idee ist der Begriff des Geistes). Der absolute Geist ist das zur Wirklichkeit des Geistes gewordene Wissen des Geistes von sich: Die Gestalten des absoluten Geistes sind wirkliche Gestalten des Wissens des Geistes von seinem wahren Begriff. Und das heißt zugleich umgekehrt, daß der Geist, indem er zum Wissen von sich gelangt, seine adäquate Wirklichkeit gewinnt: Die Gestalten des absoluten Geistes sind als Gestalten des wahren Wissens des Geistes zugleich seine höchste Verwirklichung. Das Wissen des Geistes von sich und seine höchste, vollendete Wirklichkeit fallen in eins. Das ist die theoretisch-praktische Doppelbestimmung des absoluten Geistes.[21] Diese Doppelbestimmung kann nicht aufgelöst, aber von jeweils einer der beiden Seiten her erläutert werden.

Nach seiner *theoretischen Seite*, als Gestalt des Wissens, ist der absolute Geist nichts anderes als der sich selbst denkende endliche Geist: Indem der endliche Geist nicht mehr nur über seine je äußerliche und darin partikulare Gestalt (im subjektiven Geist: sein Gedächtnis; im objektiven Geist: als jeweiliger »Volksgeist«)

20 Das habe ich hier nur für die höchste theoretische Gestalt des subjektiven Geistes, das erkennende Denken, skizziert. Es müßte ebenso für den objektiven Geist, also den Staat und seine Geschichte, gezeigt werden. Seine Endlichkeit besteht darin, daß auch er noch einem »äußerlichen Material« gegenübersteht; so Ludwig Siep, »Endlichkeit und Unendlichkeit des objektiven Geistes«, in: ders., *Aktualität und Grenzen der praktischen Philosophie Hegels*, München: Fink 2010, S. 229-242, hier S. 234. Diese Äußerlichkeit des objektiven Geistes reproduziert sich (in reflektierter Form) in der Sittlichkeit als ihr Selbstverlust in der bürgerlichen Gesellschaft. Damit bleibt die freie Gestalt der Sittlichkeit (die sie im Staat gewinnt) in einer Differenz zu ihrem selbst hervorgebrachten Anderen stehen, die sie nicht selbst wiederum in Freiheit zu verwandeln vermag. Zur freiheitstheoretischen Bestimmung der bürgerlichen Gesellschaft siehe oben, Kap. 2.

21 Die eingangs bereits skizziert wurde, siehe oben, S. 151 f.

nachdenkt, sondern seine Geschichte im ganzen, die Geschichte seiner Befreiung, denkt, »erhebt [er] sich zum *Wissen des absoluten Geistes*« (*Enz* III, § 552).[22] Indem der endliche Geist seinen Weg *als* die Geschichte seiner Selbstbefreiung versteht, nimmt er immer schon ein Wissen darum in Anspruch, was er in Wahrheit ist. Und das nicht allein als eine Bestimmung des Ziels seines Wegs, sondern bereits von dessen Grund und Anfang. Indem er seinen Weg als den Weg seiner Befreiung beschreibt, nimmt der Geist an, daß *er* diesen Weg gehen *kann*; daß es ihm möglich ist, sich selbst zu befreien. Der Vollzug der Befreiung impliziert die Behauptung ihrer Möglichkeit.

Zugleich aber kann der Geist, der sich befreit, noch nicht wissen, was sein wahrer Begriff und seine wahre Gestalt sind. Er kann daher auch nicht wissen, daß er sich befreien kann: Solange er sich noch befreit, kann sich zu befreien nicht ein Vermögen sein, das der Geist besitzt und von dem er aufgrund seiner Ausübung weiß; denn ein Vermögen ist das Vermögen, etwas auszuführen, bis zum Ende. Das Wissen, das der endliche, sich noch befreiende Geist von seinem Begriff hat (und ohne das er sich nicht auf den Weg der Befreiung machen kann), kann daher nicht ein Wissen sein, das seinen Grund im endlichen Geist selbst hat. Indem der Geist Wissen von sich gewinnt, geht er über sein (Wissen-)Können hinaus. Der Geist transzendiert sich: Der Schritt vom endlichen in den unendlichen Geist ist ein Sprung. Gerade das Wissen von seinem Wesen kann nicht sein eigenes, durch ihn selbst hervorgebrachtes Wissen sein; gerade indem er es als die Wahrheit über ihn versteht, muß er es als ein ihm gegebenes Wissen begreifen. Im Wissen von seinem eigenen Begriff bezieht sich der Geist auf eine transzendente Gestalt – das heißt: auf sich selbst in transzendenter Gestalt.[23]

22 Indem der Geist seine Geschichte im ganzen denkt, emanzipiert er sich von seiner partikularen Gestalt, in der er immer nur seine jeweilige Gestalt der Sittlichkeit denkt: von seiner Partikularität als »Volksgeist«. Aber da er dies immer nur in einer Sprache zu tun vermag, geht auch das »absolute« Denken des Ganzen, wie das erkennend-endliche, von den Operationen des Gedächtnisses aus, in denen der Geist an seine Auswendigkeit und Partialität verloren ist. Josef Simon beschreibt dies als den Kern der »Dialektik« bei Hegel; siehe *Das Problem der Sprache bei Hegel*, Kap. VIII.

23 Siehe Theunissen, *Hegels Theorie des absoluten Geistes als theologisch-politischer Traktat*, S. 107-118 (gegen die anthropologische, immanentistische Deutung durch Alexandre Kojève). Deshalb ist der Glaube eine Grundkategorie des ab-

Indem der Geist von sich weiß, überschreitet er sich. Aber er überschreitet sich auch nur dadurch, daß er sich denkt und weiß. Seine Transzendenz ist nicht das Wissen von etwas anderem als sich selbst, sondern von sich selbst als Anderem. Deshalb ist das absolute Wissen, das der Geist gewinnt, zugleich ermöglichend: Es ermöglicht dem Geist, sein Tun im ganzen als seine Befreiung zu verstehen und sie dadurch zu verwirklichen. Das ist die zweite, *praktische Seite* in der Bestimmung des absoluten Geistes. Sie besagt, daß der absolute Geist, als Wissen von dem, was der Geist in Wahrheit ist, zugleich die Gestalt ist, in der sich die Befreiung des Geistes vollendet: in der sie zu ihrer vollkommenen Verwirklichung gelangt (so daß man sagen kann, daß der Geist in dieser Gestalt befreit *ist*). Daher gewinnt der Geist in seiner absoluten Gestalt nicht nur ein höheres Wissen, sondern seine »tiefere Befriedigung« (*Ä* I, S. 134). Der absolute Geist ist die Gestalt seines Gelingens.

Damit stellt sich die Frage, wie dieses Gelingen, in dem der Geist sich absolut oder unendlich befreit, verfaßt ist. Denn nur indem geklärt wird, *wie* der Geist in seinen absoluten oder unendlichen Gestalten seine Befreiung vollendet – was er hier also *tut* –, kann die Frage beantwortet werden, was es ist, das er darin von sich weiß. Der Inhalt des absoluten Wissens, das der Geist von sich gewinnt, ist nichts anderes als das Verfahren, durch das er seine absolute Befreiung realisiert. Wie also verfährt der absolute Geist, und was erfährt der Geist darin über sich?

Die schöne Gestalt

Diese Frage lautet für das Werk der schönen Kunst (an die ich sie hier allein stellen will): Wie verwandelt das Werk das Zeichen? Es verwandelt das Zeichen in eine »Gestalt der Schönheit« (*Enz* III, § 556). Das Verfahren der schönen Kunst ist die Verwandlung des Zeichens durch »Gestaltung« (§ 561 f.). Durch diese Verwandlung soll der Geist dem Schicksal seiner Auswendigkeit, seiner Mecha-

soluten Geistes (*Enz* III, § 555) oder der absolute Geist im ganzen oder »im allgemeinen« Religion: »Die Religion, wie diese Sphäre im allgemeinen bezeichnet werden kann« (§ 554). Zu diesem Gedanken der Transzendenz siehe Gunnar Hindrichs, *Philosophie der Revolution*, Berlin: Suhrkamp 2017, v. a. Kap. 4, und meine Besprechung des Buches in *Deutsche Zeitschrift für Philosophie*, Bd. 66 (2018), Heft 6 (im Erscheinen).

nisierung entgehen, dem er als zeichenverwendender ausgeliefert ist.

Diese Verwandlung des Zeichens in die schöne Gestalt bestimmt Hegel so, daß darin »die natürliche Unmittelbarkeit nur *Zeichen* der Idee« ist (§ 556; oben, S. 152 f.). In der Kunst hat das Zeichen also einen anderen Inhalt, eine andere Bedeutung: Im Kunstwerk bezeichnet das Unmittelbare – das Seiende, die Anschauung – die Idee. Da die Idee aber nichts anderes als der Begriff des Geistes ist, macht der Geist in der Kunst das Unmittelbare zum Zeichen seines Begriffs. Das Kunstwerk ist nicht deshalb ein Zeichen, weil sein Unmittelbares irgendeine inhaltliche Vorstellung bedeutet. Aber auch nicht, weil es besonders wichtige, tiefe, bedeutsame Vorstellungsgehalte signifiziert. Sondern im Kunstwerk ist das Unmittelbare nur das Zeichen der formalen Grundbestimmung oder -struktur des Geistes. Im Kunstwerk bezeichnet der Geist sich selbst. Kunstwerke sind nichts als Selbstbezeichnungen des (Begriffs des) Geistes. Weil zu bezeichnen, zu signifizieren, aber die Weise ist, in der der Geist tätig ist und sich verwirklicht, verwirklicht sich der Geist im künstlerischen Zeichen so, daß er sich darin zugleich als sich verwirklichenden bezeichnet. Die schöne Gestalt ist ein Zeichen, das sich selbst bezeichnet: das nur bezeichnet, was sich in ihm zuträgt.

In der schönen Gestalt gewinnt das Zeichen daher nicht nur eine andere Bedeutung – die schöne Gestalt hat die Idee und nicht irgendeine beliebige Vorstellung zum Inhalt –, sondern ein anderes Sein. Im Zeichen kann der Geist seine Einheit von Begriff und Realität nur so realisieren, daß sich diese Realisierung wiederum gegenüber dem darin Realisierten verselbständigt: Die Realität der Einheit von Begriff und Realität verselbständigt sich gegenüber der Einheit von Begriff und Realität. Im Zeichengebrauch verwirklicht der Geist die Einheit von Begriff und Realität nur so, daß er auswendig-mechanisch operiert. Im Zeichen verliert sich der Geist, indem er sich verwirklicht. Das Dasein des Geistes zeigt ihn nicht, oder: In seinem Dasein wird der Geist unerkennbar; er operiert wie bloße, äußere Natur, mechanisch. Daß dagegen im Kunstwerk »die natürliche Unmittelbarkeit nur *Zeichen* der Idee« ist, heißt, daß die natürliche Unmittelbarkeit »so durch den einbildenden Geist verklärt ist, daß die Gestalt sonst nichts anderes an ihr zeigt« (*Enz* III, § 556). Das künstlerische Zeichen ist ein Zeichen, das sich in seinem Funktionieren nicht mechanisch verselbständigt. Das Kunstwerk ist dasjenige Zeichen, das ebenso nichts als Zeichen wie nicht mehr Zeichen ist. Als *reines* Zeichen (das nur sich selbst bezeichnet) ist es zugleich *kein* Zeichen (das auswendig operiert).

Ästhetische Verklärung

Das Verfahren, durch das die schöne Gestalt diese überschreitende Vollendung des Zeichenverhältnisses vollzieht, nennt Hegel (wie soeben zitiert) die ästhetische »Verklärung«: Die natürliche Unmittelbarkeit ist im Schönen »durch den einbildenden Geist verklärt«. Die Verklärung ist die Grundoperation der schönen Gestaltung. Sie ist die spezifisch ästhetische Weise der Verwirklichung des Geistes: diejenige Verwirklichung des Geistes, in der er sich nicht verliert; in der er sich also jederzeit und überall zeigt. Aber wie ist das möglich, wenn die Selbstverwirklichung des Geistes in der Hervorbringung einer Welt als zweiter Natur besteht, zu der ihrem Begriff nach gehört, unmittelbar und damit nur in Beziehung auf sich selbst, also auch nicht in einer zeigenden Beziehung zu ihrem Grund, zu stehen; die also *Sein* hat und darin *nicht* durchsichtig ist auf den sich verwirklichenden Geist?

In der *Enzyklopädie* beschreibt Hegel die Weise, in der die schöne Kunst diese Aufgabe zu lösen versucht, so, daß unmittelbar klar ist, daß sie darin scheitern muß: Die schöne Kunst ist hier nichts anderes als das Scheitern an ihrem Programm. Denn sie kann nach Hegels Beschreibung die Verklärung der Unmittelbarkeit zum Ausdruck des Geistes nur so vollziehen, daß sie »die sogenannte Einheit der Natur und des Geistes« (*Enz* III, § 557) wiederherstellt. Das aber heißt nichts anderes, als in die Struktur des Symbols zurückzufallen.[24] Die schöne Kunst reproduziert die Einheitsform des Symbols und verspielt damit die Freiheit des Zeichens (während die Kunst, die Hegel im Unterschied zur schönen die »symbolische« nennt, die Entgegensetzung und Willkür des Zeichens aufweist; vgl. § 561). Wie im Symbol gilt:

24 Hegel beschreibt die schöne Kunst hier als praktizierte ästhetische Ideologie; zu dieser Kategorie siehe Paul de Man, »Kant and Schiller«, in: ders., *Aesthetic Ideology*, Minneapolis, London: University of Minnesota Press 1996, S. 129-162.

> Die sinnliche Äußerlichkeit an dem Schönen, die *Form* der *Unmittelbarkeit* als solcher ist zugleich *Inhaltbestimmtheit* und der Gott hat bei seiner geistigen zugleich in ihm noch die Bestimmung eines natürlichen Elementes und Daseins. (*Enz* III, § 557)

Die schöne Verklärung bleibt naturgebunden. »Die Kunst bedarf für den Ausdruck des geistigen Gehalts [...] der gegebenen Naturformen nach deren Bedeutung, welche die Kunst ahnen und innehaben muß.« (*Enz* III, § 558) Daraus folgt unmittelbar das (oben bereits zitierte) Urteil, daß »es [...] nicht der absolute Geist [ist], welcher in dies Bewußtsein tritt« (§ 557). Durch ihren Symbolismus verwandelt die schöne Gestalt nicht das Zeichen, sondern verfehlt und unterbietet dessen Freiheit.

In den *Vorlesungen über die Ästhetik* gibt Hegel eine zweite, anspruchsvollere Deutung der Verklärungsleistung der schönen Gestalt. In ihrem Zentrum steht die Kategorie des ästhetischen Scheins (die in der *Enzyklopädie* ganz fehlt). Sie beschreibt die Verklärung des Zeichens auf andere Weise. In der Rückkehr des Schönen zum Symbol geschieht die Überwindung des Mechanismus des Zeichens um den Preis seiner Freiheit. Der ästhetische Symbolismus verwandelt zwar die Verbindung zwischen dem Geistigen und dem Unmittelbaren von einer äußerlichen in eine innere, sinnhafte, aber er bindet den Geist dabei *inhaltlich* an die vorgegebenen Bestimmungen des Äußerlichen, macht ihn also unfrei. Die alternative Lösung des Schönen für das Problem des Zeichens besteht darin, die Bestimmtheit des Unmittelbaren, an die der Geist sich im Gedächtnis nur so binden kann, daß er sich äußerlich wird, so *erscheinen* zu lassen, *als ob* sie die eigene des Geistes *wäre.* Nichts anderes bedeutet die Kategorie des ästhetischen Scheins.

Das Schöne ist Schein. Das besagt: Das Schöne verwandelt das sinnlich Unmittelbare in Schein. Diese Verwandlung schließt die Kluft, die die zeichengebrauchende Intelligenz von sich selbst trennte. In ihrem Zeichengebrauch muß die Intelligenz Mechanismen ausbilden, die die innere Vorstellung und das äußerlich Seiende verbinden. Als mechanische ist diese Verbindung geistlos. Ebenso ist es aber in den Mechanismen von Gewohnheit und Gedächtnis dem sinnlich Unmittelbaren »nicht erlaubt«, »für sich selber eigenen Gesetzen zu folgen« (*Ä* I, S. 152). Im Schönen dagegen erscheint es so, daß – also: als ob – die Verbindung von Vorstellung und Äußerem nicht mechanisch-auswendig, sondern das eigene Gesetz des Äußeren selbst sei. Der ästhetische Schein ist der »Schein selbständiger Freiheit« des Äußeren oder Unmittelbaren (S. 156). Es scheint im Schönen so, daß die innere Vorstellung und das sinnlich Unmittelbare nicht erst noch äußerlich – und daher mechanisch – verbunden werden müssen, sondern von sich aus – und daher frei – füreinander da, miteinander verbunden sind. Das Schöne ist deshalb Schein, weil es uns die Illusion verschafft, daß das Selbständige oder Unmittelbare selbständig seine Selbständigkeit aufgibt; daß die im Schönen vorausgesetzte »Unselbständigkeit des Sinnlichen und bloß Natürlichen« (*Enz* III, § 562 A, S. 371) dessen eigene, freie Tat ist: als ob es also ein Verhältnis »liberaler Art« sei (*Ä* I, S. 155). Der ästhetische Schein ist der Schein der Liberalität.

Die ästhetische Liberalität besteht darin, das unmittelbar Seiende freizulassen, ihm im Schönen zu erlauben, »für sich selber eigenen Gesetzen zu folgen«. Die Bedingung für diese Liberalität ist aber, daß das unmittelbar Seiende von sich aus schon dem Geist entspricht: daß das eigene Gesetz des Unmittelbaren kein anderes als das des Geistes ist. Nur zu dieser Bedingung kann das Schöne sich seine Liberalität leisten. Das ist der Preis, den das Schöne als Schein für die Überwindung der Mechanismen des Zeichens zu entrichten hat. Es muß, zum Schein, die Differenz von Unmittelbarem und Gesetztem, also von Natur und Geist verschwinden lassen; denn es ist die Differenz des Geistes gegenüber der Natur, die die Differenz des Geistes von sich selbst in der mechanisch-auswendigen Verknüpfung von natürlich Unmittelbarem und geistig Gesetztem hervorbringt. Kurzum: Auch das Schöne als Schein beruht – noch oder wieder – auf einem Symbolismus. Das Schöne kann die Endlichkeit des Zeichens, also die Auswendigkeit des Gedächtnisses, nur zum Verschwinden bringen, indem es Geist und Natur, Anschauung und Bedeutung symbolisch ineinander bildet.

Wie im schönen Symbol, so gewinnt daher auch im schönen Schein – im Schönen als Schein – der Geist nicht seine ihm »würdige Gestalt« (*Enz* III, § 553). Denn der Geist verliert im Schönen ebenso seine Freiheit gegenüber der Natur wie diese ihre Selbständigkeit ihm gegenüber; beide werden zugleich einander gegenüber unselbständig und unfrei.

Weder als Symbol noch als Schein wird die schöne Kunst der Bestimmung des absoluten Geistes gerecht. Denn eine Gestalt des absoluten Geistes zu sein heißt, eine Gestalt zu sein, die dem »würdig« ist, daß »die *an sich* freie Intelligenz in ihrer Wirklichkeit zu ihrem Begriff befreit sei« (*Enz* III, § 553). Um befreit zu sein, muß die Intelligenz sich befreit haben. Das geschieht auf dem »Weg« (ebd.), den der endliche Geist zurücklegt. Dieser Weg führt durch die Hervorbringung einer zweiten Natur. Die Erfahrung des Zeichens lehrt, worin sie besteht: Die Erfahrung des Zeichens zeigt, daß die befreiende Umwandlung der widerfahrenen Selbständigkeit in die eigene Setzung des Geistes selbst wieder in die Verselbständigung des Gesetzten gegenüber dem Akt seiner Setzung umschlagen muß. Die Erfahrung des Zeichens ist die Erfahrung der zweiten Natur als Differenz des Geistes gegenüber sich selbst. Weil sie im Geist durch den Geist selbst hervorgebracht ist, ist diese Differenz viel tiefer – und mächtiger – als jede, die der Geist bloß vorfindet. Die schöne Kunst jedoch glaubt (oder erweckt den Anschein), über diese Differenz hinaus zu sein. Das Glück, das die Schönheit verspricht, ist das Glück der Harmonie – der Beruhigung, daß der Geist sich das Schicksal seiner mechanischen Auswendigkeit ersparen könne, weil das Sinnliche, Unmittelbare und Natürliche schon von sich aus mit ihm übereinstimmen.[25] Die schöne Kunst, als Symbol oder Schein, wird deshalb der Bestimmung des absoluten Geistes nicht gerecht, weil sie über die Endlichkeit des Geistes nicht hinausgeht, sondern ihre Erfahrung bloß vermeidet. Als Symbol und Schein mangelt der Kunst die Kraft, die Endlichkeit auszuhalten – sie zu affirmieren.

Um diesen Mangel zu überwinden, bedarf es einer Veränderung im Verständnis und Vollzug des Geistes, die viel grundlegender ansetzt, als das Programm der ästhetischen Verklärung dies zu denken vermag. Die ästhetische Verklärung richtet sich auf die Struktur des Zeichens: Sie will die Zeichenrelation so verändern, daß sie ihre geistverlassene Auswendigkeit verliert. Dabei reproduziert die ästhetische Verklärung aber die Grundstruktur des Zeichens. Sie

25 Zum Glücksversprechen des Schönen siehe Christoph Menke, »Das Paradox der Fähigkeit und der Wert des Schönen«, in: Leonhard Emmerling/Ines Kleesattel (Hg.), *Politik der Kunst*, Bielefeld: Transcript 2016, S. 85-100.

operiert innerhalb seiner zweipoligen Struktur, in der der Geist das Seinige und das Seiende, das Allgemeine und das Unmittelbare, die Bedeutung und die Anschauung zugleich unterscheidet und zu verbinden versucht. Das ist die duale Struktur der Vorstellung, die Ordnung der Repräsentation. Ihr Paradigma ist das Verhältnis von Seele und Leib. Das heißt, ihr Paradigma ist der Mensch: Das Zeichen ist anthropologisch (oder »griechisch« – Catherine Malabou). Das ist seine Grenze, die auch die Operation seiner ästhetischen Verklärung nicht zu überwinden vermag. *Innerhalb* der zweipoligen Ordnung der Repräsentation kann die Auswendigkeit des Geistes nur zum Schein vermieden werden, indem das Sinnliche, Unmittelbare und Natürliche depotenziert, seiner Selbständigkeit gegenüber dem Geist beraubt und als sein transparenter »Ausdruck« behauptet wird:

> Die *schöne* Kunst [...] hat das Selbstbewußtsein des freien Geistes, damit das Bewußtsein der Unselbständigkeit des Sinnlichen und bloß Natürlichen gegen denselben zur Bedingung, sie macht dieses ganz nur zum Ausdruck desselben; es ist die innere Form, die nur sich selbst entäußert. (*Enz* III, §562)

Weil die schöne Kunst das Problem der Repräsentation innerhalb der Ordnung der Repräsentation lösen will, muß sie die Unwahrheit sagen; die Kunst lügt.

In der Theorie der Religion zeigt Hegel, welcher Schritt nötig ist, um eine Gestalt des Geistes auszubilden, die seine Selbstentäußerung nicht zu relativieren versuchen muß, weil sie sie auszuhalten, ja, zu affirmieren vermag. Das ist der Schritt von einer zweipoligen Struktur zu einem dreistufigen Prozeß.[26] So denkt die Religion den Geist:

> α) als in seiner Manifestation bei sich selbst bleibender, ewiger Inhalt; β) als Unterscheidung des ewigen Wesens von seiner Manifestation, welche durch diesen Unterschied die Erscheinungswelt wird, in die der Inhalt tritt;

26 Catherine Malabou (*The Future of Hegel. Plasticity, Temporality and Dialectic*, London, New York: Routledge 2005, S. 141 u. S. 152) unterscheidet zwei Weisen, die zweite Natur zu denken: griechisch – als Ausbildung einer zweiten Natur im Menschen; modern oder christlich – als temporale, daher momentan verstandene Entäußerung Gottes. Zu dieser zweiten Form siehe ebd., S. 91-96, S. 103-114 u. 128-130.

γ) als unendliche Rückkehr und Versöhnung der entäußerten Welt mit dem ewigen Wesen, das Zurückgehen desselben aus der Erscheinung in die Einheit seiner Fülle. (*Enz* III, § 566)

Während die schöne Kunst das zweipolige Verhältnis zwischen dem Seinigen und dem Seienden des Geistes verklärt und dafür den Preis zahlen muß, die Selbständigkeit des unmittelbar Seienden zu vergessen oder zu verdrängen, schreibt die Religion die Verselbständigung des sinnlich Unmittelbaren gegenüber dem Geist in den Prozeß seiner Selbstverwirklichung ein, in dem es daher ebenso aufgehoben wie erhalten, weil immer wieder neu hervorgebracht wird.

Über das Schöne hinauszugehen verlangt mithin, die Wirklichkeit des Geistes als einen dreistufigen Prozeß zu denken: bei sich bleibend; sich entäußernd und darin von seiner Äußerung sich unterscheidend oder sie als Äußerlichkeit sich gegenüberstellend; in sich zurückkehrend. Das zweite Moment in diesem Prozeß ist das »Zerfallen des ewigen Moments der Vermittlung«: der endliche Geist, »welcher als das Extrem der in sich seienden Negativität sich zum Bösen verselbständigt, solches Extrem durch seine Beziehung auf eine gegenüberstehende und durch seine damit gesetzte eigene Natürlichkeit ist« (*Enz* III, § 568). Indem der Geist sich verwirklicht, verendlicht er sich radikal. Er enthält in sich das »Extrem« einer zweiten Natur, in der er nicht anwesend ist, sondern die er verläßt oder in der er sich selbst verläßt (der Moment, in dem Gott daher tot ist). Der religiös verstandene Geist ist nicht verklärend, sondern extremistisch. Es ist dieser Extremismus des Geistes, der das Werk der schönen Kunst sprengt: In der Gestalt des Werks kann der Extremismus des Geistes nicht artikuliert und praktiziert werden. So begründet Hegel in der *Enzyklopädie* sein Urteil über die Kunst, daß sie der Bestimmung des absoluten Geistes nicht gerecht werden kann.

Der Materialismus der Schönheit

Hegels Urteil über die Beschränktheit (und also das Ende) der Kunst beruht nicht nur auf der kritischen Diagnose, daß dem Ideal des Schönen, das an die Zeichenstruktur gebunden bleibt, die es verklärend verwandeln will, ein – mehr oder weniger geheimer – Symbolismus zugrunde liegt. Hinzu kommt die These, daß jeder

Versuch der Kunst, den Extremismus des Geistes in einem Akt ästhetischer Gestaltung zum Ausdruck zu bringen, scheitern *muß*; jeder solche Versuch muß nach Hegel *als Kunst* scheitern.

Das ist das Schicksal der »romantischen« Kunst:

So gibt die – *romantische* – Kunst es auf, ihn [d. i. den Gott oder den Geist] als solchen und durch die Schönheit zu zeigen; sie stellt ihn als zur Erscheinung sich nur herablassend und das Göttliche als Innigkeit in der Äußerlichkeit, dieser selbst sich entnehmend dar, welche daher hier in Zufälligkeit gegen ihre Bedeutung erscheinen darf. (*Enz* III, § 562)

Die romantische Kunst verwirklicht den Extremismus des Geistes durch den Bruch mit der schönen Gestalt, die nach dem Modell des Menschen und also zweipolig, als Angemessenheit von Innen und Außen, Seele und Leib, Bedeutung und Ausdruck verfaßt ist. Die schöne Gestalt ist die Steigerung der menschlichen:

Wie sich nun an der Oberfläche des menschlichen Körpers im Gegensatze des tierischen überall das pulsierende Herz zeigt, in demselben Sinn ist von der Kunst zu behaupten, daß sie jede Gestalt an allen Punkten der sichtbaren Oberfläche zum Auge verwandle, welches der Sitz der Seele ist und den Geist zur Erscheinung bringt [...], damit die innere Seele und Geistigkeit an allen Punkten gesehen werde. (*Ä* I, S. 203)

Die ästhetische Verklärung totalisiert das Zeichen, die romantische Kunst dagegen schreibt es in den Prozeß der Verendlichung des Geistes ein, der das Zeichen hervorbringt, aber selbst nicht in einem Zeichen gefaßt werden kann. Diesen Prozeß zu zeigen verlangt daher, das Nichtzeigen – und damit den Geist *als* sich nicht zeigend – zu zeigen. Um diesen Prozeß zu zeigen und dadurch zu wissen, daß er die Wahrheit über den Geist ist, muß er aber selbst – als nichtzeigendes Zeigen – vollzogen werden. Es muß mithin eine Weise des Darstellens praktiziert werden, in der der Geist sich »nur herablassend« darstellt, also so, daß er die Äußerlichkeit sich gegenüber freiläßt, »welche daher hier in Zufälligkeit gegen ihre Bedeutung erscheinen darf«. Indem die romantische Kunst genau dies versucht, erreicht sie nach Hegel aber die Grenze dessen, was in der Kunst möglich ist. Die Wahrheit darzustellen ist der Kunst unmöglich.

Gegen Hegel die These zu vertreten, daß dies der Kunst doch gelingen kann, verlangt zweierlei. Es verlangt erstens zu erläutern, wie dies *als* Kunst gelingen kann. Dazu bedarf es eines anderen Begriffs der Schönheit als den der anthropologisch-semiologischen Tradition. Es verlangt zu verstehen, worin die »eigenartige Schönheit« eines Zeichens oder Symbols besteht, das nicht mehr bezeichnet oder symbolisiert, sondern sich als »Faktum« darstellt und »materiell gehandhabt« wird, das also seinen »idealen Inhalt mechanisch-materiell registriert und damit für immer vergißt«.[27] Das ist die Schönheit des Sinnlich-Unmittelbaren, das nicht mehr bezeichnet: die Schönheit des Buchstabens in seiner geistverlassenen Materialität.

Die weitergehende Aufgabe besteht darin zu begreifen, weshalb die auf diese Weise schöne Kunst eine Weise des Gelingens ist. Zu gelingen heißt für die Kunst, eine Gestalt des absoluten Geistes zu sein. Und eine Gestalt des absoluten Geistes zu sein heißt, die Vollendung seiner Befreiung zu sein: eine Gestalt, in der er befreit *ist*. Die Schönheit anders, jenseits der Verklärung, zu denken, verlangt daher zugleich, das Gelingen der Befreiung anders zu verstehen: es so zu verstehen, daß es nicht in der Überwindung, in der nochmaligen Erinnerung und Aneignung des geistverlassenen Mechanismus des Zeichens, also nicht in der Befreiung vom, sondern zum Geistverlassenen besteht. Die Aufgabe besteht darin, die Selbstverwirklichung des Geistes so zu denken, daß sie nur durch seine Selbstpreisgabe gelingt. Die Aufgabe besteht also darin, die Befreiung als den Akt zu denken, in dem der Geist sein eigenes mechanisch-äußerliches, selbstvergessenes Operieren zu bejahen vermag. Die Befreiung gelingt nur, wenn der Geist die Kraft hat, »die äußerste Entäußerung seiner selbst« zu sein: »in der gewaltsamen Tätigkeit, sich in einer Gedankenlosigkeit zu bewegen«.[28] Der andere Begriff der Schönheit impliziert einen anderen Begriff der Freiheit. Das ist ein Begriff, der die Freiheit nicht mehr dadurch definiert, seinen

27 De Man, »Zeichen und Symbol in Hegels *Ästhetik*«, S. 55 (unter Verwendung von Formulierungen Prousts). Dieser Begriff der Schönheit bildet den Fluchtpunkt einer Ästhetik der Negativität; so die These in Christoph Menke, *Die Souveränität der Kunst: Ästhetische Erfahrung nach Adorno und Derrida*, Frankfurt/M.: Suhrkamp 1991, S. 173-186.

28 So beschreibt Hegel die Verfassung, in der sich das rechnende Denken befindet. Es ist die Regression in den Zustand der »unvermögenden Kindheit« (Georg Wilhelm Friedrich Hegel, *Wissenschaft der Logik I*, Theorie-Werkausgabe, Bd. 5, S. 244 u. S. 246). Nach Derrida ist dies die Bedingung des Gelingens – des Denkens wie der Befreiung. Sie müssen – in einem entscheidenden Moment – wie eine »funktionierende Maschine« laufen: »Von alleine. Draußen.« (Derrida, »Schacht und Pyramide«, S. 116-118.)

eigenen Gesetzen zu folgen und darin bei sich selbst zu sein: weil zur Freiheit gehört, keinen Gesetzen zu folgen und außer sich, sich äußerlich zu sein.

6.
Ja und Nein
Die Negativität der Dialektik

Besteht die Freiheit darin, Nein oder Ja zu sagen? Und wie ist die Alternative – Ja oder Nein? – zu verstehen? Ist die Freiheit die Macht, Nein zu sagen, oder die Macht, Ja zu sagen? Heißt Freiheit Negativität oder Affirmation?

Eine geläufige Antwort auf diese Fragen besagt, daß die Freiheit weder das eine noch das andere ist, weil sie die Macht ist, Ja *oder* Nein sagen zu können – also die Macht der Wahl (oder der Indifferenz[1]). Diese Bestimmung der Freiheit versteht sie als ein besonderes Vermögen – der Wahl – des Subjekts. Damit setzt sie immer schon voraus, daß es das Subjekt gibt, daß also der Wählende ein Subjekt *ist*, das auch noch eine Reihe verschiedener Vermögen hat (oder nicht hat). Die Frage danach, ob die Freiheit Negativität oder Affirmation ist, bezieht sich dagegen auf das Sein des Subjekts; sie versteht die Freiheit nicht als ein besonderes Vermögen, das das Subjekt hat, sondern sie versteht die Freiheit als das, was das Subjekt ist.[2] Und das kann nicht das Vermögen der Wahl sein, weil jeder Wahl ein Akt vorausgeht, der nicht wiederum die Form einer Wahl hat. Durch diesen Akt, der in dem Vermögen der Wahl zwischen Ja und Nein vorausgesetzt ist, bringt das Subjekt sich selbst hervor. Die Freiheit als das Sein des Subjekts zu verstehen bedeutet daher, das Sein des Subjekts als sein Sichhervorbringen zu begreifen. Gerade wenn die Freiheit das Sein (und nicht ein Vermögen oder gar eine Eigenschaft) des Subjekts ist, besteht es nur in seinem Werden. Das durch die Freiheit definierte Subjekt ist ein Prozeß, keine Substanz oder Instanz; Subjekt heißt »Subjektivierung«. Die Frage nach der Freiheit – bedeutet Freiheit Negativität oder Affirmation? – ist also die Frage nach dem Prozeß des Subjekts: danach, was es heißt, ein Subjekt zu sein, also als ein Subjekt zu verfahren

1 Zu einer detaillierten Genealogie und Kritik dieses Freiheitsverständnisses siehe Frank Ruda, *Indifferenz und Wiederholung. Freiheit in der Moderne*, Konstanz: Konstanz University Press 2018.

2 Siehe Martin Heidegger, *Schellings Abhandlung über das Wesen der menschlichen Freiheit*, Tübingen: Max Niemeyer [2]1995, S. 10 f.

und sich dadurch zum Subjekt zu machen. Wie bildet sich das Subjekt, indem es sich befreit: indem es sich frei zu dem verhält, was ihm zunächst als – von außen oder innen – gegeben, als Gegebenheit, entgegentritt?

Ich diskutiere diese Frage im Folgenden in Auseinandersetzung mit Überlegungen von Alain Badiou. Dessen Philosophie scheint zunächst ganz ungeeignet zu sein, um die Frage nach der subjektivierenden Kraft der Freiheit zu beantworten. Denn zwar denkt Badiou das »Sein des Subjektes« konsequent als »Prozedur«. Aber den Begriff der Freiheit verwendet er dabei gerade nicht.[3] Badiou entfaltet eine Theorie der Subjektivierung, die den Begriff der Freiheit konsequent umgeht; er geht um den Begriff der Freiheit herum. Das tut er jedoch nicht aus bloß strategischen Gründen – etwa weil der Freiheitsbegriff durch andere Positionen, denen seine Kritik gilt, bereits besetzt ist. Badious Umgehung des Freiheitsbegriffs ist vielmehr in seiner Zurückweisung einer Kategorie begründet, die von schlechthin grundlegender Bedeutung für das (moderne) philosophische Denken der Freiheit ist: der Kategorie der Negativität.

In seiner Lektüre der Paulus-Briefe als Darstellung und Theorie einer radikalen Subjektivierung – der Subjektivierung, die nur durch das Ereignis der Wahrheit geschehen kann – schreibt Badiou:

> Letzten Endes ist das Christusereignis für Paulus nichts als Auferstehung. Es tilgt die Negativität, und obwohl der Tod, wie wir sagten, zur Konstruktion seiner Stätte erforderlich ist, bleibt es dennoch eine affirmative Operation, die nicht auf den Tod selbst reduziert werden kann. (*P*, S. 92)

Damit ein Ereignis subjektivierend sein kann (und nur ein Ereignis kann subjektivierend sein), muß seine Wahrheit nach Badiou mithin so erfaßt und vollzogen werden, das darin die Negativität *getilgt* wird.[4] Deshalb, so die Hypothese, spricht Badiou nicht von der

3 Das gilt für die beiden Bücher, auf die ich mich hier ausschließlich beziehe: *Das Sein und das Ereignis* (Berlin: Diaphanes 2005; nachfolgend zitiert als *SE*; hier auch die Formulierung von der »Prozedur, die das Sein des Subjektes ist«: S. 455 f.) und *Paulus. Die Begründung des Universalismus* (Zürich, Berlin: Diaphanes 2009; nachfolgend zitiert als *P*). Sie lassen sich wie die esoterische und die exoterische Fassung desselben grundlegenden Arguments lesen. Eine instruktive Darstellung und Diskussion bietet Frank Ruda, *For Badiou. Idealism without Idealism*, Evanston: Northwestern University Press 2015, v. a. Kap. 3.

4 Die Stelle ist offensichtlich zweideutiger, denn sie betont im zweiten Schritt, daß der Tod, das heißt die Negativität, »zur Konstruktion seiner Stätte [also der Stätte

Freiheit des Subjekts: weil von seiner Freiheit zu sprechen heißt – oder doch traditionell von Hegel bis Heidegger, Sartre und Adorno hieß –, das Subjekt durch die Macht der Negativität zu definieren.

Entscheidend an dieser interpretatorischen Hypothese ist der systematische Punkt: Was ist der Grund dafür, daß Badiou die Prozedur der Subjektivierung an die Tilgung der Negativität bindet? Der Grund dafür liegt in seiner Kritik der Dialektik, das heißt in seiner Kritik an der Theorie der Bestimmung,[5] die Hegels (»positive«) Dialektik entwickelt. Die Bestimmung dialektisch zu denken heißt, sie als – Negation der – Negation zu denken; und das heißt, die wahre (Form der) Bestimmung als Selbstbestimmung und die Selbstbestimmung als die wahre (Form der) Freiheit zu begreifen. Diese dialektische Konzeption der Einheit von Wahrheit und Freiheit als Selbstbestimmung, die Badious Tilgung des Negativitätsbegriffs zugrunde liegt, werde ich zunächst rekonstruieren (a).

Im Anschluß daran verfolge ich nicht die Frage, ob diese Hegel-Interpretation richtig ist.[6] Mich interessiert, wie Badious Kritik an Hegels Dialektik ansetzt und was sich aus ihr für die Theorie der Freiheit lernen läßt. Dafür hilft es, Badiou mit Adorno zu konfrontieren; diese Konfrontation steht im Zentrum der folgenden Überlegungen (b). Badiou teilt mit Adorno die Kritik an der Hegelschen oder positiven Dialektik. Auch Adorno kritisiert sie dafür, wie sie die Bestimmung versteht. Badiou und Adorno ziehen aus dieser Kritik auch dieselbe Konsequenz. Diese Konsequenz lautet, daß die wahre Bestimmung nicht als Selbstbestimmung, sondern als Überschreitung des Selbst gefaßt werden muß; Badiou nennt die so verstandene Bestimmung »Affirmation«. Aber im Gegensatz zu Badiou behauptet Adorno, daß die wahre Bestimmung nur durch die Negativität des Subjekts über das Subjekt hinausführen kann: Die

des Christusereignisses, mithin der Wahrheit] erforderlich ist«. Ich werde weiter unten eine Gegenüberstellung von Badiou und Adorno vorschlagen, die auch als die Entfaltung dieser Zweideutigkeit bei Badiou selbst gelesen werden kann.

5 Ich verwende den Begriff der Bestimmung im weiten Sinn – als Entsprechung von »Gedanke« (oder Urteilsgehalt).

6 Immerhin trifft sie aus Sicht der (einflußreichen) pragmatistischen Rekonstruktion von Hegel zu. Siehe exemplarisch: Robert B. Brandom, *Reason in Philosophy. Animating Ideas*, Cambridge, Mass., London: Harvard University Press 2009, Teil I. – In den anderen Kapiteln dieses Buches habe ich versucht, ein anderes Bild von Hegels Freiheitstheorie zu zeichnen als dasjenige, in dem Brandoms Rekonstruktion und Badious Kritik übereinstimmen.

Tilgung der Negativität würde auch die Affirmation auflösen; sie würde die Unterscheidung von Affirmation und Positivität und damit die Idee der Wahrheit auflösen. Wahrheit und Freiheit können nur durch die Negativität des Subjekts zusammengedacht werden.

a. Selbstbestimmung: Hegels Konzept

Für Badious Entscheidung, den Begriff der Freiheit zu umgehen, sprechen starke Gründe. Der erste unter ihnen ist, daß die Freiheit der Grundbegriff der bürgerlichen Gesellschaft ist, die gegenwärtig zur globalen Ordnung ohne Außen und Alternative wird. Dabei ist die Freiheit der Grundbegriff der bürgerlichen Gesellschaft keineswegs nur im ideologischen Sinn, als Rechtfertigung des Bestehenden. Die Freiheit begründet vielmehr die bürgerliche Gesellschaft, weil diese ihre neuen Formen der Herrschaft auf der Freiheit aufbaut, sich ihre Herrschaft also *durch* die Freiheit vollzieht: Die Freiheit ist das Medium und das Mittel der bürgerlichen Herrschaft. Herrschaft und Freiheit fallen in der bürgerlichen Gesellschaft in eins.[7]

Die Definition der bürgerlichen Freiheit lautet: Die Freiheit ist das natürliche Vermögen der Wahl. Dabei heißt Wahl Auswahl oder Vorzug aus einer gegebenen Menge von Möglichkeiten. Wählen zu können setzt also Möglichkeiten zu haben voraus. Das gilt nicht nur in dem offensichtlichen Sinn, daß es Möglichkeiten geben muß – daß sie dem Subjekt gegeben sein müssen –, damit es unter ihnen wählen und also frei sein kann. Sondern es gilt auch in dem weiteren Sinn, daß sich auf Eigenschaften oder Zustände *als* Möglichkeiten zu beziehen selbst ein Akt des Subjekts ist; auch Möglichkeiten zu *haben* ist ein Können. Es setzt voraus, nicht durch Eigenschaften oder Zustände determiniert zu sein, das heißt von ihnen absehen, also abstrahieren oder ihre Determinationsmacht negieren zu können. Zwischen Bestimmungen wählen kann nur, wer von keiner besonderen Bestimmung bestimmt ist; wer Nein zu seinem Bestimmtsein – durch dieses Bedürfnis und diesen Gegenstand, der es befriedigt – sagen kann. Der Wählende muß also ein Neinsager gewesen sein. Er wählt eine Bestimmung

7 Siehe dazu die Skizze in Christoph Menke, *Kritik der Rechte*, Berlin 2015, Kap. 12.

unter der Voraussetzung ihrer Negation (als die Negation der ihn bestimmenden Bestimmungen). Die bürgerliche Freiheit bedeutet, von Bestimmungen absehen und eine Bestimmung auswählen zu können; Freiheit ist die Einheit von Negation und Bestimmung.

Negative und positive Freiheit

In der Einheit von Negation und Bestimmung liegt das philosophische Problem der Freiheit. Es ist unmittelbar klar, daß die bürgerliche Konzeption der Freiheit als Vermögen der Wahl dieses Problem nicht zu lösen vermag. Sie verknüpft die beiden Seiten nur äußerlich. Daher schwankt sie zwischen den beiden Seiten – dem Absehen von allem und dem Auswählen von diesem oder jenem – hin und her. Das freie Individuum ist daher ebenso leer wie voll. Es ist leer, weil für es nichts unbedingt bedeutsam ist, und zugleich ist es voll mit den jeweiligen Möglichkeiten, die ihm durch die Situation vorgegeben sind und über die es nicht hinaus kann. Um die Einheit von Negation und Bestimmung zu denken, ist es deshalb nötig, über die bürgerliche Freiheit der Wahl hinauszugehen. In Kants Formulierung: von einem bloß »negativen« zu einem »positiven« Begriff der Freiheit zu gelangen.[8] Der positive Begriff der Freiheit – der dadurch ihr wahrer Begriff ist – denkt die Freiheit als Einheit von Negation und Bestimmung.

Die Grundidee dabei lautet, daß die Einheit von Negation und Bestimmung nur gedacht werden kann, wenn sie als eine grundlegende, kategoriale Verwandlung der Bestimmung – des Sinns von »Bestimmung« – verstanden wird. In der bürgerlichen Freiheit der Wahl bleibt die Bestimmung, wie sie war: In der Wahl sieht das Individuum davon ab, daß es durch dieses oder jenes Bedürfnis bestimmt ist, und erklärt dann, aus dieser Nichtbestimmtheit heraus, eines seiner Bedürfnisse – oder eine geordnete Reihe von Bedürfnissen: einen »Lebensplan« (John Rawls) – als bestimmend. Dabei bleibt aber die Bestimmung dieselbe. In Hegels Terminologie: Sie bleibt bloße »Bestimmtheit«. Die Freiheit der Wahl ist »das Übergehen aus unterschiedsloser Unbestimmtheit zur *Unterscheidung*, *Bestimmen* und *Setzen* einer Bestimmtheit als eines Inhalts und

8 Immanuel Kant, *Metaphysik der Sitten*, in: *Werke*, hg. von Wilhelm Weischedel, Darmstadt: Wissenschaftliche Buchgesellschaft 1956, Bd. IV, S. 318 (AB 6).

Gegenstands«.[9] In der Freiheit der Wahl gibt es daher in Wahrheit noch keine Bestimmung des Subjekts. Es gibt nur Bestimmt*heiten* – gleichgültig, ob »durch die Natur gegeben oder aus dem Begriff des Geistes erzeugt« (ebd.) –, von deren bloßer Positivität oder Vorgegebenheit das Subjekt im ersten Schritt abstrahiert und von denen das Subjekt eine oder einige im zweiten Schritt auswählt. Aus der determinierenden Vorgegebenheit wird das selbst Gesetzte. Dabei heißt »Setzen« aber nur Einsetzen: die Bestimmtheit relativ zu anderen vorzuziehen oder als gültig zu erklären.

Die Verwandlung der Bestimmung in der wahren Freiheit besteht demgegenüber darin, die Bestimmung als die »Selbstbestimmung« des Subjekts zu begreifen (*Rph*, § 7). Deren Grundbedeutung ist: Selbstverwirklichung; der positive Freiheitsbegriff, den Hegel von Kant übernimmt, ist expressivistisch verfaßt.[10] Das heißt, daß das Subjekt in seiner freien Selbstbestimmung nicht nur eine der gegebenen Bestimmtheiten (deren determinierende Macht es im ersten Schritt negiert hatte) nun als die Seine setzt, sondern daß es darin zugleich *sich selbst* setzt. Die Bestimmtheit wird zur (Selbst-)Bestimmung, wenn sie nicht nur der Effekt, sondern der Ausdruck ihres Setzens und damit des Subjekts des Setzens ist. Daß die freie Bestimmung die Selbstbestimmung des Subjekts ist, heißt, daß sie als Bestimmung durch das Selbst zugleich das Selbst als Bestimmung (oder die »Bestimmung als Selbst«[11]) ist: daß das Selbst in der Bestimmung da oder wirklich ist; es heißt, in seiner Bestimmung »bei sich [...] zu bleiben, und in der Bestimmung, sich nur mit sich selbst zusammenzuschließen« (*Rph*, § 7).[12]

Erst das erfüllt die Bedingung, die Einheit von Negation und Bestimmung zu denken – während die Freiheit der Wahl nur das äußerliche Hin und Her *zwischen* Negation und Bestimmtheit ist

9 Georg Wilhelm Friedrich Hegel, *Grundlinien der Philosophie des Rechts* (nachfolgend zitiert als *Rph*), Theorie-Werkausgabe, hg. von Eva Moldenhauer/Karl Markus Michel, Frankfurt/M.: Suhrkamp 1969-70, Bd. 7, § 6.

10 Siehe oben, Kap. 1, S. 25 f.

11 Louis Althusser, »Du contenu dans la pensée de G. W. F. Hegel«, in: ders., *Écrits politiques et philosophiques*, Bd. 1, Paris: Stock 1994, S. 59-238, hier S. 123-142: »Le contenu comme Soi«.

12 In dieser expressiven Verfassung gründet die reflexive Struktur der positiv freien Selbstbestimmung: »[D]er abstrakte Begriff der Idee des Willens ist überhaupt *der freie Wille, der den freien Willen will.*« (*Rph*, § 27) Denn *etwas* frei zu wollen heißt, darin *sich* zu wollen, also sich als frei Wollenden zu wollen.

(und in diesem »Dualismus« endlich bleibt; *Rph*, § 6 A, S. 53). Die formale Struktur dieser Einheit ist, daß die Negation, durch die das Subjekt im ersten Schritt die Positivität der es determinierenden Bestimmtheiten durchbricht, im zweiten Schritt, in der Setzung von Bestimmungen, anwesend und erhalten bleibt. Der erste Schritt ist die Negation von Vorgegebenheit, der zweite Schritt ist die Negation dieser Negation im Setzen von Bestimmungen – aber nicht als abstraktes Anderes der (ersten) Negation, sondern so, daß das Selbst *als negatives* in seiner Bestimmung, also in der Negation seiner Negativität, bei sich bleibt.[13] Die »Identität mit sich«, die das Subjekt in seiner Selbstbestimmung verwirklicht, ist nichts anderes als seine Negativität gegenüber äußerer Bestimmtheit. Umgekehrt ist die freie Selbstbestimmung diejenige Bestimmung, die *zugleich* Negation – die Negation jeder vorgegebenen, determinierenden Bestimmung – und nicht Negation – sondern Bestimmung – ist, weil sie in der Negation der Negation die Überwindung *und* Erhaltung der Negation »in einem« ist.

Mit der Erläuterung der positiven Freiheit der Selbstbestimmung, im Unterschied zur negativen der Wahl, läßt sich die Frage, weshalb Badiou das Subjekt ohne Freiheit denkt, genauer fassen. Für die negative Freiheit liegt die Antwort auf der Hand: Sie ist die Grundkategorie der Herrschaft in der bürgerlichen Gesellschaft; die bürgerliche Gesellschaft ist jedoch eine Gesellschaft ohne Subjekte.[14] Also kann, ja muß die negative Freiheit umgangen werden, wenn das Subjekt im Gegensatz zum Bürger (als *bourgeois*) gedacht wird. Wichtiger ist jedoch die Frage nach der Freiheit der Selbstbestimmung: Weshalb und worin verfehlt *sie* das Subjekt? Die Antwort lautet, daß das Konzept der Selbstbestimmung verfehlt, wie die Bestimmung zu denken ist. Und daß es deshalb auch verfehlt, wie das Subjekt und die Bestimmung zusammenzudenken sind – wie also das Subjekt im Verhältnis zur Bestimmung zu denken ist.

13 Die vollständige Definition der freien Selbstbestimmung lautet: »[...] die *Selbstbestimmung* des Ich, in einem sich als das Negative seiner selbst, nämlich als *bestimmt, beschränkt* zu setzen und bei sich, d. i. in seiner *Identität mit sich* und Allgemeinheit zu bleiben, und in der Bestimmung, sich nur mit sich selbst zusammenzuschließen.« (*Rph*, § 7.)

14 Diese Diagnose kann ich hier nicht diskutieren. Die dieser Gesellschaft entsprechende Denkform beschreibt Alain Badiou unter anderem in *Ethik. Versuch über das Bewusstsein des Bösen*, Wien: Turia + Kant 2003, Kap. III, als »Nihilismus«.

Die positive Freiheit ist die Einheit von Negation und Bestimmung. Darin ist die positive Freiheit nichts anderes als die (dialektische) Wahrheit der Bestimmung überhaupt. *Alle* Bestimmung ist in Wahrheit – in ihrer wahren Gestalt als Bestimmung – positiv-freie oder Selbstbestimmung. Das ist die Lehre von Hegels Theorie der bestimmten Negation, die nichts anderes besagt, als daß die Bestimmung Negation der Negation ist. Im Zentrum dieser Theorie steht »die Erkenntnis des logischen Satzes, daß das Negative ebenso sehr positiv ist«.[15]

Auf der ersten Ebene soll der Begriff der bestimmten Negation beschreiben, wie die Negationsoperation tatsächlich, in der Praxis des Negierens, verfährt. Sie verfährt nicht so, daß sie das Negierte »in Null, in das abstrakte Nichts auflöst, sondern wesentlich nur in die Negation seines *besonderen* Inhalts, oder daß eine solche Negation nicht alle Negation, sondern *die Negation der bestimmten Sache*, die sich auflöst, somit bestimmte Negation ist« (*L* I, S. 49). Weil die Negation immer die Negation von etwas Bestimmtem ist, steht sie dem, was sie negiert, nicht äußerlich gegenüber. Die Negation ist »das Nichts *dessen* [...], *woraus es resultiert*«.[16] Die Negation der Bestimmung ist deren »*immanente* Bewegung« (*PhG*, S. 57). Deshalb, weil die Negation selbst Resultat der Bestimmung ist, die sie negiert (oder die sich in ihr selbst negiert), *hat* die Negation auch ein Resultat: »Als Resultat aufgefaßt ist es das aus dieser Bewegung herkommende, das *bestimmte* Negative, und hiemit ebenso ein positiver Inhalt.« (Ebd.) Oder auch: »Indem das Resultierende, die Negation, *bestimmte* Negation ist, hat sie einen Inhalt.« (*L* I, S. 49) Daß die Negation als solche »bestimmte Negation« ist – daß also jede Operation der Negation in Wahrheit eine jeweils bestimmte ist – heißt, daß sie die Negation *von* einer Bestimmung und *daher* zugleich die Hervorbringung einer anderen Bestimmung ist.[17]

15 Georg Wilhelm Friedrich Hegel, *Wissenschaft der Logik* (nachfolgend zitiert als *L*), Theorie-Werkausgabe, Bde. 5 u 6 (= *L* I-II), hier *L* I, S. 49.

16 Georg Wilhelm Friedrich Hegel, *Phänomenologie des Geistes* (nachfolgend zitiert als *PhG*), Theorie-Werkausgabe, Bd. 3, S. 74.

17 Oder: Die Negation ist bereits Negation der Negation. Denn wenn die Negation als bestimmte zu verstehen heißt, den Akt der Negation einer Bestimmung als den ausdrücklichen Vollzug ihrer immanenten oder Selbstnegation zu verstehen,

Aber das beschreibt die Negation nur erst als eine logische Operation – »logisch« im klassischen, nicht im Hegelschen Sinn. Die Negation in diesem Sinn als eine logische Operation zu verstehen heißt, sie dadurch zu definieren, welchen Effekt sie für die Bedeutung und damit den Wahrheitswert einer Bestimmung hat. Logisch verstanden, wird durch die Negation eines falschen Gedankens der ihm widersprechende wahre und durch die Negation eines wahren Gedankens der ihm widersprechende falsche hervorgebracht.[18] Logische Operationen beziehen sich auf das Verhältnis zwischen Bestimmungen. Der dialektische Begriff der bestimmten Negation dagegen bezieht sich darauf, was eine Bestimmung *ist*: Er gilt der *Form* der Bestimmung; der Begriff der bestimmten Negation ist kein bloß (urteils-)logischer, sondern ein ontologischer Begriff. Denn die andere Seite der »Erkenntnis des logischen Satzes, daß das Negative ebenso sehr positiv ist«, ist die Einsicht, daß die »Bestimmtheit [...] die Negation als affirmativ gesetzt« ist. Das ist der Grund, aus dem der »Satz des Spinoza: *Omnis determinatio est nega-*

dann ist jeder Akt der Negation zugleich und deshalb ein Akt der Bestimmung und hat einen positiven Inhalt, weil er die Negation einer sich selbst negierenden Bestimmung ist und also in der Negation der Bestimmung zugleich die Negation der (Selbst-)Negation dieser Bestimmung.

18 »Zu jedem Gedanken gehört demnach ein ihm widersprechender Gedanke derart, daß ein Gedanke dadurch als falsch erklärt wird, daß der ihm widersprechende als wahr anerkannt wird. Der den widersprechenden Gedanken ausdrückende Satz wird mittels eines Verneinungswortes aus dem Ausdrucke des ursprünglichen Gedankens gebildet.« (Gottlob Frege, »Über Verneinung«, in: ders., *Logische Untersuchungen*, hg. von Günther Patzig, Göttingen: Vandenhoeck und Ruprecht 1993, S. 54-71, hier S. 67) Diesem logischen Negationsbegriff entspricht Robert B. Brandoms Deutung der bestimmten Negation als »material incompatability«; siehe Robert B. Brandom, »Holism and Idealism in Hegel's *Phenomenology*«, in: ders., *Tales of the Mighty Dead. Historical Essays in the Metaphysics of Intentionality*, Cambridge, Mass., London: Harvard University Press 2002, S. 178-209, hier S. 180-182. Von diesem (logischen) Verständnis sagt Robert Pippin zu Recht, daß es »tatsächlich recht simpel [ist], und trotzdem macht er [Pippin meint Hegel, nicht Brandom] letztlich viel Aufhebens darum.« (Robert B. Pippin, »Die Logik der Negation bei Hegel«, in: ders., *Die Aktualität des deutschen Idealismus*, Berlin: Suhrkamp 2016, S. 191-219, hier S. 211) Davon unterscheidet Pippin ein Verständnis, das sich darauf bezieht, wie die Bestimmung als »›mögliche Verständlichkeit überhaupt‹« oder »das *In-seiner-Verständlichkeit-Sein*« durch Negation konstituiert wird (ebd., S. 213, siehe auch S. 203-205); das ist der ontologische Sinn von bestimmter Negation.

tio [...] von unendlicher Wichtigkeit« (*L* I, S. 121) ist: weil er einen anderen Begriff der Bestimmung hervorbringt. Eine Bestimmung zu sein *heißt* demnach, das »Resultat« einer Negation zu sein.

Der ontologische Sinn des Begriffs der bestimmten Negation liegt im Begriff des Resultats: Die Negation ist ein Akt, sie richtet sich gegen eine erste Bestimmung (oder genauer: sie wendet diese Bestimmung gegen sich selbst, entfaltet ihre immanente Negation) und hat eine zweite Bestimmung zum Resultat. Die zweite Bestimmung »enthält« damit die erste Bestimmung und deren Negation in sich: weil »im Resultate wesentlich das enthalten ist, woraus es resultiert, – was eigentlich eine Tautologie ist, denn sonst wäre es ein Unmittelbares, nicht ein Resultat« (*L* I, S. 49). Die zweite Bestimmung ist als Resultat also »reicher« als der erste Begriff; »sie ist um dessen Negation oder Entgegengesetztes reicher geworden, enthält ihn also, aber auch mehr als ihn, ist die Einheit seiner und seines Entgegengesetzten« (ebd.). »Reicher« ist die zweite Bestimmung also nicht an Inhalt, sondern hinsichtlich ihrer Form. Sie ist reicher, weil sie die zweite ist – weil sie also eine Geschichte hat: die Geschichte ihres Resultierens aus der Negation einer ersten Bestimmung. Ebendeshalb, weil sie eine Geschichte, also eine Vergangenheit hat, ist die zweite Bestimmung eine »neue« Bestimmung. »Indem [...] das Resultat, wie es in Wahrheit ist, aufgefaßt wird, als *bestimmte* Negation, so ist damit unmittelbar eine neue Form entsprungen, und in der Negation der Übergang gemacht.« (*PhG*, S. 74) Jede Bestimmung, wenn sie als Resultat der Negation, also aus ihrer Geschichte verstanden wird, ist eine neue Bestimmung. Bestimmungen, das heißt: *die* Bestimmung so, als Resultat und damit als neue Bestimmung, zu verstehen, »macht das wahrhaft Dialektische aus« (*L* I, S. 51).

Die These des Konzepts der bestimmten Negation lautet, daß jede Bestimmung das Resultat eines Akts der Negation einer anderen Bestimmung ist. (Urteils-)Logisch verstanden heißt das, daß die eine und die andere Bestimmung durch ihre Negation intern miteinander verbunden sind: Die eine Bestimmung *ist* (nichts anderes als) die Negation der anderen oder die Negation der einen Bestimmung ist der anderen »immanent« (Hegel). Während es aber in ihrem logischen Verständnis so erscheint, als seien die beiden qua Negation verbundenen Bestimmungen von gleicher Art und Form, macht das ontologische Verständnis der bestimmten Negation klar, daß sie sich grundlegend unterscheiden: Die bestimmte Negation ist der Akt ihrer Formunterscheidung, der Hervorbringung einer »neuen Form« (oder die Hervorbringung der Bestimmung in neuer Form). Die bestimmte Negation ist nicht ein Verhältnis »materialer« (Brandom), sondern *formaler* Inkompatibilität. Die bestimmte Negation bringt eine Form hervor, in der Bestimmung und Negation, das Setzen der Bestimmung und die Auflösung von bloßer Gegebenheit zusammengedacht sind.

Eine ontologische Sackgasse

Badious These gegen Hegel lautet, daß seine Theorie der Bestimmung in eine »ontologische Sackgasse« führt (*SE*, S. 185). Diese Sackgasse besteht nach Badiou genau darin, daß die Einheit von Negation und Bestimmung – die das Konzept der bestimmten Negation denkt – nichts anderes als die Figur der Selbstbestimmung ist, die Hegel in seiner Theorie der Freiheit entwickelt. Bestimmung als Selbstbestimmung zu denken – das ist die Grundthese Hegels und zugleich seine ontologische Sackgasse. Denn die Bestimmung als Selbstbestimmung zu denken bedeutet in Wahrheit, die Bestimmung nicht zu denken.

Der erste Schritt dieses hegelkritischen Arguments entfaltet die These, daß die Einheit von Negation und Bestimmung nichts anderes als die Einheit des Selbst der Bestimmung, die Einheit des Subjekts ist. Das zeigt sich nach Badiou bereits an der ersten Kategorie, an der Hegels Logik die Dialektik der Bestimmung entwickelt – der Kategorie des »Etwas«.[19] Die Grundstruktur des Etwas bildet demnach eine Vorform der Einheit von Negation und Bestimmung, die, in entfalteter Gestalt, im Zentrum der dialektischen Theorie der Selbstbestimmung steht.

19 *SE*, Meditation 15 (S. 185-198). Ich folge hier Badious Rekonstruktion, ohne sie an Hegels Text zu überprüfen. Allerdings sagt Hegel, daß das Etwas »die erste Negation der Negation, als einfache seiende Beziehung auf sich« oder die »negative Einheit mit sich« und als solches der »Anfang des Subjekts« ist: Das »Insichsein« des Etwas erhält »im Begriff die konkrete Intensität des Subjekts« (*L* I, S. 123 f.), und der Begriff ist das »Reich der Freiheit« (*L* II, S. 251 ff.). Dazu Thomas Hanke, »Das Wesen im Begriff. Über den Zusammenhang von objektiver und subjektiver Logik in der Passage ›Vom Begriff im allgemeinen‹«, in: Andreas Arndt/Günter Kruck (Hg.), *Hegels »Lehre vom Wesen«*, Berlin, Boston: de Gruyter 2016, S. 159-179.

Der Ausgangspunkt dieser Dialektik ist die Einsicht, daß das Eine die Negation des Anderen ist: Eine Bestimmung ist die Negation jeder anderen Bestimmung. Das Andere ist daher die Grenze des Einen oder das Eine ist nur durch oder als seine Grenze (zum Anderen). Zugleich ist es aber nur dann das Eine, das heißt, es ist nur eine Bestimmung, die anders ist als die andere, wenn es *nicht* seine Grenze zum Anderen ist. Das Eine muß daher über sein negatives Verhältnis zum Anderen hinausgehen, um das Eine zu sein; das Eine ist nur als Hinausgehen über seine Grenze (die dadurch zur »Schranke« wird). Das kann auch so gesagt werden, daß eine Bestimmung die Negation jeder anderen Bestimmung ist, und zugleich soll oder will sie mehr als das, sie soll oder will sie selbst sein. Sie muß also die Negation dieser Negation jeder anderen Bestimmung sein. Aber das ist zunächst nur eine Forderung oder ein »Sollen«; so gedacht, *ist* das Eine also nicht, sondern *soll* nur sein.

Die – dialektische – Lösung für dieses Existenzproblem des als Negation bestimmten Einen besteht darin, »dass [...] über das Hinausgehen [über die Negation des Anderen] selbst hinausgegangen wird« (*SE*, S. 189). Das kann nur geschehen, indem das Verhältnis, in dem das Eine, also die Bestimmung, zur Negation des Anderen steht, anders verstanden wird. Die Negation seiner Negation des Anderen, durch die sich das Eine hervorbringt, kann nicht so verstanden werden, daß das Eine dadurch jenseits der Negation steht. Denn so, als Jenseits, bleibt es unendlich aufgeschoben: das Ziel eines unendlichen Sollens, also unwirklich. Die Bestimmung muß vielmehr selbst als das Hinausgehen über die Negation oder die Bestimmung muß als *Bewegung* begriffen werden. Die dialektische Lösung für den unendlichen Aufschub der Bestimmung im bloßen Sollen besagt also: Das Eine ist selbst – und nichts anderes als – die Gegenwart seiner Bewegung über die Negation des Anderen hinaus. Die Negation der Negation bleibt so lange bloß gesollt und unverwirklichbar, wie sie die Positivität des Einen gegenüber der Negation, also *jenseits* der Negation sein soll. Wirklich kann die Negation der Negation nur als die Bewegung des Hinausgehens *im Inneren* des Einen sein: als der *eigene* Vollzug des Einen. Das Eine bringt seine »Präsenz« durch – oder *als* – die »*Innerlichkeit des Negativen*« (S. 186) hervor.

In anderer Formulierung ist dies der Schritt von der schlechten zur wahren Unendlichkeit: von der Bestimmung jenseits der Negation der Bestimmtheit zum Unendlichen als »virtuelle Verdichtung der Wiederholung [der Negation] in der Präsenz« (*SE*, S. 192). Die dialektische Lösung für die schlechte Unendlichkeit des Sollens, in der die Bestimmung nur als aufgeschobene existiert, ist der Gedanke einer wahrhaft unendlichen Bestimmung – der Bestimmung als wahrhaft unendlicher. Und die Bestimmung ist dann wahrhaft unendlich, wenn sie *zugleich* präsent *und* negativ ist. Das aber kann nur so verstanden werden, daß diese Begriffe – Präsenz einer Bestimmung als Negation jeder anderen – aus der inneren Perspektive ihres Vollzugs – des *Habens* einer Bestimmung als *Auflösens* jeder Bestimmtheit – verstanden werden. Die unendliche Bestimmung ist daher die subjektive oder Selbstbestimmung; wahre Unendlichkeit heißt »subjektiv[e] Virtualität« (S. 191). Die unendliche Bestimmung ist die Bestimmung, in der das Subjekt »bei sich« ist und in »seiner Identität mit sich« bleibt (*Rph*, § 7; oben, S. 185), weil diese Identität »in einem« in der Negation jeder Bestimmtheit *und* in dem Vollzug von Bestimmungen *besteht*. In der wahren Unendlichkeit der Bestimmung verwirklicht oder bildet sich die Einheit des Subjekts: von Bestimmung und Negativität.

Die wahre Unendlichkeit ist damit die Konsequenz aus dem Konzept der bestimmten Negation. Dieses Konzept führt die ontologische Unterscheidung zwischen der gegebenen »Bestimmtheit« und der Bestimmung als »Resultat« ein. Darin wird die Bestimmung als das Resultat eines doppelten Akts definiert: ebenso der Negation der bloß gegebenen Bestimmtheit wie der Negation dieser Negation als Position. Bereits die Kritik an der negativen Freiheit der Wahl hat gezeigt, wie die Position nicht gedacht werden kann, um diese Doppelung zu realisieren; sie kann nicht eine bloße »Setzung« sein (weil das Gesetzte entweder ununterscheidbar von der bloßen Bestimmtheit ist oder leer und unbestimmt bleibt[20]). Daraus zieht der Begriff der wahren Unendlichkeit die Konsequenz: Die unendliche Bestimmung ist nicht die, die durch das Subjekt gesetzt worden ist, sondern *in* der es *da* (oder »bei sich«) ist. Die Operation der bestimmten Negation ist also die Reinigung, die Verwandlung der (vor-)gegebenen Bestimmtheit in die eigene Bestimmung des Subjekts. Das geschieht – nur – im Durchgang durch die Negation. Bestimmte Negation heißt Verunendlichung,

20 Das sogenannte »Paradox der Autonomie«; siehe oben, Kap. 1, S. 22-26.

und Verunendlichung heißt Aneignung der Bestimmung durch das Subjekt; die bestimmte Negation bringt die Selbstbestimmung des Subjekts hervor.

Die bestimmte Negation ist die Operation der Verunendlichung der Bestimmung. Dadurch gewinnt die Bestimmung ihre wahre Form, in der sie als Resultat der Negation zum Eigenen des Subjekts geworden ist; beides ist dasselbe. Die wahrhaft unendliche Bestimmung ist also dadurch gekennzeichnet, wie sie für das Subjekt da ist: nicht (vor-)gegeben – das wäre Bestimmtheit –, sondern durch das Subjekt angeeignet oder anerkannt, das heißt für das Subjekt verbindlich und gültig. Durch die Kraft der Negation muß das Subjekt also von etwas, das durch Bestimmungen determiniert ist, zu jemandem geworden sein, der Bestimmungen als für ihn gültige, weil ihm eigene anerkennt. Genauer: die es deshalb als für es gültige anerkennt, weil sie in dem gründen, wozu es sich – durch die Negation der ersten, gegebenen und den Gewinn einer zweiten Natur: einer anderen Natur aus Freiheit[21] – gemacht hat. Kurz: Die Einführung des Begriffs der wahren Unendlichkeit erläutert die Differenz von Gegebenheit und Resultat, von Bestimmtheit und (Selbst-)Bestimmung als die von Natur und Normativität. So versteht der positiv-dialektische Begriff der Selbstbestimmung die Negativität der Freiheit: Die Negativität des Subjekts ist die andere Seite seiner Normativität. Die Kraft der Negativität ist die zur Differenz zwischen Natur und Normativität, Gegebenheit und Unendlichkeit, Positivität und Wahrheit, die sie in der Bestimmtheit entdeckt und gegen sie entfaltet. Die Negation der Freiheit richtet sich gegen die Bestimmtheit im Namen der Selbstbestimmung, gegen die Vorgegebenheit im Namen der eigenen, geistigen Natur.

Indem Hegels Argumentation dieses Ziel erreicht, gerät sie nach Badiou aber in eine Sackgasse, aus der sie nicht mehr herausfindet. Badious Einwand gegen das dialektische Programm lautet, daß die Bestimmung nicht in Selbstbestimmung aufgelöst oder transformiert werden kann: Die Bestimmung hat ein *notwendig* unauflösbares Moment der Äußerlichkeit, das sich nicht aneignen, nicht in subjektive Virtualität verwandeln läßt. Das zeigt sich nach Badiou

21 So nennt Hegel die Bestimmungen der Sittlichkeit den »*zur vorhandenen Welt und zur Natur des Selbstbewußtseins gewordene[n] Begriff der Freiheit*« (*Rph*, § 142). Siehe dazu oben, Kap. 1, S. 27-30, zum Begriff der Aneignung und Kap. 4, S. 129-131, zum »paideologischen« Sinn der zweiten Natur.

in Hegels *Logik* daran, daß er dem Unterschied des Einen vom Anderen eine quantitative Dimension einräumen muß. Ihr Unterschied fällt in die Dimension der Zählbarkeit. »Das wesentliche Moment des quantitativen Etwas [aber ist] die *Veräußerlichung der Identität.*« (*SE*, S. 193) Das Quantitative, das Zählbare ist das wesentlich »Äußerliche«; »das wahre quantitative Unendliche [kann] nicht die reine Präsenz, d. h. die innere Virtualität oder das Subjektive sein« (ebd.). Das meint nicht nur, daß das Eine vom Anderen im Zählen unterschieden werden kann, ohne dabei qualitativ bestimmt zu werden, ohne daß sich diese Differenz also auf die Bestimmung des Einen und des Anderen zurückführen ließe. Es betrifft vielmehr den Begriff der Bestimmung selbst: Alle Bestimmungen haben eine äußerliche Seite, in der sie quantitativ voneinander unterschieden werden und damit so erfaßt werden können, wie sie nicht als das »Resultat« einer bestimmten Negation, als Präsenz der Selbstbestimmung erscheinen. Alle Bestimmungen haben – um *Bestimmungen* zu sein – eine Seite der Unmittelbarkeit, die sich nicht in das autonome Operieren der auf sich selbst angewandten Negation auflösen läßt; keine Bestimmung ohne bloße Bestimmtheit, das äußerlich Andere der Negation. An dieser Äußerlichkeit der Bestimmtheit »scheitert« Hegels dialektische Theorie der Selbstbestimmung (S. 194). »So heroisch sein Bemühen auch ist, es wird faktisch durch die Äußerlichkeit der reinen Vielheit selbst *unterbrochen.*« (Ebd.)[22]

22 Diese Reformulierung von Badious Diagnose des Scheiterns von Hegels Argument soll bereits auf einen ähnlichen Zug bei Adorno hinweisen. Dessen Einwand gegen den Hegelschen Begriff des »Resultats« – der wahren Bestimmung als Resultat der Negation der Negation – lautet, daß sich darin ungewollt die »Positivität« reproduziert, gegen die sich die Kraft der Negation wendet; siehe Theodor W. Adorno, *Negative Dialektik* (nachfolgend zitiert als *ND*), in: *Gesammelte Schriften*, hg. von Rolf Tiedemann, Bd. 6, Frankfurt/M.: Suhrkamp 1973, S. 161. – Ich lasse hier offen, ob diese Kritik an Hegel, in der Badiou und Adorno übereinstimmen, zutrifft. Es läßt sich einwenden, daß Hegels Begriff der Negation der Negation gerade darauf *zielt*, die Hervorbringung von Unmittelbarkeit (durch die Negation gegen die Negation) zu denken. Siehe dazu oben, Kap. 5.

b. Kritik der Dialektik

Die Alternative zur dialektischen Theorie der Bestimmung als Selbstbestimmung bezeichnet Badious Begriff der »Affirmation«. Auch die Affirmation ist subjektiv (oder »subjektal«) definiert: Das Subjekt ist der Vollzug der Affirmation; die Affirmation ist an die Prozedur des Subjekts gebunden. Wie gesehen, versteht Hegel den Zusammenhang von Bestimmung und Subjektivität so, daß die – wahre, richtig verstandene und vollzogene – Bestimmung in sich die Negativität des Subjekts gegenüber jeder determinierenden Bestimmtheit enthält (so daß das Subjekt, indem es sich bestimmt und seine Negativität negiert, zugleich »bei sich«, also negativ *bleibt*): Die Bestimmung ist, dialektisch verstanden, Selbstbestimmung, weil (oder soweit) sie Ausdruck der Negativität des Subjekts ist. Die als Affirmation verstandene Bestimmung hingegen ist nach Badiou – so wiederum im Blick auf die »Gnade« als »Zäsur des Gesetzes«, die Paulus erfährt – gerade deshalb subjektkonstituierend, weil sie »Bejahung ohne vorherige Negation« ist: »reine und einfache *Begegnung*.« (*P*, S. 83 f.) Am Schluß von *Das Sein und das Ereignis* steht der Satz von Mallarmé: »Das Nichts verschwunden, es bleibt das Schloß der Reinheit.« (*SE*, S. 486) Badious Gegenprogramm zu Hegel besteht darin, die Bestimmung – und damit die Prozedur des Subjekts, in der es die Bestimmung allein gibt – als den Vorgang einer Affirmation zu begreifen, der nicht durch einen subjektiven Akt der Negation vermittelt ist: als Ja ohne vorheriges Nein.

Ich werde zunächst darstellen, wie ich dieses Programm verstehe. Das tue ich im Vorgriff auf Adorno, dessen Kritik an Hegels (positiver) Dialektik ähnlich ansetzt wie Badiou. Aus seiner Kritik an Hegel zieht Adorno aber eine andere Konsequenz als Badiou: Die negative Dialektik formuliert die Alternative zu der Alternative von Negation der Negation und Affirmation. Der Gegensatz zwischen Adorno und Badiou, der sich dabei auftut, läßt sich zuspitzen und entscheiden, wenn man sie als Theorien des – kritischen, subjektiven – »Eingriffs« liest.

Der Grundgedanke von Badious Begriff der Affirmation entspricht einer Überlegung Adornos in den »Meditationen zur Metaphysik«. Adorno nennt dort den Grundfehler aller »phänomenologischen« Philosophie die »Einebnung des Intelligiblen aufs Imaginäre« (*ND*, S. 384).[23] Die Phänomenologie führt das Intelligible auf subjektive Akte zurück. Dagegen setzt Adorno die folgende Beschreibung der Grundbestimmung des menschlichen Geistes: »Um Geist zu sein, muß er wissen, daß er in dem, woran er reicht, nicht sich erschöpft; nicht in der Endlichkeit, der er gleicht. Darum denkt er, was ihm entrückt wäre.« (S. 385) Der Geist ist nur Geist, er *denkt* nur, wo er sich nicht gleicht, wo er also mehr oder anders als er selbst ist. Denken heißt: mehr, anderes denken, als man denken kann. Der Gedanke, der wahr ist, ist keine Setzung des denkenden Subjekts, er geht nicht in dem subjektiven Akt des Denkens auf, der ihn hervorgebracht hat. Denken ist definiert durch das »Moment transzendenter Objektivität«. Das ist »die von der Endlichkeit erheischte Negation des Endlichen«, die den Begriff des Geistes definiert: »Der Begriff des Intelligiblen ist die Selbstnegation des endlichen Geistes. Im Geist wird, was bloß ist, seines Mangels inne.« Der Geist oder eben das Denken ist der »Abschied vom in sich verstockten Dasein«; »in seiner Selbstnegation überschreitet er sich.« (S. 384 f.)

Sich durch seine »Selbstbesinnung« zu überschreiten ist das Gegenteil der Selbstverwirklichung, die Hegels Konzeption der Freiheit ausmacht. Die Selbstnegation des Geistes ist daher nicht (positiv-)dialektisch; sie ist keine Negation der Negation, die die Negativität des Geistes in seine Selbstbestimmung aufhebt. Sie ist vielmehr diejenige Bewegung, in der der Geist in der Bewegung des Denkens über sich selbst, also seine Selbstbestimmung hinausgeht. Diese Bewegung des Geistes über sich selbst hinaus nennt Adorno »Rettung«:

23 Zum Folgenden siehe ausführlicher Christoph Menke, »Metaphysik und Erfahrung. Zu Adornos Begriff der Philosophie«, in: ders., *Spiegelungen der Gleichheit*, Frankfurt/M.: Suhrkamp 2003, S. 184-199; »Subjektivität und Gelingen: Adorno – Derrida«, in: Eva L.-Waniek/Erik M. Vogt (Hg.), *Derrida und Adorno. Zur Aktualität von Dekonstruktion und Frankfurter Schule*, Wien: Turia + Kant 2008, S. 189-205.

> Nichts kann unverwandelt gerettet werden, nichts, das nicht das Tor seines Todes durchschritten hätte. Ist Rettung der innerste Impuls jeglichen Geistes, so ist keine Hoffnung als die der vorbehaltlosen Preisgabe: des zu Rettenden wie des Geistes, der hofft. Der Gestus der Hoffnung ist der, nichts zu halten von dem, woran das Subjekt sich halten will, wovon es sich verspricht, daß es dauere. (*ND*, S. 384)

Die Rettung ist die Rettung der Dinge: ihre Rettung vor dem Geist (der sie zu bloßen Phänomenen, zu Erscheinungen *für ihn* einebnet) durch den Geist. Die Rettung ist diejenige Selbstbewegung des Geistes, in der er sich selbst preisgibt – die Preisgabe des Geistes, die er nur selbst vollziehen kann, weil sie sonst nicht seine Preisgabe ans Intelligible oder Unendliche wäre (sondern ans Bestehende, so wie es positiv da ist. Der Geist, der die Dinge nicht durch seine Selbstpreisgabe rettet, sondern sie hinnimmt, wie sie sind, perpetuiert die Haltung »des stur auf Bestehendem Bestehens, [des] sich Anklammerns«; *ND*, S. 384). Das Subjekt ist nicht in seiner Selbstbestimmung frei, sondern im Denken als Selbstüberschreitung, in seinem rettenden Bezug zur dadurch »unendlichen« Wahrheit.

Dem entspricht, wie Badiou die Paulus-Briefe als das Vorhaben deutet, den »Zusammenhang zwischen der Wahrheit und dem Subjekt neu zu begründen« (*P*, S. 14). Diese Verbindung ist »paradox«: Sie ist die Verbindung »zwischen einem Subjekt ohne Identität und einem Gesetz ohne Stütze« (S. 12). In anderer Formulierung heißt das, daß die Verbindung zwischen der Wahrheit und dem Subjekt zu denken verlangt – darin liegt nach Badiou Paulus' »unerhörte Geste« –, »die Wahrheit jedem [...] Zugriff zu entziehen« (ebd.):[24] also die Wahrheit von dem abzuziehen, das durch das Subjekt konstituiert wird. Aber dieser Abzug der Wahrheit von dem, was das Subjekt hervorbringt, ist nichts anderes als die »Prozedur, die das Sein des Subjekts ist« (*SE*, S. 455 f.). Das Hinausgehen der Wahrheit über das Subjekt ist der Vollzug des Subjekts. Eben darin ist das »Auftreten des christlichen Subjekts [...] voraussetzungslos [oder unbedingt: *inconditionnée*].« (*P*, S. 27) Das Subjekt bringt sich nur durch den Bezug aufs Unbedingte hervor: Es bringt sich hervor, indem es die Wahrheit als das Unbedingte hervorbringt; das heißt,

24 Badiou schreibt: »[D]ie Wahrheit jedem kommunitären Zugriff zu entziehen, mag es sich um ein Volk, eine Stadt, ein Reich, ein Territorium oder eine soziale Klasse handeln.« (*P*, S. 12) Aber diese Entziehung, oder dieser Abzug, reicht weiter. Es ist der Entzug der Wahrheit von allem, was das Eigene des Subjekts ist.

das Subjekt bringt sich hervor, indem es die Wahrheit als das hervorbringt, das es nicht hervorbringt.

Diesen unbedingten Bezug zur Wahrheit, der das Subjekt ausmacht, beschreibt Badiou im Anschluß an Paulus als den der Liebe: »Der subjektive Prozess einer Wahrheit ist ein und dasselbe wie die Liebe zu dieser Wahrheit.« (*P*, S. 114)[25] Damit ist gesagt, »dass der Rückbezug auf dieses [ereignishafte] Ultra-Eins nicht auf der Kontemplation – oder dem unbeweglichen Wissen – [...] beruht« (*SE*, S. 241). Wenn sich zu einer Wahrheit zu verhalten heißt, sich als Subjekt hervorzubringen, indem man sie als unbedingte, also nicht hervorgebrachte, hervorbringt, dann heißt für ein Subjekt, sich zu einer Wahrheit zu verhalten, sie zu bezeugen. Badiou nennt dies die »Prozedur« der »Treue«, in deren Vollzug das Subjekt *besteht*. »Jede Wahrheit transzendiert das Subjekt, gerade weil sein ganzes Sein darauf beruht, sie zu verwirklichen.« (S. 445) Deshalb gilt ebenso umgekehrt, daß das Sein des Subjekts in der »lokalen« Verwirklichung einer Wahrheit besteht, die es *in* dieser Verwirklichung transzendiert, die ihm also »nicht kommensurabel« ist; »denn das Subjekt ist endlich und die Wahrheit ist unendlich.« (S. 444) Das Subjekt ist der Vorgang des Unendlichen im Endlichen. Es ist die paradoxe Fähigkeit, im Endlichen das ihm inkommensurabel Unendliche zu verwirklichen. Der Vorgang des Subjekts gelingt daher nur, indem er scheitert.

Bereits in dieser knappen Darstellung macht sich der Unterschied zwischen Adorno und Badiou bemerkbar. Ich halte aber

25 Das ist zu vergleichen mit der Weise, in der sich die Theorie der positiven Freiheit auf Paulus beruft. Diese Theorie besagt, daß frei zu sein darin besteht, »daß man das Prinzip oder Gesetz, das die eigenen Handlungen bestimmt, als *seinen* Ausdruck [expressive of *yourself*] betrachtet. Sich mit einem solchen Prinzip oder einer solchen Weise, sich zu entscheiden, zu identifizieren, heißt nach Paulus' berühmter Formulierung, sich selbst ein Gesetz zu sein.« (Christine Korsgaard, *The Sources of Normativity*, New York: Cambridge University Press 1996, S. 100.) Im Römerbrief schreibt Paulus (in Luthers Übersetzung), daß »die Heiden, die das Gesetz nicht haben«, weil es ihnen nicht gegeben, also nicht offenbart worden ist, doch »sich selbst ein Gesetz [sind], als die da beweisen, des Gesetzes Werk sei geschrieben in ihren Herzen« (*Römer* 2,12-15). Für Korsgaard besteht die Freiheit des Subjekts darin, das eigene Gesetz zu verwirklichen. Subjektivierung heißt demnach, das Gesetz zu verwirklichen, das einem eingeschrieben ist; dazu oben, Kap. 1, S. 25. Für Badiou und Adorno heißt Subjektivierung dagegen, die Inkommensurabilität der Wahrheit gegenüber dem Subjekt im – oder *als* – Subjekt zu vollziehen.

zunächst ihre Übereinstimmung fest. Sie besteht nicht nur darin, daß Badiou und Adorno die (positiv-)dialektische Konzeption der Selbstbestimmung zurückweisen, sondern wie sie diese Zurückweisung begründen. Adorno und Badiou begreifen das Subjekt als die paradoxe Bewegung der Selbstüberschreitung, durch die das Endliche unendlich, zum Intelligiblen oder zur Idee wird (die »Rettung« bei Adorno); oder als die ebenfalls paradoxe Bewegung der eingreifenden Erklärung und Bekundung des Unendlichen im Endlichen (die »Liebe« oder »Treue« bei Badiou). Beide Bewegungen, die Verunendlichung des Endlichen oder die Verendlichung des Unendlichen, sind also nicht leer (oder entleerend), sondern Vollzüge des *Bestimmens*, das Adorno und Badiou mithin übereinstimmend so denken, daß es genau dort stattfindet, wo das Subjekt die Logik der *Selbst*bestimmung durchbricht.

»Rettung« (Adorno) wie »Treue« (Badiou) sind Begriffe, die die Verbindung von Wahrheit und Subjekt als unendliche Differenz bezeichnen sollen. Dabei ist der Begriff der Wahrheit ontologisch verstanden. Wahrheit heißt: die wahre Gestalt (nicht der wahre Gehalt) der Bestimmung. Der Begriff der Wahrheit bezieht sich darauf, *wie* eine Bestimmung *sein* muß, um wahrhaft Bestimmung zu sein. Sie muß als unbedingt oder transzendierend verstanden werden. Die wahre Bestimmung geht mithin unendlich hinaus über das, was das Subjekt hervorbringen kann. Und das verstehen ebenso Badiou wie Adorno als die Gegenposition zur positiven Dialektik Hegels. Denn deren Grundthese lautet, daß die wahre Bestimmung die Selbstbestimmung des Subjekts ist. Darin ist Hegels Dialektik eine »schrankenlose Expansion des Subjekts«; das »Hegelsche Subjekt-Objekt ist Subjekt«.[26] Demgegenüber zielen beide, Adorno wie Badiou, übereinstimmend darauf, die wahre Bestimmung als das Hinausgehen über die Selbstbestimmung des

26 Theodor W. Adorno, *Drei Studien zu Hegel*, in: *Gesammelte Schriften*, Bd. 5, Frankfurt/M.: Suhrkamp 1970, S. 254 u. S. 261. So beschreibt Schelling (ohne Hegel zu erwähnen) *eine* Weise, in der »die höhere Philosophie unsrer Zeit« den »höheren Realismus« verstanden hat, der die Freiheit des Selbst oder Ich nicht mehr der Welt dualistisch gegenüberstellt, sondern als in ihr wirkliche denken will: als »das Verlangen [...], ihr [d. i. der Freiheit] alles analog zu machen, sie über das ganze Universum zu verbreiten« (Friedrich Wilhelm Joseph Schelling, *Philosophische Untersuchungen über das Wesen der menschlichen Freiheit und die damit zusammenhängenden Gegenstände*, in: *Schriften von 1806-1813*, Darmstadt: Wissenschaftliche Buchgesellschaft 1976, S. 275-360, hier S. 295).

Subjekts zu denken, die sich genau und nur *in* der Prozedur des Subjekts vollzieht. Die wahre Bestimmung gibt es nur, wenn das Subjekt nicht »bei sich bleibt« (Hegel), sondern sich transzendiert: in sich über sich hinausgeht.

Der Schritt zur negativen Dialektik

Der Gegensatz zwischen Adorno und Badiou bricht dort auf, wo sich damit die Frage nach der Negativität stellt.

Badiou versteht die Kritik an der positiven Dialektik so, daß daraus die (oben zitierte und Paulus zugeschriebene) Forderung zwingend folgt, die Negativität zu tilgen, also die Bestimmung als Affirmation und damit ohne vorherige Negativität zu denken.[27] Diese gegen Hegel gerichtete Forderung setzt aber gerade dessen Definition der freien Selbstbestimmung voraus. Nach dieser Definition *heißt* Selbstbestimmung das Hervorgehen der Bestimmung aus der Negativität des Subjekts. Weil Hegel damit recht hat, muß nach Badiou die Kritik am dialektischen Begriff der Selbstbestimmung zugleich auch die These von der vorhergehenden Negativität zurückweisen.

Adornos Kritik dagegen richtet sich gegen Hegels Definition der freien Selbstbestimmung. Seine Kritik bezieht sich darauf, wie Hegel Negativität und Selbstbestimmung verknüpft; also auf Hegels These, daß die Verwirklichung der Negativität des Subjekts so zu verstehen ist, daß dadurch das Subjekt in seiner Bestimmung bei sich bleibe und sich nur mit sich zusammenschließe. Daß es die wahre Bestimmung nur *durch* die Negativität des Subjekts gibt, bedeutet nach Adorno aber nicht, daß die Bestimmung seine Selbstbestimmung ist: daß das Subjekt in der Bestimmung bei sich selbst bleibt. Beide, das Hervorgehen der Bestimmung aus der Negativität und die Verwandlung der Bestimmung in die freie Selbstbestimmung, sind voneinander zu unterscheiden. Genau in dieser kritischen Unterscheidung besteht Adornos Schritt zur *negativen* Dialektik.

Die gegen Hegel gerichtete Grundthese der negativen Dialektik besagt daher, daß die »Gleichsetzung der Negation der Negation mit Positivität« falsch ist; mit dieser Gleichsetzung »gewinnt im Inner-

27 Siehe oben, S. 180 f.

sten der Dialektik das antidialektische Prinzip die Oberhand«. In der negativen Dialektik dagegen »*bleibt* die Negation der Partikularitäten [...] negativ« (*ND*, 161; meine Hervorh., C.M.). Sie hat »kein umspringendes Resultat« (ebd.), in dem die Negation, als negierte oder sich negierende, sich aufhebt und zugleich erhält. Das gilt aber nicht, weil es nach Adorno nur – nichts als – Negativität und keine wahre Bestimmung gibt; weil also die Negativität das Ganze wäre. Sondern umgekehrt: Daß die Negation keine Bestimmung zum »Resultat« hat, gilt deshalb, weil die Bestimmung, die das Resultat der Negation ist – die die Negation in ein positives Resultat aufhebt –, unwahr ist; weil es also gerade nur dann eine wahre Bestimmung gibt, wenn die Negation rein negativ, ohne Resultat bleibt. Die Reinheit, also Resultatlosigkeit der Negativität ist die Bedingung der wahren Bestimmung; die »Rettung«, die der Unbedingtheit der Wahrheit gilt, führt durch »das Tor des Todes« hindurch.[28]

Die Grundthese der negativen Dialektik richtet sich mithin gegen Hegel *und* Badiou:

Gegen Hegel gewendet, sagt Adornos These, daß die Negativität keine Bestimmung zum Resultat hat – und deshalb die Bestimmung auch nicht das Resultat der Negativität des Subjekts sein kann; daher *negative* Dialektik.

Gegen Badiou gewendet, sagt Adornos These, daß es gleichwohl keine wahre Bestimmung ohne die Negativität des Subjekts gibt – daß die Negativität der Wahrheit vorhergeht; daher negative *Dialektik*.

28 Wie Ansgar Martins betont, ist diese Formulierung daher nicht christologisch zu verstehen – wenn christologisch verstanden der Tod die »Zauberkraft« der Verwandlung ist (siehe Alexandre Kojève, *Hegel. Kommentar zur Phänomenologie des Geistes*, Frankfurt/M.: Suhrkamp 1975, S. 239). Adornos abweichende Deutung erläutert Martins durch eine Parallelstelle aus Gershom Scholems *Die jüdische Mystik*: »Anders als der Tod Jesu übermittelt der Sabbatai Zwis keine neuen, nun revolutionär beglaubigten Werte. Sein Verrat baut nur die alten ab.« (Ansgar Martins, *Adorno und die Kabbala*, Potsdam: Universitätsverlag 2016, S. 88) Darin liegt das antinomistische Motiv, in dem Adorno und Scholem übereinstimmen: »Der Weg in den Abgrund geht dem nach oben voraus.« (Gershom Scholem, »Die Metamorphose des häretischen Messianismus der Sabbataner im religiösen Nihilismus im 18. Jahrhundert«; zit. nach Martins, *Adorno und die Kabbala*, S. 87.) Siehe dazu Asaf Angermann, »Redemption ex negativo: Critical Theory and the History of Mystical Heresy«, in: *Bamidbar*, Bd. 4 (2014), Nr. 1, S. 1-20.

Die negative Dialektik sprengt die Gleichung auf, in der Badiou und Hegel – der erste ablehnend, der zweite zustimmend – übereinstimmen: daß Negativität und Bestimmung zusammenzudenken *heißt*, die Bestimmung *als* Selbstbestimmung zu denken.

Diese doppelte Frontstellung der negativen Dialektik muß in beide Richtungen weiter erläutert werden:

Gegen Hegel muß erläutert werden, weshalb die wahre Bestimmung und die Negativität des Subjekts so miteinander verbunden sind, daß sie dabei einander äußerlich, unvermittelbar bleiben.

Gegen Badiou muß erläutert werden, warum es der Negativität des Subjekts bedarf, um die wahre Bestimmung als Selbsttranszendierung des Subjekts zu denken.

Ich werde im nächsten Abschnitt skizzieren, wie die Verbindung-durch-Äußerlichkeit von Positivem und Negativem gegen Hegel zu denken ist: Es bedeutet, die Negativität als »unendliche« zu begreifen. Danach werde ich den Dissens zwischen Adorno und Badiou über das Verständnis des subjektiven »Eingriffs« auf die Unhintergehbarkeit der Negativität für die Wahrheit zuspitzen.

Unendliche Negativität

Der Anspruch von Hegels Figur der Selbstbestimmung besteht darin, Negativität und Bestimmung »in einem« zu denken; sie sind zwei Seiten desselben. Adorno dagegen bestimmt ihren Zusammenhang in der »Bewegung des Gedankens« so, daß darin »das Feste und Positive [...], wie die Negation, ein *Moment*« sind, aber keine »Synthese« bilden.[29] Das Moment der Negation besteht demnach in der Auflösung der falschen, verdinglichten Positivität des

29 Theodor W. Adorno, *Vorlesung über negative Dialektik* (nachfolgend zitiert als *Vorl*), hg. von Rolf Tiedemann, Frankfurt/M.: Suhrkamp 2003, S. 46 u. S. 50. Adorno nennt das Positive auch das irreduzible Moment der »Naivetät« im Denken (*ND*, S. 49). Siehe dazu die unterschiedlichen Deutungen durch Alexander García Düttmann, *So ist es. Ein philosophischer Kommentar zu Adornos ›Minima Moralia‹*, und Martin Seel, *Adornos Philosophie der Kontemplation*, beide Frankfurt/M.: Suhrkamp 2004. Das Zugleich von Negativität und Affirmation bedeutet nicht, daß die Negation in der Affirmation (des Wahren oder Guten) *begründet* ist. Zur Zurückweisung dieses Begründungszusammenhangs, in der er Adornos »Negativismus« sieht, siehe Fabian Freyenhagen, *Adorno's Practical Philosophy. Living Less Wrongly*, Cambridge u. a.: Cambridge University Press 2013, v. a. Kap. 8.

Begriffs, der die Sache zu identifizieren sucht. Aber das kann die Negation nur, wenn (oder weil) »es so etwas wie ein sogenanntes positives movens des Gedankens gibt«. Das ist das »Moment von Positivität, das zur Negativität dem Sinn nach korrelativ dazugehört« (*Vorl*, S. 46), das durch die Negativität des Denkens also nicht aufgelöst, sondern – im Gegenteil – *freigelegt* wird. Die Negativität des Denkens besteht darin, die Unmittelbarkeit, das Positive »zum Moment anstatt des Grundes« (*ND*, S. 50) herabzusetzen; das Denken ist negativ, denn es beraubt das Positive seiner grundlegenden, das Ganze bestimmenden Macht. Aber das bedeutet gerade in Adornos negativer Dialektik nicht die Auflösung des Positiven *in* Negativität, sondern seine Rettung durch die zerstörerische Kraft der Negativität: die Rettung des Positiven durch die zerstörerische Kraft der Negativität *hindurch*.

Das Negative und das Positive müssen als Momente und daher zusammengedacht werden: Das ist die dialektische Grundthese, die Adorno mit Hegel teilt. Sie können nach Adorno jedoch nicht »in einem« gedacht werden – so wie Hegels Konzept der Selbstbestimmung dies proklamiert. Das Negative und das Positive sind Momente ohne Einheit. Daß sie »Momente« sind, versteht Adorno mithin so, daß sie in ihrem konstitutiven Zusammenhang einander nicht nur entgegengesetzt, sondern einander *äußerlich* sind. (»Negative Dialektik« heißt nicht nur Dialektik der Negation, sondern Negation der Dialektik. Sie treibt die Dialektik bis zu ihrem undialektischen Punkt.[30]) Hegels Begriff der bestimmten Negation

30 An dieser Stelle bedürfte es einer weiteren Klärung im Vergleich mit der Deutung von Hegels Negationstheorie, die Dieter Henrich entwickelt hat. Henrich zeigt, daß die Negation, wenn sie nicht auf ihre traditionell logische Funktion reduziert wird, eine Bestimmung in eine andere mit dem entgegengesetzten Wahrheitswert zu verwandeln (siehe oben, S. 187), als »autonom«, weil in ihrer reinen oder strikten »Selbstbezüglichkeit« gedacht werden muß. Darin bringt sie ihr eigenes Anderes hervor: Sein oder Unmittelbarkeit. Wie im Programm des (positiv-dialektischen) Begriffs der Selbstbestimmung, sind in der autonomen Negation also »Selbstbeziehung und negative Beziehung in einem gedacht« (Dieter Henrich, »Formen der Negation in Hegels Logik«, in: Rolf-Peter Horstmann [Hg.], *Seminar: Dialektik in der Philosophie Hegels*, Frankfurt/M.: Suhrkamp 1978, S. 213-229, hier S. 220). Weil (oder wenn) die Selbstbeziehung der autonomen Negation aber nichts anderes als Sein oder Unmittelbarkeit und also *keine* Beziehung ist, ist diese dialektische Einheit, so Henrich weiter, ihrerseits durch eine »Relation« der Äußerlichkeit, das heißt: bloßer Verschiedenheit, bestimmt:

denkt die Negation als Verwandlung: aus der Gegebenheit wird das Eigene oder Verbindliche, Negation heißt Aneignung.[31] Adorno setzt dagegen, daß die Negation im Denken »keineswegs nur eine Bewegung nach vorn [...], sondern immer auch eine rückläufige Bewegung« ist. Das Denken ist die »Korrektur der Gewalt in der Identifikation« (*Vorl*, S. 51), indem das, was die begriffliche Identifikation antrieb, gegen sie festgehalten – als Unidentifizierbares, ja Unvermittelbares gerettet wird. Negation ist Anamnesis (ebd.): nicht die aneignende Umwandlung des Gegebenen ins Verbindliche, sondern die Freilegung des wahrhaft Unmittelbaren im Gegebenen. Die wahre Bestimmung ist nicht das Resultat der Negation, sondern das Andere gegenüber der Negation.

Und daher ist, umgekehrt, die Negation das bleibend Andere gegenüber der Bestimmung. Im positiv-dialektischen Begriff der Selbstbestimmung ist die Negativität die andere Seite der Normativität. Die Negation der Gegebenheit erfolgt im Namen der wahrhaft unendlichen Bestimmung, von der sich gezeigt hat, daß sie als Selbstbestimmung die für und durch das Subjekt normativ gültige oder verbindliche Bestimmung ist.[32] Positiv-dialektisch verstanden, ist die Negation eine Operation der Normativität: der Bruch der Normativität mit jeder vorgegebenen Bestimmtheit. Der positiv-dialektische Begriff der Negativität ist nomisch. Die Negativität dagegen, die das andere Moment gegenüber der wahren Bestimmung

»[D]as Gegenstück zur autonomen Negation [ist] wirklich als ein von ihr *verschiedenes* Resultat aufzufassen« (Dieter Henrich, »Hegels Grundoperation«, in: Ute Guzzoni u. a. [Hg.], *Der Idealismus und seine Gegenwart*, Hamburg: Meiner 1976, S. 208-230, hier S. 218). Mit dieser Rückkehr der bloßen Verschiedenheit aber dreht sich das Argument herum: Henrich will – gegen die Deutung von Hegels Philosophie als Kritik (ebd., S. 209) – zeigen, daß er eine Theorie aufbietet, die selbst noch die notwendige Entstehung und daher Existenz des Kritisierten – der Positivität oder Unmittelbarkeit – erklären kann (diesem Argument folgen die Überlegungen zur zweiten Natur in Kap. 4 und 5 oben): Die Unmittelbarkeit ist notwendiges Resultat des autonomen Selbstbezugs der Negation. Die einfache Rückfrage an Henrich von Adornos Seite lautet, ob sie als ein solches Resultat noch Unmittelbarkeit sein kann – oder ob sie nicht nur dann Unmittelbarkeit ist, wenn sie *kein* Resultat ist, wenn sie also nicht hervorgebracht, sondern freigelegt und erinnert wird.

31 Siehe oben, S. 184.

32 Siehe oben, S. 192.

ist *und bleibt*, ist nichtnormativ begründet und verfaßt.[33] Sie ist anomisch und darin selbst unendlich.

> *Bestimmte Negation* heißt: Negation von Bestimmtheit und die Hervorbringung von – und damit die Begründung der Negation in – wahrer, unendlicher, eigener Bestimmung.
>
> *Unendliche Negativität* dagegen heißt: Negation von Bestimmung (überhaupt) und daher ohne Begründung in irgendeiner – auch keiner wahren, eigenen, gültigen – Bestimmung.

Diesen Unterschied erläutert Kant als den zwischen dem »negativen« und dem »unendlichen« Urteil.[34] Beide Urteilsformen drükken fundamental verschiedene Operationen der Negation aus. Dieser Unterschied bezieht sich zunächst auf das jeweils Verneinte: »Im verneinenden Urteil affiziert die Negation immer die Kopula; im unendlichen wird nicht die Kopula, sondern das Prädikat durch die Negation affiziert.« Mithin ist »Die menschliche Seele ist nicht sterblich« ein negatives Urteil, während »Die menschliche Seele ist nichtsterblich« ein unendliches Urteil ist. Der entscheidende Punkt dieser Unterscheidung ist jedoch, daß die beiden

33 Zur Bestimmung der nichtnormativen Negativität der Freiheit siehe die Beiträge von Juliane Rebentisch (»Die Moralität der Ironie. Hegel und die Moderne«) und Dirk Setton (»Akt der Willkür. Kant und das Problem der Wirklichkeit der Freiheit«) in: dies. (Hg.), *Willkür* (Freiheit und Gesetz II), Berlin: August Verlag 2011, S. 141-182 u. S. 51-90, sowie die Ausarbeitungen in Juliane Rebentisch, *Die Kunst der Freiheit. Zur Dialektik demokratischer Existenz*, Berlin: Suhrkamp2012, Kap. II; Dirk Setton, *Gesetz und Willkür. Studien zu den Begriffen des Vermögens und des freien Willens in Kants kritischer Philosophie*, Habilitationsschrift Frankfurt/M. 2018, Kap. 4 u. 5.

34 Siehe dazu die Skizze in Immanuel Kant, *Logik*, Teil I, Abs. 2, § 22, in: *Werke*, Bd. III, S. 534 f.; hier die folgenden Zitate. Mit dem Konzept des unendlichen Urteils gelangt die Logik nach Kant an ihre Grenze: »[D]ie Unterscheidung der unendlichen von den negativen Urteilen [ist] nicht zu dieser Wissenschaft [der Logik] gehörig« (S. 535) – denn sie läßt sich nicht durch eine Analyse der Form des Urteils erfassen; ihre Differenz betrifft die »Begriff[e] ihrem Inhalte nach« (oder in der Weise ihres Gebrauchs). Ich folge hier der präzisen Analyse von Jan Völker, *Ästhetik der Lebendigkeit. Kants dritte Kritik*, München: Fink 2011, S. 100-111. Siehe auch (mit Bezug auf *Bartleby*) Slavoj Žižek, *Parallaxe*, Frankfurt/M.: Suhrkamp 2006, S. 433 f.

Urteilsformen eine ganz andere *Art* oder Kraft der Negation ausdrücken. In einem negativen Urteil wird das Subjekt »außer der Sphäre« eines bestimmten Prädikats gesetzt: Indem ich sage »Die Seele ist nicht sterblich«, bestreite ich, daß die Seele zur Sphäre der Sterblichkeit gehört, und lasse dabei unbestimmt, in welche andere Sphäre sie gestellt werden muß. Das unendliche Urteil (»Die Seele ist nichtsterblich«) hingegen zeigt »nicht bloß an, daß ein Subjekt unter der Sphäre eines Prädikats nicht enthalten sei, sondern daß es außer der Sphäre desselben in der unendlichen Sphäre irgendwo liege«. Das negative Urteil behauptet, daß ein bestimmtes Prädikat nicht auf das Subjekt zutrifft, weil das Subjekt nicht in *diesen* Bereich fällt (ohne dabei zu sagen, in welchen anderen es gehört).[35] Das unendliche Urteil behauptet, daß das Subjekt außerhalb der Sphäre liegt, bloß weil sie eine Sphäre, also begrenzt oder endlich ist. Der Akt der Verneinung im unendlichen Urteil verunendlicht also nicht das Prädikat, die Bestimmung, sondern das Subjekt *ge-*

35 Niklas Luhmann hat gezeigt, welchen ontologischen Transformationseffekt bereits diese einfache (in Hegels Unterscheidung: »abstrakte«) Form der Negation hat. Wenn ich sage: »Nicht dieses, sondern etwas anderes« – oder, mit Luhmann, umgekehrt: »›[D]ieses – und nichts anderes‹, wobei das andere in der Negation unbestimmt bleibt« –, dann »enthält [dies] stets eine *Generalisierungsleistung,* indem sie die Möglichkeit einer pauschalen Stellungnahme zu etwas eröffnet, das sie im Unbestimmten beläßt. Die Negation läßt etwas Unbestimmtes in die Funktionsstelle von Bestimmtem eintreten und ermöglicht dadurch den Fortgang von Operationen ohne aktuellen Vollzug aller Bestimmungsleistungen. [...] Ich bestimme mein Ja und lasse die dazu notwendigen Negationen unbestimmt. Ebenso, aber umgekehrt, wird die bestimmte Negation durch abgesicherte Unbestimmtheiten ermöglicht. Direkte und gezielte Negationen – ein bestimmtes Ding fehlt, eine bestimmte Handlung soll unterbleiben – lassen offen, was sonst geschieht, was zum Beispiel an die Stelle des Negierten getreten ist oder treten soll.« (Niklas Luhmann, »Über die Funktion der Negation in sinnkonstituierenden Systemen«, in: Harald Weinrich [Hg.], *Positionen der Negativität,* München: Fink 1975, S. 201-218, hier S. 203 u. S. 205.) Im Gegensatz zur bestimmten, positiv-dialektischen Negation ist das Resultat der abstrakten Negation nach Luhmann nicht die (wahre) Bestimmung, sondern Unbestimmtheit. Im Gegensatz zur Negativität des unendlichen Urteils bleibt die systemtheoretisch aufgewertete Negation aber immer begrenzt: Sie setzt die Unbestimmtheit nur *jeder anderen* Bestimmung als der hier und jetzt negierten (oder behaupteten) – nicht die Unbestimmtheit schlechthin. Die kann es auch für Luhmann nicht geben. Sie wäre Unsinn. Dazu weiter Christoph Menke, »The Act of Negation. Logical and Ontological«, in: *Zeitschrift für Medien- und Kulturforschung,* Bd. 9 (2018), Nr. 2 (im Erscheinen).

genüber jeder Bestimmung. Sie ist die Verneinung als die Herstellung einer radikalen, uneinholbaren Unbestimmtheit.

So versteht Adorno die Kraft der befreienden Negation. Sie ist die Kraft zu einer Differenz, die noch über die Differenz von wahrer Unendlichkeit und endlicher Gegebenheit hinausgeht, die durch die bestimmte Negation hervorgebracht wird. Denn diese Differenz bleibt noch innerhalb des Feldes der Bestimmungen; sie unterscheidet zwischen ihrer falschen und ihrer wahren Form (und ist insofern »kritisch«). Die Kraft der befreienden Negation dagegen unterscheidet zwischen Bestimmung und Unbestimmtheit. Die Kraft der Negativität hat nicht die »wahrhaft unendliche« Bestimmung, als Selbstbestimmung, zum Ziel und daher Grund; die Kraft der unendlichen Negativität ist grundlos (und daher nicht normativ, wie es die bestimmte Negation ist). Denn sie ist, als »unendliche Bestimmbarkeit«,[36] selbst der Grund jeder Bestimmung und deshalb zugleich das, was sie aussetzt.

Genau so bewirkt sie das Positive: nicht indem sie es durch die Negation der Positivität hervorbringt, sondern indem sie ihm den nötigen Raum verschafft. Man soll, schreibt Siegfried Kracauer in einer Rezension, »die revolutionierende Negativität derart konstruieren, daß für das ungesagte Positive die Räume (Hohlräume) übrigbleiben«. Die »Empörung« ermöglicht die »Kontemplation«.[37]

Eingriff

In der Erläuterung, wie Adorno – anders als Hegel – Bestimmung und Negation verbindet, steckt bereits ein Hinweis darauf, wie die negative Dialektik in einem zweiten Schritt – gegen Badiou – zu begründen versucht, *weshalb* es dieser Verbindung bedarf: weshalb die Unbedingtheit der wahren Bestimmung mit ihrer Bedingtheit durch die Negativität des Subjekts zusammengedacht werden muß.

36 Völker, *Ästhetik der Lebendigkeit*, S. 102. – Daß Adorno gleichwohl von bestimmter Negation (*ND*, S. 159; *Drei Studien*, S. 318-320) spricht, hat den Sinn, daß die Kraft der negativen Verunendlichung *innerhalb* einer gegebenen Bestimmung ansetzt und operiert. So auch Slavoj Žižek, *Weniger als nichts. Hegel und der Schatten des dialektischen Materialismus*, Berlin: Suhrkamp 2014, S. 404.

37 Siegfried Kracauer, »Zwei Arten der Mitteilung«, in: *Werke*, hg. von Inka Mülder-Bach/Ingrid Belke, Bd. 5.3, Berlin: Suhrkamp 2011, S. 180-187, hier S. 181. Ich entnehme den Hinweis auf diese Stelle Martins, *Adorno und die Kabbala*, S. 33.

Der Grund dafür liegt darin, daß es nach Adorno keine Rettung des wahren Positiven ohne die kritische Auflösung, ja Zerstörung der falschen, verdinglichten Positivität gibt. Die Unhintergehbarkeit der Negativität gründet darin, daß es immer schon Positivität gibt. Ohne die Kraft der Negativität gibt es keine wahre Bestimmung, keine Affirmation; ohne Negativität gibt es nur verdinglichte Positivität. Denn das ist die Weise, in der Bestimmungen unmittelbar, das heißt *von sich selbst her* existieren.

Um dieses Argument der negativen Dialektik zu verstehen, werde ich zunächst erläutern, wie Badiou den Zusammenhang zwischen dem »Ereignis« der Affirmation und dem »Eingriff« des Subjekts denkt (i). Dieser Zusammenhang definiert Badious Begriff der Geschichtlichkeit. Aus der Kritik daran folgt das Argument von der Unhintergehbarkeit der Negativität (ii).

(i) Badiou bezeichnet das Auftreten der Affirmation, das heißt: der wahren Bestimmung, als »Ereignis«. Das bestimmt die Affirmation als geschichtliche. Dabei denkt Badiou den Begriff der Geschichtlichkeit so, daß er einen bestimmten Typ von Situationen beschreibt: Das Ereignis der Affirmation gibt es nur in geschichtlichen Situationen; oder eine Situation ist (oder wird) geschichtlich, indem sich in ihr das Auftreten der Affirmation ereignet. Was eine Situation zu einer geschichtlichen macht, ergibt sich aus ihrer Differenz zur natürlichen Situation.

Die Differenz zwischen der geschichtlichen und der natürlichen Situation liegt darin, wie sich in ihnen die »Operation« vollzieht, die Badiou »Präsentation« nennt (*SE*, S. 104). Situationen gibt es nur durch ihre Präsentation. Die Präsentation besteht darin, daß etwas als Eins gezählt wird oder eine Einheit bildet; die Präsentation ist der »›Übergang‹ zur Menge der Teilmengen«. Diese Operation bringt die Einheit der Situation (oder die Situation als Einheit) hervor und ist zugleich prinzipiell »überschüssig« über sie; sie geht über das in eine Situation Eingeschlossene – die Teilmengen – hinaus. Die Operation, die die Einheit einer Situation hervorbringt, schießt »über die Situation selbst *absolut* hinaus« (ebd.). Die Hervorbringung der Einheit ist daher zugleich die einer »absoluten« Differenz. Sie ist absolut, denn sie ist nicht die Differenz zwischen dieser Einheit und einer weiteren, sondern die Differenz der Einheit in und von sich selbst.

Zugleich gibt es zwei fundamental verschiedene Weisen, in denen sich die Präsentation in der Situation vollzieht. Auf der einen Seite steht die natürliche Situation. Sie ist bestimmt als die »zu sich selbst homogene Selbst-Präsentation« (*SE*, S. 149). Das ist zugleich die Definition der »Normalität«; Natur heißt Normalität. Normal oder eben natürlich ist eine Präsentation ohne Überschuß: Natürlich ist eine Situation ohne (»absolute«) Differenz.[38] Dem steht die geschichtliche Situation als »das Anormale, das Unbeständige, die Anti-Natur« gegenüber: »Es ist vernünftig, das Anormale bzw. die Anti-Natur – das heißt also die Geschichte – als Omnipräsenz der Singularität zu denken, in der gleichen Weise, wie wir die Natur als Omnipräsenz der Normalität gedacht haben.« (S. 199 f.) Dabei heißen diejenigen Elemente »singulär«, die einer Situation »zugehören«, aber nicht in sie »eingeschlossen«, also nicht Momente einer Einheit oder Ganzheit sind.

Ebendeshalb sind nur in der Anormalität der Geschichte Ereignisse möglich. Die Realisierung dieser Möglichkeit ist ein Sprung, der durch einen interpretierenden »Eingriff« vollzogen wird. Dieser Eingriff entscheidet das Unentscheidbare, die Zugehörigkeit des Ereignisses zur Situation (vgl. *SE*, S. 209 f.). Diese Zugehörigkeit ist deshalb unentscheidbar, weil es kein objektives Kriterium für die Differenz von Normalität und Anormalität (und also kein objektives Kriterium für die Differenz einer Situation von oder in sich) geben kann. Als Entscheidung des Unentscheidbaren ist der Eingriff daher subjektiv. Der Eingriff ist die Tat des Subjekts: die Tat, durch die es sich zum Subjekt macht und zugleich damit das Ereignis der Affirmation (oder genauer: die Situation als geschichtliche und damit als Möglichkeit des Ereignisses) hervortreten läßt. Der Eingriff des Subjekts zeigt sich daher in seiner Treue zu dem Ereignis der Affirmation, das es durch seine Entscheidung zur Geschichtlichkeit ermöglicht hat.

(ii) Die entscheidende Frage lautet daher, was ein Eingriff ist. Worin besteht der eingreifende Akt, der die Prozedur des Subjekts ausmacht? Wir wissen – aus der Bestimmung der Begriffe

38 Muß man daher nicht sagen, daß die natürliche die sich selbst verstellende Situation ist (denn daß die Präsentation der Situation über die Situation »hinausschießt«, ist die Definition der Situation) und also der Unterschied zwischen der natürlichen und der geschichtlichen Situation kein symmetrischer Unterschied ist? Die geschichtliche Situation ist, so verstanden, nicht ein zweiter Typ der Situation neben der natürlichen; sie ist vielmehr die Situation der Situation.

»Rettung« und »Treue« –, daß Adorno und Badiou den Eingriff, durch den sich das Subjekt hervorbringt, als dessen Selbsttranszendierung durch den Bezug auf eine wahre Bestimmung verstehen. Wir wissen nun weiterhin, daß der Eingriff des Subjekts, in dem es sich hervorbringt, indem es sich auf eine Wahrheit überschreitet, die es nicht hervorgebracht hat, zugleich die Unterscheidung zwischen zwei fundamental verschiedenen Situationen verlangt: zwischen der natürlich-normalen und der geschichtlich-anormalen Situation. Die Geschichtlichkeit der Situation, in der der Eingriff des Subjekts erfolgt, ist nicht gegeben; der Eingriff des Subjekts muß vielmehr die Situation, in der er erfolgt, selbst erst hervorbringen. Genauer: Der Eingriff des Subjekts muß die Situation *als* geschichtliche oder die Geschichtlichkeit der Situation hervorbringen; er muß sie als eine Situation hervorbringen, in der es Elemente gibt, die in der Ganzheit der Situation nicht eingeschlossen sind und deshalb Ereignisse der Affirmation, der Wahrheit sein können. Wie muß der Eingriff des Subjekts gedacht werden, wenn er dies leisten können soll?

Badiou beschreibt den Eingriff des Subjekts so, daß er in Situationen interveniert, die zunächst »neutral« erscheinen. Neutrale (oder neutral erscheinende) Situationen sind »Situationen, in denen es weder um das Leben (Natur) noch um die Handlung (Geschichte) geht« (*SE*, S. 203). Der Eingriff des Subjekts muß nach Badiou daher als ein Akt der Entscheidung verstanden werden. Diese Entscheidung ist kein Akt der Wahl unter vorgegebenen Möglichkeiten. Die eingreifende Entscheidung des Subjekts kann immer nur *für* die Geschichtlichkeit der Situation und damit für das Ereignis der Wahrheit erfolgen; die Entscheidung gegen die Geschichtlichkeit ist gar keine eingreifende Entscheidung (sondern die resignative Anerkennung der derzeitigen Unmöglichkeit der Entscheidung).

Das versteht Adorno genauso – und fügt der Beschreibung der Situation eine entscheidende Qualifizierung hinzu, die das Verständnis des subjektiven Eingriffs grundlegend verändert. Das betrifft Badious Ausgang von der Neutralität der Situation (oder der Situation der Neutralität). Adornos Einspruch dagegen lautet: Es gibt keine Neutralität. Denn die Unterscheidung zwischen dem Natürlichen und dem Geschichtlichen zu neutralisieren ist selbst nicht neutral. Neutralität gegenüber dieser Unterscheidung heißt nichts anderes, als die Unterscheidung des Geschichtlichen vom Natürlichen zu unterlaufen; Neutralität heißt zweite Natur – die Verkehrung der Geschichte in Natur.[39] Primär – das heißt von sich aus, so wie sie vor dem Denken oder dem Denken vorgegeben ist – ist die Situation daher nicht neutral gegenüber der Differenz von geschichtlich und natürlich; primär oder von sich aus ist die Situation immer schon die Szene einer Totalisierung, deren Geschlossenheit sie als (oder wie) eine natürliche erscheinen läßt: Am Anfang steht die falsche, quasi- oder zweitnatürliche Totalität.

Also geht es in dem Eingriff des Subjekts nicht darum zu entscheiden, daß die Situation geschichtlich und nicht bloß natürlich ist. Es geht vielmehr dem vorweg im ersten Schritt darum, den Schein der Natürlichkeit, die Macht der zweiten Natur aufzulösen und *dadurch* die Zeit der Geschichte zu beginnen.[40] Der Eingriff

39 »Die bereits bei Hegel kritisch tingierte Theorie der zweiten Natur ist einer negativen Dialektik unverloren.« (*ND*, S. 48; dazu oben, Kap. 4) Diese Theorie der zweiten Natur bezieht sich auf »die unvermittelte Unmittelbarkeit, die Formationen, welche die Gesellschaft und ihre Entwicklung dem Gedanken präsentiert« (ebd.): Die Selbstpräsentation des Gesellschaftlichen und also Geschichtlichen vollzieht sich als dessen Selbstdurchstreichung. In Badious Worten: Die Präsentation der Situation erscheint als Nichtpräsentation; sie erscheint als Identität. Die »absolute Differenz«, die nach Badiou den Begriff der Präsentation definiert, ist nach Adorno erst »durch Analysis [...] freizulegen«: als »immanent[e] Differenz der Phänomene von dem, was sie von sich aus zu sein beanspruchen« (ebd.). Dieser positive Begriff der negativen »Analysis« bei Adorno entspricht dem »Lob des Verstandes« (dessen Arbeit die »Geburt des Neuen« vorbereitet) in Žižek, *Weniger als nichts*, S. 372-387. Rebecca Comay hat gezeigt, wie in Hegels Deutung der Revolution die negative Kraft der Abstraktion als Bedingung des Neuen gedacht wird: »Die Abstraktion ist auch die Macht der Unterbrechung: Sie setzt eine Zäsur in der Geschichte, die zu einer zweiten Natur erstarrt war.« (*Mourning Sickness. Hegel and the French Revolution*, Stanford: Stanford University Press 2011, S. 77.)

40 Die dezidierte Gegenthese dazu formuliert Badiou (in kritischer Absetzung von seiner *Theorie des Subjekts*, Berlin: Diaphanes 2014) in *Das Sein und das Ereignis*. Hier heißt es, daß es keine »wesentlich[e] Verbindung zwischen der Zerstörung und der Neuheit« gibt (*SE*, S. 456). Das bedeutet zunächst, daß die Neuheit, also die Affirmation, aus sich heraus keine Zerstörung verlangt (stärker noch: nicht Zerstörung *bedeutet*). »Jemanden zu töten, entspricht stets der alten Verfassung der Dinge und kann kein Erfordernis des Neuen sein.« (Ebd.) Daß es keine »wesentlich[e] Verbindung zwischen der Zerstörung und der Neuheit« gibt, hat für Badiou aber die noch viel grundlegendere Bedeutung, daß die Neuheit oder Affirmation auch keine Zerstörung *voraussetzt*. »Die Zerstörung ist [nur!]

des Subjekts kann nicht die Entscheidung für die Möglichkeit des Ereignisses sein, ohne sich auflösend gegen die ebenso träge wie zähe Macht der falschen Totalisierung gerichtet zu haben. Deshalb ist für Adornos Verständnis des Eingriffs des Subjekts Hegels Bestimmung des Denkens als die »ungeheure Macht des Negativen« schlechthin grundlegend (*ND*, S. 48). Der Eingriff des Subjekts, der das Ereignis der Affirmation ermöglicht, beginnt mit der Entbindung der »Energie«, der »Unruhe« (S. 160), durch die die naturhafte Totalisierung der Situation von innen her in Bewegung gesetzt und aufgelöst wird. Darin besteht die Arbeit des Negativen, die nur als »Moment«, im Zusammenspiel mit dem »positiven movens« des Gedankens, wirksam werden kann, die aber unableitbar aus ihm ist: eine selbständige Kraft, ohne deren Wirksamkeit es kein Ereignis der Wahrheit gibt. Das ist die Gegenthese der negativen Dialektik zu Badiou: Ohne vorgehende Negativität – keine Affirmation. Eine »Affirmation ohne Negation« (Badiou) ist keine. Sie ist bloße Positivität.

c. Befreiung von der Autonomie

Der Begriff der Autonomie definiert die Freiheit durch die Einheit von Negation und Bestimmung – als Selbstbestimmung. Oder: Der Begriff der Autonomie definiert die Freiheit als die Einheit des Subjekts, das ebenso das Vermögen hat, sich von jeder Vorgegebenheit zu lösen, wie das zu behaupten, was für es gültig und verbindlich ist, weil es davon überzeugt ist. Was ist falsch daran?

Am Begriff der Autonomie ist falsch, daß er die Logik und Dynamik der Verselbständigung verkennt, die dem Begriff der Bestimmung eingeschrieben ist. Bestimmungen – »gleichgültig ob [sie] ein Stück objektiven Sinnes, die Umrisse einer Ordnung, die Angst vor bösen Mächten oder die Hoffnung auf Erlösung« zum Inhalt haben – können nicht auf das Subjekt reduziert werden.[41]

der alte Effekt der neuen Ergänzung des Alten.« (Ebd.) Die Zerstörung kommt demnach *nach* der Neuerung; die Neuerung bedarf keiner negativen Arbeit. Vgl. »The Crisis of Negation. An Interview with Alain Badiou«, in: *Continent*, Bd. 1 (2011), Nr. 4, S. 234-238: Die Krise der Negation ist nach Badiou die Krise der Idee, »that negation can be creative, create something new« (ebd., S. 234).

41 »Die vielen mythischen Gestalten lassen sich der Aufklärung zufolge alle auf den gleichen Nenner bringen, sie reduzieren sich auf das Subjekt. Die Antwort

Die Bestimmungen oder Gedanken des Subjekts sind nicht seine durch Akte der Negation gereinigten, verwandelten und angeeigneten »Bestimmtheiten«. Sie behalten oder *gewinnen* vielmehr eine unauflösliche Äußerlichkeit.

Das aber tun sie in einer Zweideutigkeit, die unablässig der kritischen Entscheidung bedarf – weil sie niemals endgültig getroffen werden kann. Die Äußerlichkeit gegenüber dem Subjekt, die die Bestimmung definiert – sie erst zur Bestimmung macht –, ist ebenso ihre geisttötende Mechanik wie ihre belebende, ja berauschende Wahrheit; die Verselbständigung ist ebenso der Fall des Geistes in den Mechanismus wie seine Erhebung zu dem, dem er nicht gleicht. Zwischen diesen beiden Äußerlichkeiten ist der Platz des Subjekts. Das Subjekt ist die Prozedur, die von der einen zur anderen und wieder zur ersten Äußerlichkeit zurückführt. Diese Prozedur führt durch die Negation: die Aussetzung der Bestimmung durch die Unbestimmtheit. Ohne die Kraft der Negation fallen die beiden Seiten der Äußerlichkeit in eins, werden die Gewohnheit und die Wahrheit ununterscheidbar. Die Kraft der Negation befreit. Sie befreit aber das Subjekt nicht von der Äußerlichkeit, sondern sie befreit es dazu, die Äußerlichkeit zu bejahen.

des Ödipus auf das Rätsel der Sphinx: ›Es ist der Mensch‹ wird als stereotype Auskunft der Aufklärung unterschiedslos wiederholt, gleichgültig ob dieser ein Stück objektiven Sinnes, die Umrisse einer Ordnung, die Angst vor bösen Mächten oder die Hoffnung auf Erlösung vor Augen steht.« (Max Horkheimer/Theodor W. Adorno, *Dialektik der Aufklärung*, in: *Gesammelte Schriften*, Bd. 3, Frankfurt/M.: Suhrkamp 1981, S. 22 f.)

Nachweise

Die Kapitel dieses Bandes sind die überarbeiteten – ebenso gekürzten wie erweiterten und redigierten – Versionen der im Folgenden genannten Texte.

1. »Autonomie und Befreiung«, in: *Deutsche Zeitschrift für Philosophie*, Bd. 58 (2010), Heft 5, S. 675-694. Überarbeiteter Nachdruck in: Thomas Khurana/Christoph Menke (Hg.), *Paradoxien der Autonomie* (Freiheit und Gesetz I), Berlin: August Verlag 2011, S. 149-184.

2. »Hegels Theorie der Befreiung. Gesetz, Freiheit, Geschichte, Gesellschaft«, in: Axel Honneth/Gunnar Hindrichs (Hg.), *Freiheit. Internationaler Hegelkongress 2011*, Frankfurt/M.: Klostermann 2013, S. 301-320.

3. »Geist und Leben. Zu einer genealogischen Kritik der Phänomenologie«, in: Rüdiger Bubner/Gunnar Hindrichs (Hg.), *Von der Logik zur Sprache. Stuttgarter Hegel-Kongreß 2005*, Stuttgart: Klett-Cotta 2007, S. 321-348.

4. »Zweite Natur. Kritik und Affirmation«, in: Malte Völk u. a. (Hg.), *»... wenn die Stunde es zuläßt«. Zur Traditionalität und Aktualität kritischer Theorie*, Münster: Westfälisches Dampfboot 2012, S. 154-171.

5. »Setzen von Sein. Vom Zeichen zum Werk«. Unveröffentlicht. Eine kürzere und veränderte Fassung erscheint in: Axel Honneth/Julia Christ (Hg.), *Zweite Natur. Internationaler Hegelkongress 2017*, Frankfurt/M.: Klostermann 2019.

6. »Ja und Nein. Die Negativität der Dialektik«. Unveröffentlicht. Eine kürzere und veränderte englische Fassung erscheint in: Jan Völker (Hg.), *Badiou and the German Tradition of Philosophy*, London: Bloomsbury 2018.

Namenregister

Adorno, Theodor W. 41, 51, 53, 137-138, 181, 193-212
Althusser, Louis 184
Angermann, Asaf 200
Aristoteles 35, 67, 74, 108, 123

Badiou, Alain 180-182, 185, 189, 192-201, 206-207, 209-211
Benjamin, Walter 40, 112
Bovenschen, Sylvia 103
Brandom, Robert B. 38-39, 88, 165, 181, 187, 189
Bubner, Rüdiger 123
Buck-Morss, Susan 71
Butler, Judith 45

Cavell, Stanley 87, 92, 110, 116, 164
Comay, Rebecca 210
Conant, James 124

Davidson, Donald 88
de la Boetie, Etienne 120
de Man, Paul 163, 170, 177
Derrida, Jacques 161, 177
Düsing, Klaus 90
Düttmann, Alexander García 201

Foucault, Michel 79
Frankfurt, Harry 40
Frege, Gottlob 187
Freud, Sigmund 22
Freyenhagen, Fabian 201
Funke, Gerhard 128

Gethmann-Siefert, Annemarie 153

Haase, Matthias 139
Habermas, Jürgen 21, 37, 79, 88
Hanke, Thomas 189
Heidegger, Martin 26, 179, 181
Heller-Roazen, Daniel 116
Henrich, Dieter 157-158, 202-203
Herder, Johann Gottfried 84, 91-94, 98, 107-108, 110-111
Hindrichs, Gunnar 168
Hirschman, Albert O. 74
Honneth, Axel 32, 48-49, 100, 155
Horkheimer, Max 41, 138, 212
Hösle, Vittorio 160

Jaeggi, Rahel 28, 49

Kant, Immanuel 21-31, 33-35, 40-41, 47, 52-54, 58, 120-122, 183-184, 204
Kern, Andrea 99, 113, 124
Khurana, Thomas 20, 25, 113, 126, 129, 145
Kietzmann, Christian 113
Kojève, Alexandre 64, 73, 75, 79, 98, 100, 167, 200
Korsgaard, Christine 23, 25-26, 122, 197
Kracauer, Siegfried 206
Krüger, Hans-Peter 126

Löwith, Karl 21
Lovibond, Sabina 106
Luhmann, Niklas 205
Lukács, Georg 40, 43, 135

MacIntyre, Alasdair 28, 103
Malabou, Catherine 46, 109, 139, 174
Mallarmé, Stéphane 194
Martins, Ansgar 200, 206

Marx, Karl 22, 34, 40, 69, 137-139, 146-148
McDowell, John 34, 123-127, 133, 155
Merker, Barbara 130
Merleau-Ponty, Maurice 105-106, 115-116
Montaigne, Michel de 127
Montesquieu 74

Neuhouser, Frederick 31
Nietzsche, Friedrich 22, 26, 52, 92-93, 111, 114
Norris, Andrew 31
Novalis 82

Ottmann, Henning 21

Pascal, Blaise 127
Peperzak, Adriaan 138
Pierini, Tommaso 97
Pinkard, Terry 20, 26, 28, 44, 58, 124
Pippin, Robert B. 20-21, 28-29, 33-34, 39, 49, 122, 124-125, 155, 187

Quadflieg, Dirk 161
Quante, Michael 103, 141

Ranchio, Filippo 129, 138
Rath, Norbert 128
Rawls, John 28, 183
Rebentisch, Juliane 204
Riedel, Manfred 62-63
Ritter, Joachim 69, 71
Rödl, Sebastian 25, 58
Rousseau, Jean-Jacques 19-20, 22-23, 26-27, 35, 47, 54
Ruda, Frank 179-180
Ryle, Gilbert 105, 131-132, 134

Sartre, Jean-Paul 181
Schelling, Friedrich Wilhelm Joseph 142, 148, 198
Schiller, Friedrich 54-56, 59, 61
Schneewind, Jerome 19
Scholem, Gershom 200
Seel, Martin 201
Sellars, Wilfrid 107-109, 157
Setton, Dirk 204
Siep, Ludwig 85, 103, 130, 166
Simon, Josef 163, 167
Sophokles 25, 60-61
Stekeler, Pirmin 97, 99, 155

Taylor, Charles 26
Testa, Italo 138
Theunissen, Michael 151, 156, 167
Thompson, Michael 28-29, 99
Thoreau, Henry David 164

Völker, Jan 204, 206
Williams, Meredith 107-110
Wolff, Michael 43, 91, 139

Žižek, Slavoj 46, 139, 204, 206, 210

Georg Wilhelm Friedrich Hegel im Suhrkamp Verlag

stw-Werkausgabe in zwanzig Bänden. Redaktion: Eva Moldenhauer und Karl Markus Michel. Mit einem Registerband. (Die Ausgabe ist text- und seitenidentisch mit der 1969 ff. erschienenen Theorie-Werkausgabe.) 12618 Seiten

Die Bände sind auch einzeln lieferbar

1: Frühe Schriften. stw 601. 637 Seiten

2: Jenaer Schriften. 1801-1807. stw 602. 593 Seiten

3: Phänomenologie des Geistes. stw 603. 599 Seiten

4: Nürnberger und Heidelberger Schriften 1808-1817. stw 604. 623 Seiten

5: Wissenschaft der Logik I. Erster Teil. Die objektive Logik. Erstes Buch. stw 605. 457 Seiten

6: Wissenschaft der Logik II. Erster Teil. Die objektive Logik. Zweites Buch. Zweiter Teil. Die subjektive Logik. stw 606. 575 Seiten

7: Grundlinien der Philosophie des Rechts oder Naturrecht und Staatswissenschaft im Grundrisse. Mit Hegels eigenhändigen Notizen und den mündlichen Zusätzen. stw 607. 531 Seiten

8: Enzyklopädie der philosophischen Wissenschaften im Grundrisse 1830. Erster Teil. Die Wissenschaft der Logik. Mit den mündlichen Zusätzen. stw 608. 393 Seiten

NF 115/1/6.09

9: Enzyklopädie der philosophischen Wissenschaften im Grundrisse 1830. Zweiter Teil. Die Naturphilosophie. Mit den mündlichen Zusätzen. stw 609. 539 Seiten

10: Enzyklopädie der philosophischen Wissenschaften im Grundrisse 1830. Zweiter Teil. Die Naturphilosophie. Dritter Teil. Die Philosophie des Geistes. Mit den mündlichen Zusätzen. stw 610. 432 Seiten

11: Berliner Schriften 1818-1831. stw 611. 432 Seiten

12: Vorlesungen über die Philosophie der Geschichte. stw 612. 568 Seiten

13: Vorlesungen über die Ästhetik I. stw 613. 546 Seiten

14: Vorlesungen über die Ästhetik II. stw 614. 462 Seiten

15: Vorlesungen über die Ästhetik III. stw 615. 578 Seiten

16: Vorlesungen über die Philosophie der Religion I. stw 616. 442 Seiten

17: Vorlesungen über die Philosophie der Religion II. Vorlesungen über die Beweise vom Dasein Gottes. stw 617. 540 Seiten

18: Vorlesungen über die Geschichte der Philosophie I. stw 618. 560 Seiten

19: Vorlesungen über die Geschichte der Philosophie II. stw 619. 600 Seiten

20: Vorlesungen über die Geschichte der Philosophie III. stw 620. 566 Seiten

NF 115/2/6.09

Einzelausgaben

Die Philosophie der Kunst. Vorlesung von 1826. Herausgegeben von Annemarie Gethmann-Siefert, Jeong-Im Kwon und Karsten Berr. stw 1722. 297 Seiten

Die Philosophie des Rechts. Vorlesung von 1821/22. Herausgegeben von Hansgeorg Hoppe. stw 1721. 237 Seiten

Zu Georg Wilhelm Friedrich Hegel
Eine Auswahl

Materialien zu Hegels ›Phänomenologie des Geistes‹. Herausgegeben von Hans Friedrich Fulda und Dieter Henrich.
stw 9. 445 Seiten

Materialien zu Hegels Rechtsphilosophie. Herausgegeben von Manfred Riedel. Band 1. stw 88. 437 Seiten

Der Weg zum System. Materialien zum jungen Hegel. Herausgegeben von Christoph Jamme und Helmut Schneider.
stw 763. 307 Seiten

Herbert Schnädelbach (Hg.). Hegels Philosophie – Kommentare zu den Hauptwerken. Drei Bände.
stw 1475-1477. 1500 Seiten
- Band 1: Ludwig Siep, der Weg der »Phänomenologie des Geistes«. stw 1475 384 Seiten
- Band 2: Herbert Schnädelbach, Hegels praktische Philosophie. stw 1476. 400 Seiten
- Band 3: Hegels »Enzyklopädie der philosophischen Wissenschaften« (1830). Von Hermann Drüe, Annemarie Gethmann-Siefert, Christa Hackenesch, Walter Jaeschke, Wolfgang Neuser und Herbert Schnädelbach. stw 1477. 568 Seiten

NF 115/3/6.09

Philosophie und Ästhetik im Suhrkamp Verlag Eine Auswahl

Theodor W. Adorno
- Ästhetische Theorie. Band 7 der Gesammelten Schriften. stw 1707. 574 Seiten
- Philosophie der neuen Musik. stw 239. 200 Seiten

Michail M. Bachtin
- Autor und Held in der ästhetischen Tätigkeit. Herausgegeben von Rainer Grübel, Edward Kowalski und Ulrich Schmid. Aus dem Russischen von Hans-Günter Hilbert, Rainer Grübel, Alexander Haardt und Ulrich Schmid. stw 1878. 356 Seiten
- Chronotopos. Aus dem Russischen von Michael Dewey. Mit einem Nachwort von Michael C. Frank und Kirsten Mahlke. stw 1879. 242 Seiten

Arthur C. Danto. Die Verklärung des Gewöhnlichen. Eine Philosophie der Kunst. Herausgegeben von Dieter Henrich und Niklas Luhmann. Übersetzt von Max Looser. Gebunden und stw 957. 320 Seiten

Deleuze und die Künste. Herausgegeben von Peter Gente und Peter Weibel. Mit zahlreichen Abbildungen. stw 1780. 261 Seiten

John Dewey. Kunst als Erfahrung. Übersetzt von Christa Velten, Gerhard vom Hofe und Dieter Sulzer. stw 703. 416 Seiten

Umberto Eco. Das offene Kunstwerk. Übersetzt von Günter Memmert. stw 222. 448 Seiten

NF 170/1/10.10

Falsche Gegensätze. Zeitgenössische Positionen zur philosophischen Ästhetik. Herausgegeben von Andrea Kern und Ruth Sonderegger. stw 1576. 346 Seiten

Farben. Betrachtungen aus Philosophie und Naturwissenschaften. Mit farbigem Bildteil. Herausgegeben von Jakob Steinbrenner und Stefan Glasauer. stw 1825. 370 Seiten

Foucault und die Künste. Herausgegeben von Peter Gente. stw 1667. 338 Seiten

Eva Geulen. Das Ende der Kunst. Lesarten eines Gerüchts nach Hegel. stw 1577. 208 Seiten

Nelson Goodman. Sprachen der Kunst. Entwurf einer Symboltheorie. Übersetzt von Bernd Philippi.
stw 1304. 256 Seiten

Nelson Goodman/Catherine Z. Elgin. Revisionen. Philosophie und andere Künste und Wissenschaften. Übersetzt von Bernd Philippi. stw 1050. 225 Seiten

G. W. F. Hegel
- Vorlesungen über die Ästhetik I-III. stw 613-615
- Philosophie der Kunst. Vorlesung von 1826. Herausgegeben von Annemarie Gethmann-Siefert, Jeong-Im Kwon und Karsten Berr. stw 1722. 298 Seiten

Dieter Henrich. Fixpunkte. Abhandlungen und Essays zur Theorie der Kunst. stw 1610. 302 Seiten

Hans Robert Jauß. Ästhetische Erfahrung und literarische Hermeneutik. stw 955. 876 Seiten

NF 170/2/10.10

Immanuel Kant

- Kritik der Urteilskraft. stw 57. 472 Seiten
- Schriften zur Ästhetik und Naturphilosophie. Text und Kommentar. Herausgegeben von Veronique Zanetti und Manfred Frank. 3 Bände. stw 1517. 1389 Seiten

Christoph Menke

- Kraft. Ein Grundbegriff ästhetischer Anthropologie. Broschur. 155 Seiten
- Die Souveränität der Kunst. Ästhetische Erfahrung nach Adorno und Derrida. stw 958. 311 Seiten

Winfried Menninghaus. Das Versprechen der Schönheit. stw 1816. 386 Seiten

W.J.T. Mitchell. Bildtheorie. Aus dem Amerikanischen von Heinz Jatho, Jürgen Blasius, Christian Höller u. a. Herausgegeben und mit einem Nachwort von Gustav Frank. Mit zahlreichen Abbildungen. Gebunden. 497 Seiten

Musikalischer Sinn. Beiträge zu einer Philosophie der Musik. Mit Notenbeispielen. Herausgegeben von Alexander Becker und Matthias Vogel. stw 1826. 377 Seiten

Perspektiven der Kunstphilosophie. Texte und Diskussionen. Herausgegeben von Franz Koppe. stw 951. 412 Seiten

Stefan Rieger. Die Ästhetik des Menschen. Über das Technische in Leben und Kunst. Mit zahlreichen Abbildungen. stw 1600. 518 Seiten

Eva Schürmann. Sehen als Praxis. Ethisch-ästhetische Studien zum Verhältnis von Sicht und Einsicht. stw 1890. 274 Seiten

NF 170/3/10.10

Martin Seel
- Ästhetik des Erscheinens. stw 1641. 328 Seiten
- Eine Ästhetik der Natur. stw 1231. 389 Seiten
- Die Kunst der Entzweiung. Zum Begriff der ästhetischen Rationalität. stw 1337. 373 Seiten
- Die Macht des Erscheinens. Texte zur Ästhetik. stw 1867. 274 Seiten

Georg Simmel. Jenseits der Schönheit. Schriften zur Ästhetik und Kunstphilosophie. Ausgewählt und mit einem Nachwort von Ingo Meyer. stw 1874. 437 Seiten

Ruth Sonderegger. Für eine Ästhetik des Spiels. Hermeneutik, Dekonstruktion und der Eigensinn der Kunst. stw 1493. 392 Seiten

Theorien der Kunst. Herausgegeben von Dieter Henrich und Wolfgang Iser. stw 1012. 637 Seiten

Richard Wollheim. Objekte der Kunst. Übersetzt von Max Looser. stw 384. 256 Seiten

NF 170/4/10.10